진정한 스마트 라이프를 위한

안드로이드 어플백과

김성욱

이 책의 저자 김성욱 님은 1990년대 초, 'C학습마당', '푸른초장', '솔로몬' 등의 데이터베이스 프로그램 개발을 시작으로 각종 멀티미디어 타이틀을 제작하였으며, 1995년부터 현재에 이르기까지 멀티미디어 관련서적 집필과 영상 제작에 전념하고 있습니다. 또한 2001년 '럭시앙'을 시작으로 각종 PDA폰 및 스마트 폰을 사용해왔으며 다양한 IT 기기에 대한 깊은 애정으로 하루 일과를 함께하고 있습니다.

진정한 스마트 라이프를 위한
안드로이드 어플백과

초판 인쇄일 _ 2011년 10월 17일
초판 발행일 _ 2011년 10월 24일
발행인 _ 박정모 / **발행처** _ 도서출판 혜지원
주소 _ 서울시 동대문구 장안 1동 420-3호
전화 _ 영업부 02)2212-1227, 2213-1227
전화 _ 편집부 02)2249-7975
팩스 _ 02)2247-1227
홈페이지 _ http://www.hyejiwon.co.kr

편집진행 _ 이희경
디자인·본문편집 _ 박혜경
표지·도비라 _ 안홍준
영업마케팅 _ 김남권, 황대일, 서지영
ISBN _ 978-89-8379-700-1
정가 _ 12,000원

진정한 스마트 라이프를 위한

안드로이드 어플백과

김성욱 지음

혜지련

왼쪽을 바라보면 안드로이드 폰,
오른쪽을 바라보면 아이폰?!!

지하철이나 버스에서 고개를 돌려보면 둘 중에 한 가지 종류의 스마트 폰이 눈에 뜨일 정도로, 바야흐로 스마트 폰 시대입니다. 그 중에서도 안드로이드 폰은 여러 제조사를 통해 다양한 기종이 출시되고 있어 사용자의 취향에 맞는 디자인이나 가격대를 쉽게 접할 수 있으며 홈 화면을 원하는 형태로 자유롭게 꾸밀 수 있는 쏠쏠한 재미와 함께 개성을 극대화할 수 있습니다.

스마트 폰의 가장 큰 특징이라면 마켓을 통해 원하는 어플을 쉽게 내려 받아 설치할 수 있다는 점입니다. 무려 수십만 가지의 어플이 마켓에 등록되어 있어 스마트 폰을 더욱 재미있고 다양하게, 그리고 편리하게 사용할 수 있습니다. 하지만 많고 많은 어플 중에서 보다 유용하고 완성도 높은 어플을 찾는 일은 그리 쉽지 않습니다. 일단 눈에 띄는 것을 설치해서 사용해 보고 마음에

안 들면 지우면 되겠지만 이러한 일이 반복되다보면 그 노고가 작지 않을 것입니다.

본서는 많은 사용자들로부터 인정받고 있는 유용하고 필수적인 어플들을 다루고 있습니다. 단순한 소개 수준을 넘어 비교적 상세하게 설명하였으므로 안드로이드 스마트 폰 초보자라도 어플에 대해 쉽게 접근할 수 있음은 물론, 어플 선택에 대한 수고와 시간 낭비를 줄일 수 있을 것입니다. 대부분 무료 어플을 다루고 있으며 몇 가지 유료 어플에 대해서는 가격을 명시해 두었습니다. 본서에서 다루고 있는 어플을 접하게 되면 향후 추가로 어플을 선택하는 안목도 넓힐 수 있을 것입니다.

본서의 출간을 위해 함께 해주신 혜지원 식구들에게 깊은 감사를 드리며 본서의 지면들이 독자 여러분의 스마트 라이프를 위해 작지만 소중한 과정의 하나로 남기를 소망합니다.

저자 김성욱

Section : 파트별 주제에 따른 주요 항목으로 구분되며 다양한 기능들을 소개합니다.

Section 설명 : 각 섹션에서 배울 구체적인 내용입니다.

안드로이드 폰의 큰 장점 중 하나는 마켓에 접속해서 간단히 어플을 내려받아 설치할 수 있다는 점입니다. 일일이 컴퓨터와 연결할 필요도 없고 자동으로 설치되어 메인 메뉴에 아이콘으로 나타나므로 이것저것 신경 쓸 필요가 없습니다. 방대한 안드로이드 마켓에 접속하여 원하는 어플을 받아보겠습니다.

01 마켓에 접속하여 원하는 어플 받기

01 홈 화면이나 메인 메뉴에서 [마켓] 아이콘을 터치합니다. 마켓을 처음 이용하는 것이라면 약관이 표시됩니다. [동의] 버튼을 터치합니다.

02 안드로이드 마켓의 초기화면이 나타납니다. 상단에 3개의 탭 중에서 [애플리케이션]을 터치합니다. [게임] 탭은 클릭해도 게임 목록이 나타나지 않습니다. 아직 한국에서는 서비스 되지 않기 때문입니다.

Smart Tip 어플이란?

컴퓨터 등에서 특정 기능을 수행하기 위한 프로그램을 응용 프로그램이라고 합니다. 흔히 사용하는 엑셀이나 파워포인트, 곰 플레이어, 포토샵 등이 모두 응용 프로그램의 일종이며 어플리케이션(Application), 또는 애플리케이션이라고 하는데 안드로이드 폰에서는 이를 줄여서 간단히 "어플"이라고 부르며 아이폰에서는 앱(App)이라고 부릅니다. 스마트 폰의 가장 큰 장점이라면 내장된 프로그램만 사용할 수 있는 피처폰과 달리 사용자가 원하는 프로그램을 직접 설치할 수 있다는 것입니다. 따라서 다양하게 폰의 기능을 확장할 수 있습니다. 과거의 윈도우 모바일 OS를 사용하는 폰에서는 일일이 컴퓨터와 연결하여 프로그램을 설치해야 했으나 안드로이드 폰이나 아이폰의 경우에는 각각 전용 마켓에 접속하여 간단히 어플을 내려받아 설치할 수 있습니다.

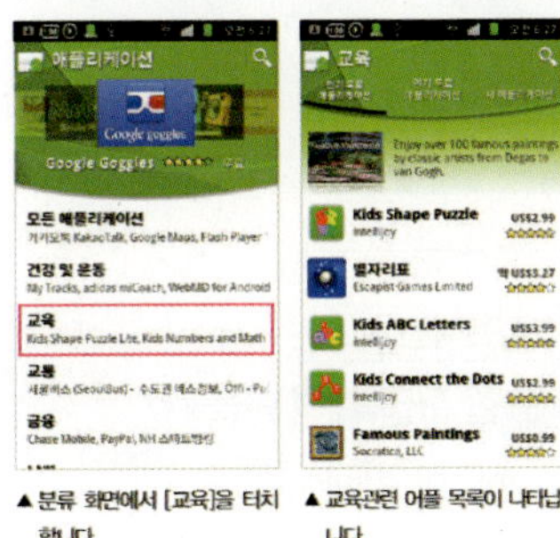

▲ 분류 화면에서 [교육]을 터치
합니다.

▲ 교육관련 어플 목록이 나타납
니다.

03 어플의 분류가 나타납니다. 드래그하여 원하는 분류를 찾아 터치하면 해당 분류에 속한 세부 어플 목록이 나타나게 됩니다.

04 기본적으로 [인기 유료 애플리케이션] 탭이 선택되어 있으며 아래에 각 어플들의 가격이 표시됩니다. [인기 무료 애플리케이션] 탭을 터치하면 다양한 무료 어플들 목록을 볼 수 있습니다.

CONTENTS 차례

Part 01 안드로이드 폰! 이것만은 꼭 알아두자

Part

03 방송 · 뉴스 어플

Part

04 지도 · 교통 · 증강현실 어플

Part
05　생활 · 쇼핑 · 금융 어플

게임 · 놀이 · 커뮤니티 어플

Part 1

안드로이드 폰!
이것만은 꼭 알아두자

안드로이드 폰을 구입한 후 가장 먼저 설정해두어야 할 여러 부분을
살펴보고 본격적으로 어플을 사용하기 위한 마켓에서의 어플 다운로드
및 설치, 삭제 방법에 대해서 다루어보도록 합니다. 안드로이드 폰
사용자로서 필수적으로 알아두어야 할 기본적인 사항입니다.

스마트폰?
안드로이드 폰?

벌써 천만명이 넘게 사용하고 있다는 스마트 폰! 전화나 문자를 할 수 있다는 점에서 휴대폰의 일종이라는 것은 짐작할 수 있겠는데 대체 무엇을 할 수 있는 폰이기에 스마트 하다고 할까요? 먼저 스마트 폰, 안드로이드 폰이라는 존재가 무엇을 의미하는지 살펴보겠습니다.

스마트 폰(Smart Phone)이란 한 마디로 휴대폰과 컴퓨터가 결합된 상태의 제품입니다. 따라서 피처폰(Feature Phone)이라고 부르는 일반적인 휴대폰의 기능은 물론, 컴퓨터로 할 수 있는 대부분의 기능과 휴대기기의 장점을 살린 특별한 기능까지 수행할 수 있습니다.

즉, 전화나 문자, 카메라, MP3 재생 등 일반 폰에서의 기능은 물론, 자유롭게 인터넷에 접속할 수 있으며 지도를 보거나 내비게이션으로 원하는 목적지에 대한 경로를 안내받을 수 있고 각종 생활 정보와 인터넷 뱅킹, 수준 높은 3D 그래픽 게임까지 실행할 수 있어 손 안에서 펼쳐지는 다양한 재미를 즐길 수 있습니다.

'스마트 폰은 어렵다!'라고 생각할 수 있습니다. 하지만 기본 기능만 사용한다면 일반 폰처럼 쉽게 사용할 수 있으며 조금의 수고만 더할 수 있다면 그야말로 작은 기기를 통해 펼쳐지는 신세계를 맛 볼 수 있습니다.

그렇다면 안드로이드 폰이란 또 무엇일까요?
우리가 흔히 컴퓨터의 운영체제로 윈도우를 사용하는 것처럼 스마트 폰에도 운영체제(OS:Operating System)가 들어있어 이에 의해 다양한 기능이 제어됩니다. 흔히, "안드로이드 폰"이라는 것은 안드로이드라는 운영체제를 사용하고 있는 스마트 폰이라는 얘기입니다.

안드로이드 운영체제는 구글(Google)에서 개발하였으며 현재도 빠른 속도로 발전해나가고 있습니다. 쉽고 사용이 편한 인터페이스를 가지고 있으며 구글이 제공하는 각종 온라인 서비스를 곧바로 이용할 수 있습니다. 아이폰처럼 마켓에 접속하여 편리하게 수많은 어플을 다운로드하여 설치할 수 있습니다. 국내에서도 모토로라의 모토로이를 시작으로 수많은 안드로이드 폰이 출시되어 있으며 지속적으로 신제품이 등장하고 있습니다.

▲ 국내 최초의 안드로이드 폰 :
모토로이

▲ 구글 최초 레퍼런스 폰 :
넥서스 원

▲ 최다 판매량을 기록한 삼성 갤럭시 S

▲ 최초 듀얼 코어 안드로이드 폰 :
LG 옵티머스 2X

안드로이드도 여러 버전이 있다

안드로이드도 일종의 운영체제이므로 꾸준히 버전업을 통해 발전되고 있습니다. 국내 최초 안드로이드 폰에는 안드로이드 1.6이 탑재되어 있었으며 현재는 대부분 2.2나 2.3으로 업데이트 되어 있습니다. 안드로이드 폰 사용자로서 각 버전의 코드명 정도는 알아두는 것이 좋습니다.

◀ 안드로이드 1.0

최초의 안드로이드 버전으로 '안드로봇'이라는 마스코트와 함께 발표되었으며 이후에 프티 프루(Petit Four)라는 코드명으로 1.1과 1.2로 업그레이드 되었습니다.

◀ 안드로이드 1.5 (코드명 : Cupcake)

최초로 한국어를 지원하였으며 많은 기능이 추가되었습니다. 코드명에 음식 이름을 사용하기 시작하였으며 마스코트도 코드명에 따라 컵케이크로 바뀌었습니다.

◀ 안드로이드 1.6 (코드명 : Donut)

다양한 스크린 크기와 통합 검색 기능, 제스처, TTS(Text-to-Speech) 기능 등이 추가되었으며 도넛이라는 코드명을 사용하였습니다.

◀ 안드로이드 2.0 (코드명 : Eclair)

2.0과 2.01, 2.1 등을 통틀어 이클레어라는 코드명을 사용하였으며 멀티 터치와 블루투스 2.1을 지원하고 인터넷 브라우징과 멀티미디어 재생 기능

도 향상되었습니다. 갤럭시S가 출시되면서 탑재된 버전은 이클레어(안드로이드 2.1 버전)입니다. 이클레어는 기다란 빵 위에 초컬릿을 씌운 크림빵입니다.

◀ 안드로이드 2.2 (코드명 : Froyo)

프로즌 요구르트(Frozen Yogurt)를 줄여서 부르는 '프로요'라는 코드명을 가진 안드로이드 2.2 버전에서는 CPU와 인터넷 브라우징의 속도를 비약적으로 개선하고 외장 메모리에도 어플을 설치할 수 있습니다.

◀ 안드로이드 2.3 (코드명 : Gingerbread)

본래 2.2 다음 버전이 3.0이 아닐까 예상되었지만 진저브레드라는 코드명을 가진 2.3 버전으로 발표되었습니다. 진저브레드는 생강빵입니다. 역시 코드명으로 음식 이름을 계속 사용하고 있습니다.

◀ 안드로이드 3.0 (코드명 : Honeycomb)

'허니컴'이라는 코드명을 갖는 안드로이드 3.0은 태블릿 PC용 운영체제로 사용됩니다. 허니컴은 유명한 씨리얼의 이름이라고 합니다. 현재 일부 안드로이드 태블릿 PC에 탑재되어 있습니다.

03

슬립모드 진입 시간과 밝기 설정

일반 휴대폰이든 스마트 폰이든 구입 후에 가장 먼저 손봐야 할 부분이라면 슬립 모드로 진입하는 시간과 화면의 밝기를 설정하는 것을 꼽을 수 있습니다. 초보적인 부분이지만 이러한 부분조차 알지 못하고 불편을 감수해가며 사용하고 있는 경우를 종종 보아왔기 때문에 짚고 넘어가도록 하겠습니다.

01 대기 모드로 전환되는 시간 설정하기

기기에 따라 다소 차이는 있지만 기기의 윗면이나 측면에는 전원/슬립 버튼이 있으며 짧게 누르면 슬립 모드로 전환됩니다. 슬립(Sleep) 모드란 기기가 완전히 꺼진 상태는 아니며 액정과 무선랜 등의 작동을 멈춤으로써 배터리를 절약하거나 보안이 유지되도록 하는 상태를 말합니다.

▲ 갤럭시S의 전원/슬립 버튼

전원/슬립 버튼을 2~3초 정도 길게 누르면 다음과 같은 옵션 메뉴가 나타나 무음 모드, 비행기 탑승 모드를 선택하거나 전원을 완전히 끌 수 있습니다. 아무것도 선택하지 않고 취소하려면 기기의 [뒤로 가기] 버튼을 터치하면 됩니다. 안드로이드 폰의 종류에 따라 메뉴 이름은 다를 수 있습니다.

비행기의 안전 운항을 위해 휴대폰의 모든 무선기기 작동이 중지되는 상태를 말합니다. 따라서 전화나 무선랜 등의 기능을 사용할 수 없습니다. 상대방이 전화를 걸면 전원이 꺼진 상태로 안내음이 나옵니다.

슬립/전원 버튼을 누르지 않아도 일정 시간 동안 버튼이나 액정 화면 등을 터치하지 않으면 자동으로 슬립 모드로 진입하게 되는데 이렇게 자동으로 슬립 모드로 진입되게 할 시간은 다음과 같은 방법을 통해 임의로 설정할 수 있습니다.

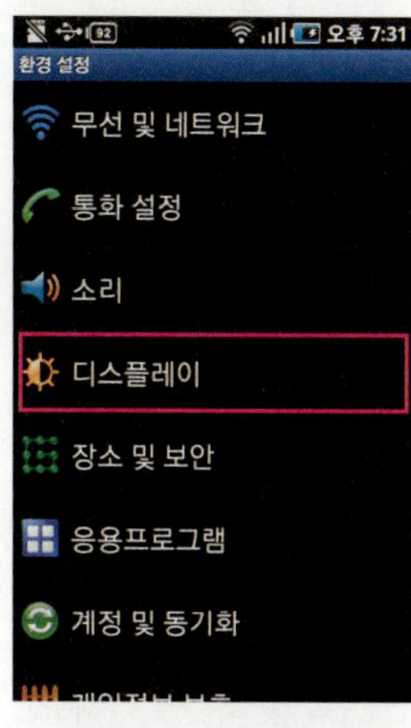

01 홈 화면에서 메뉴 버튼을 누르고 [환경설정]을 메뉴를 선택하고 [디스플레이]를 터치합니다.

▲ [화면 조정 시간]을 터치

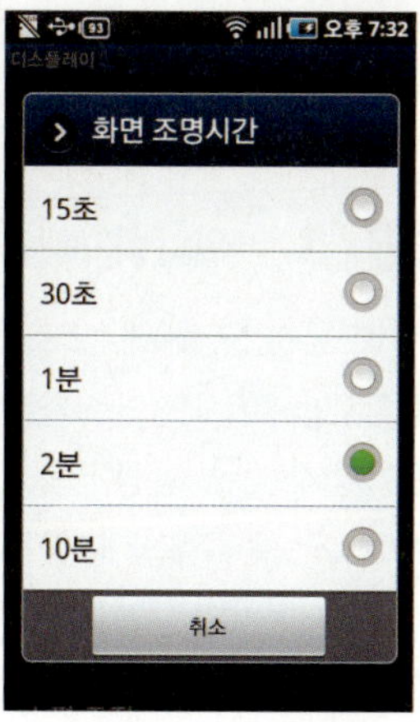

▲ 시간을 선택할 수 있습니다.

02 [디스플레이] 메뉴에서 [화면 조정 시간]을 터치하면 시간을 직접 선택할 수 있습니다. 여기에서 지정한 시간 동안 기기를 사용하지 않을 경우, 액정이 꺼지면서 자동으로 슬립모드로 전환됩니다.

화면 밝기는 다음과 같은 방법으로 설정할 수 있습니다. 수동으로 원하는 밝기를 설정하거나 주위의 밝기에 따라 화면의 밝기가 자동으로 조절되게 할 수도 있습니다.

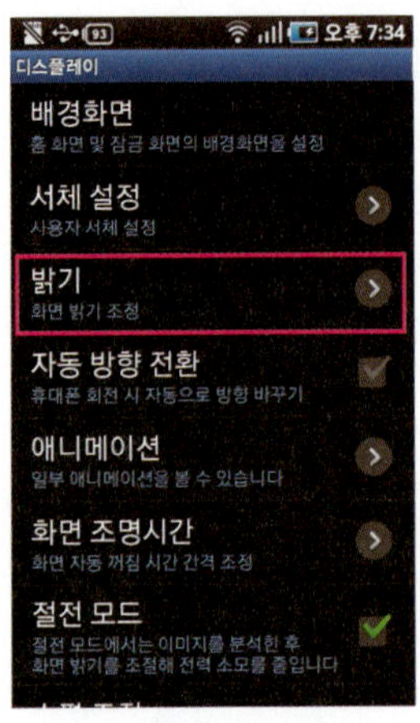

▲ [밝기]를 터치합니다.

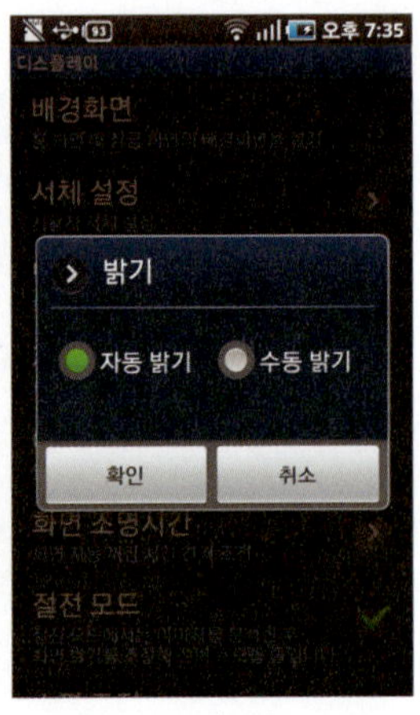

▲ [자동 밝기]나 [수동밝기] 선택

01 환경 설정 메뉴에서 [디스플레이]를 터치하고 디스플레이 관련 메뉴가 나타나면 [밝기]를 터치합니다. 밝기 설정 화면이 나타나며 [자동 밝기]나 [수동 밝기]를 선택할 수 있습니다. [자동 밝기]를 선택하면 주위의 밝기에 따라서 자동으로 액정의 밝기가 조절됩니다.

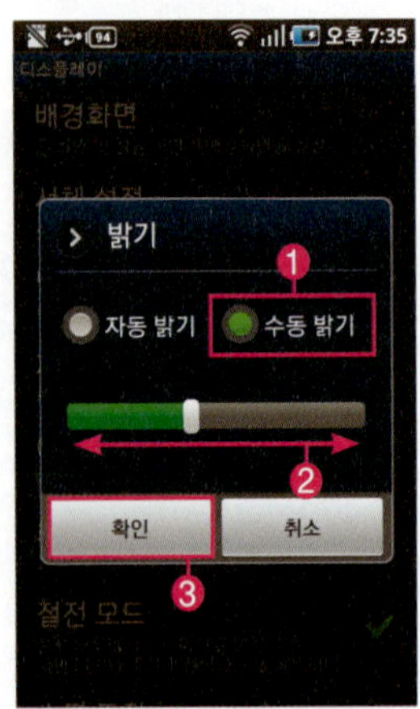

02 [수동 밝기]를 선택하면 다음과 같이 밝기 조절 바가 나타납니다. 드래그하여 원하는 상태로 조절하고 [확인] 버튼을 터치하면 됩니다. 특별한 경우가 아니라면 자동 밝기를 선택하는 것이 바람직합니다.

> **Smart Tip** 주위의 밝기를 감지하는 조도 센서
>
> 안드로이드 폰의 전면에서는 조도 센서가 장착되어 있어 주변의 밝기를 감지합니다. 액정의 밝기를 '자동'으로 설정했을 경우, 조도 센서가 감지하는 빛의 양에 따라 자동으로 액정 화면의 밝기를 조절해줍니다. 즉, 주위의 밝기가 어두우면 액정의 밝기가 자동으로 어두워지며, 밝은 곳에서는 액정의 밝기도 밝아집니다. 액정이 지나치게 밝을 경우, 배터리 소모가 큼은 물론 시력에도 좋지 않은 영향을 미치기 때문에 적절한 밝기로 사용하는 것이 좋습니다.

Wi-Fi 설정과 3G 차단 유무 선택하기

스마트폰에서 Wi-Fi 사용은 필수적입니다. 일단 전송량에 관계없이 추가 비용이 들지 않는데다 속도도 빠르기 때문입니다. 안드로이드 폰에서 무선 인터넷 사용을 위한 설정 방법과 통신사 인터넷 접속에 따르는 비용이 부담될 경우를 대비하여 3G 접속 유무를 설정하는 방법에 대해 알아보겠습니다.

01 무선 인터넷 사용을 위한 환경은?

스마트 폰의 장점 중에서 자유롭게 Wi-Fi라는 무선 인터넷을 사용할 수 있다는 점을 빼놓을 수 없습니다. Wi-Fi는 근거리 무선 통신 기술의 상표명으로서 흔히 '무선랜'이라고 부릅니다. 통신사의 무선 인터넷 망인 3G 방식에 비해 속도가 빠르며 무엇보다도 무료로 사용할 수 있다는 것이 큰 장점입니다.

▲ 보급형 802.11n 유무선 공유기
 : ipTime N604R

Wi-Fi를 사용하려면 통신사의 Wi-Fi 망 내에 있거나 사무실이나 가정에 Wi-Fi가 가능한 공유기가 설치되어 있어야 합니다. 즉, 무선 공유기가 설치되어 있어야 하는데 요즈음은 많이 저렴해져서 3~4만 원대로도 좋은 무선 공유기를 구입할 수 있습니다. 무선랜 규격은 802.11b, 802.11g, 802.11n 등이 있으며 현재 안드로이드 스마트 폰은 초당 54Mbps의 속도를 갖는 802.11g나 최대 300Mbps의 속도를 지원하는 802.11n 무선랜이 장착되어 있습니다.

스마트 폰이 802.11n을 지원한다하더라고 무선 공유기가 802.11n을 지원하지 않으면 제 속도를 낼 수 없습니다. 양쪽 모두 802.11n을 지원해야 합니다. 따라서 802.11n을 지원하는 스마트 폰에서 보다 쾌적한 속도를 보장 받으려면 공유기도 이를 지원하는 제품을 사용해야 합니다.

무선 공유기가 설치되어 있다면 간단한 설정으로 스마트 폰에서 Wi-Fi를 사용할 수 있습니다.

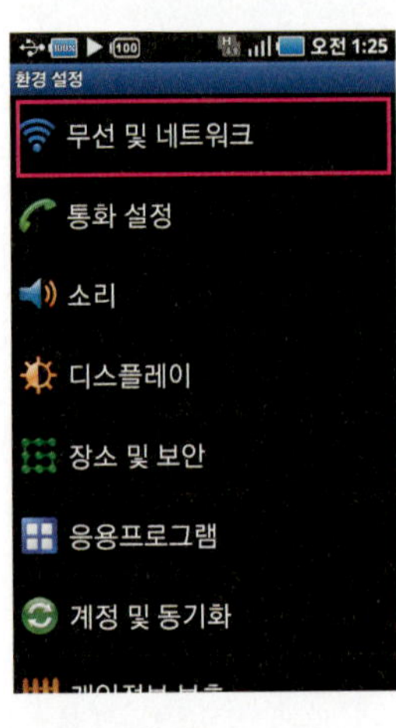

01 홈 화면에서 메뉴 버튼을 누르고 [설정]을 터치하거나 메인 메뉴 화면에서 [환경 설정]을 터치한 후 환경 설정 화면이 나타나면 [무선 및 네트워크]를 터치합니다.

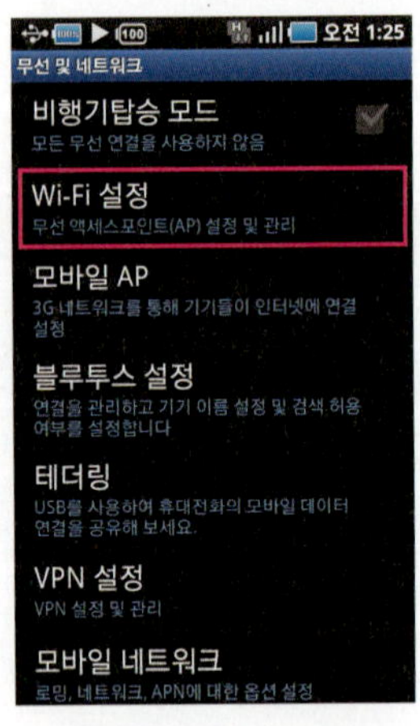

02 무선 및 네트워크 화면에서 [Wi-Fi 설정]을 터치합니다.

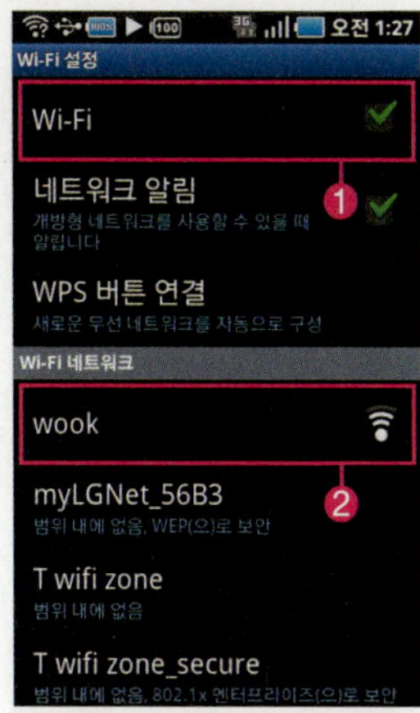

03 Wi-Fi 켜기 항목에 체크 표시가 희미하게 나타난다면 Wi-Fi 가 꺼져있는 상태이므로 한번 터치해서 켜주도록 합니다. 잠시 후 Wi-Fi 신호를 감지하여 무선 공유기나 통신사 Wi-Fi 목록이 표시 됩니다. 원하는 목록을 터치합니다. 그림에서는 wook이라는 공 유기 신호 목록을 터치했습니다.

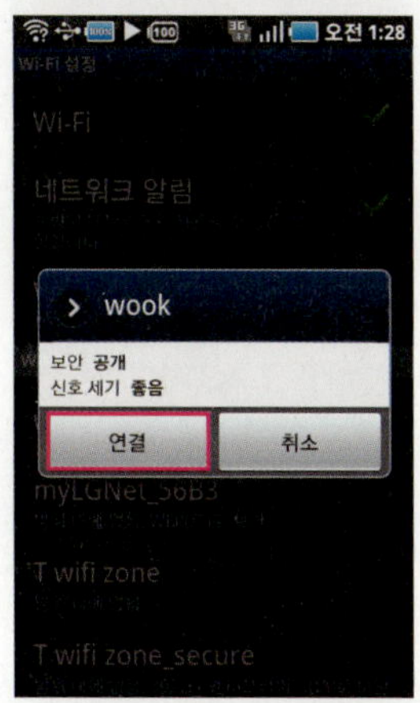

04 해당 장치에 연결할 것인지를 묻는 창이 나타납니다. [연결] 버튼을 터치합니다.

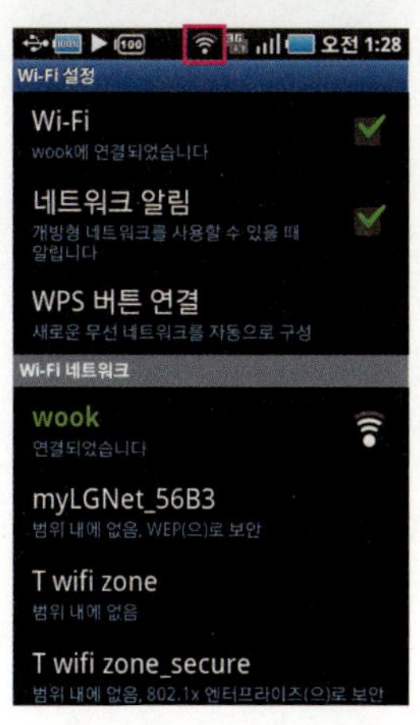

05 Wi-Fi 접속이 완료되면 장치 이름 아래에 연결되었다는 메시 지와 함께 상태 표시줄에 Wi-Fi 표시가 나타납니다.

무선랜으로 접속 도중 자리를 이동하여 Wi-Fi 신호가 잡히지 않으면 자동으로 통신사 인터넷인 3G 망으로 접속됩니다. 스마트 폰 사용자는 대부분 데이터 요금제에 가입되어 있을 것이므로 어느 정도의 3G 접속을 통한 데이터 사용량은 기본요금에 포함되어 문제가 없겠지만 이 또한 과도하게 사용하게 되면 엄청난 데이터 요금이 부과될 수 있으므로 항상 3G 접속에 신경을 써야 합니다.

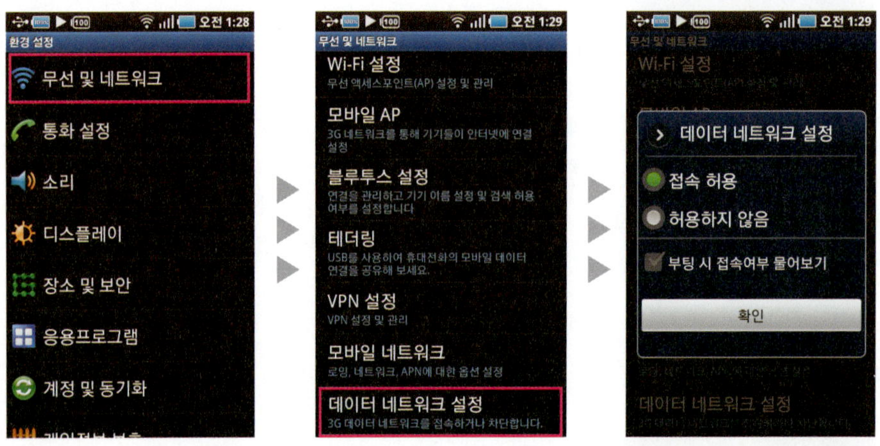

01 환경 설정 메뉴에서 [무선 및 네트워크]를 터치합니다.

02 무선 및 네트워크 메뉴가 나타나면 [데이터 네트워크 설정]을 터치합니다.

03 [접속 허용]을 선택하면 Wi-Fi 신호가 잡히지 않을 경우 3G로 전환됩니다. 따라서 인터넷이나 마켓 등을 이용할 때, 또는 인터넷을 통해 정보를 얻어오는 각종 위젯에서 3G 데이터가 사용됩니다. [허용하지 않음]을 선택하면 3G 통신이 차단되므로 Wi-Fi가 되지 않는 지역에서 인터넷을 통한 정보를 가져올 수 없지만 데이터 요금에 대한 걱정을 하지 않아도 될 것입니다. 단, 이 상태에서는 멀티 메시지(MMS) 수신이 불가능하며 수신된 멀티 메시지가 있다는 안내만 표시됩니다.

안드로이드 폰 사용을 위해 꼭 필요한 구글 계정 만들기

안드로이드 폰을 제대로 사용하기 위해서 빼놓을 수 없는 중요한 일 중 하나는 구글 계정을 만드는 일입니다. 구글 계정이 있어야 안드로이드 마켓에 접속하여 다양한 어플을 설치하여 즐길 수 있으며 지메일(gmail)을 비롯한 다양한 구글의 서비스를 사용할 수 있기 때문입니다. 계정 등록은 인터넷을 통해 이루어지므로 3G나 Wi-Fi 등 인터넷에 접속할 수 있는 상태여야 합니다.

01 홈 화면에서 메뉴 버튼과 [설정]을 차례로 터치하거나 메인 메뉴 화면에서 [환경 설정] 아이콘을 터치합니다.

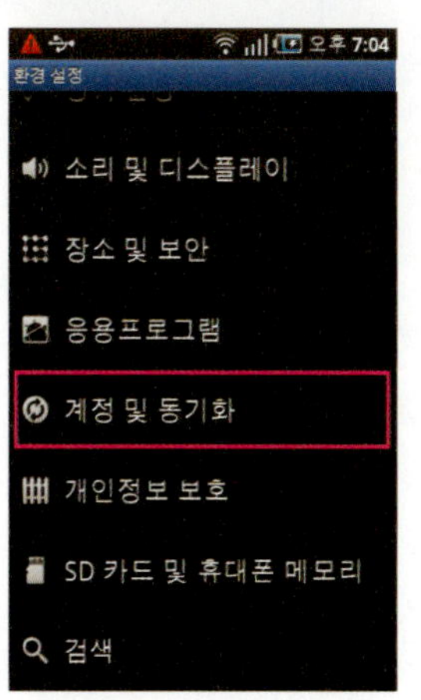

02 환경 설정 메뉴가 나타나면 [계정 및 동기화]를 터치합니다.

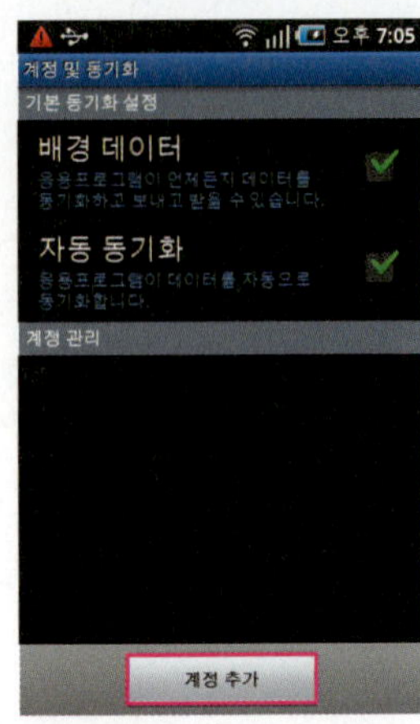

03 계정 및 동기화 화면이 나타나면 아래에 있는 [계정 추가] 버튼을 터치합니다.

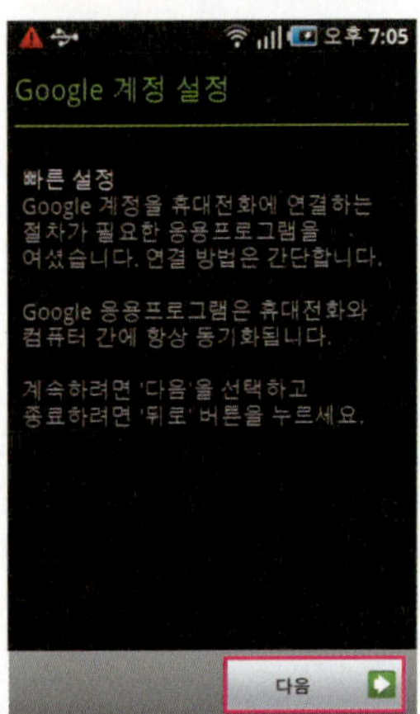

04 이어서 [Google]을 터치하고 Google 계정 설정 화면이 나타나면 [다음] 버튼을 터치합니다.

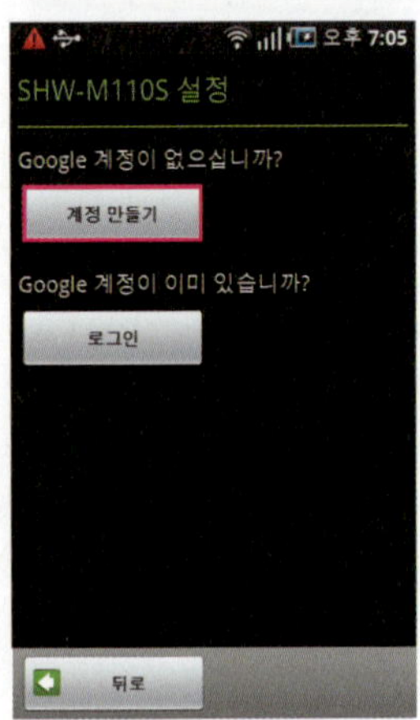

05 구글 계정이 아직 없다는 것으로 간주하고 진행하겠습니다. [계정 만들기] 버튼을 터치합니다.

06 계정 만들기 화면이 나타나면 먼저 이름 입력란을 터치합니다. 키패드가 나타납니다. 이름을 입력하고 이어서 성과 사용자 이름란도 각각 터치하여 문자를 입력합니다. 이름과 성은 한글이나 영문 모두 사용할 수 있지만 사용자 이름은 지메일(gmail) 계정을 의미하므로 영문으로 입력해야 합니다.

07 입력을 마친 후 키패드의 [완료] 버튼을 터치하면 입력한 문자들이 표시됩니다. [다음] 버튼을 터치합니다.

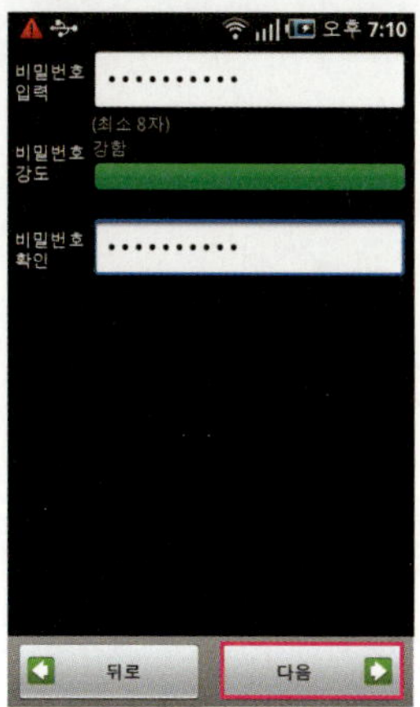

08 이어서 비밀번호 입력 화면이 나타납니다. 화면에 안내되는 것처럼 최소한 8자 이상을 입력합니다. 아래에는 확인을 위해 동일한 비밀번호를 한 번 더 입력하고 키패드의 [완료] 버튼을 터치한 후, [다음] 버튼을 터치합니다.

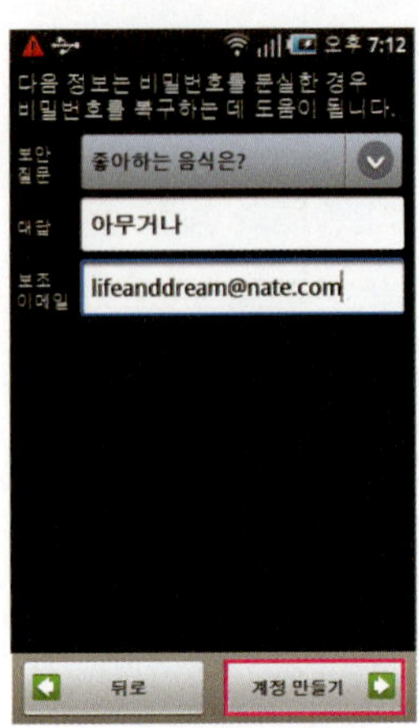

09 비밀번호를 잊었을 때를 대비하여 질문을 선택하고 대답을 입력하는 화면이 나타납니다. 추가 정보 수신을 위해 현재 사용중인 이메일 계정도 입력하고 키패드의 [완료] 버튼을 터치한 후, [계정 만들기] 버튼을 터치합니다.

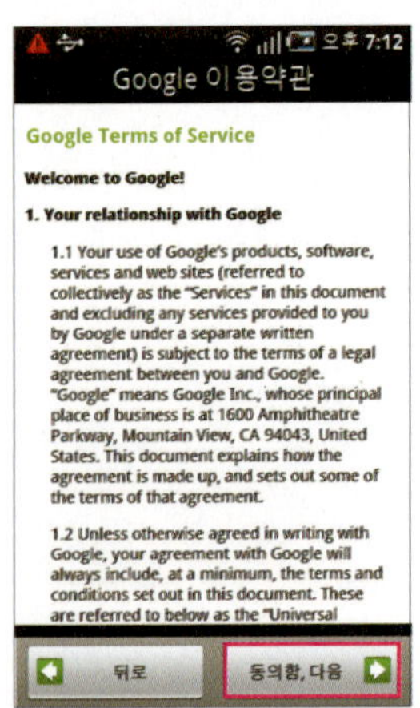

10 구글 이용 약관이 나타납니다. [동의함, 다음] 버튼을 터치합니다.

11 화면에 나타나는 문자를 입력하고 [다음] 버튼을 터치합니다.

12 계정을 만드는 중이라는 메시지가 나타납니다. 잠시 기다리면 계정이 생성되었다는 메시지가 나타나며 [마침] 버튼을 터치하면 계정 및 동기화면으로 되돌아오게 됩니다. 정상적으로 모든 과정을 마쳤으므로 아래에 등록된 계정이 표시되는 것을 볼 수 있습니다.

계정 등록 과정이 진행되지 않는다면?

계정을 등록하는 도중에 몇 분 이상 기다려도 진행되지 않거나 초기화면으로 되돌아 온다면 다음 과정을 통해 폰을 초기화한 후, 다시 등록을 시도해야 합니다.

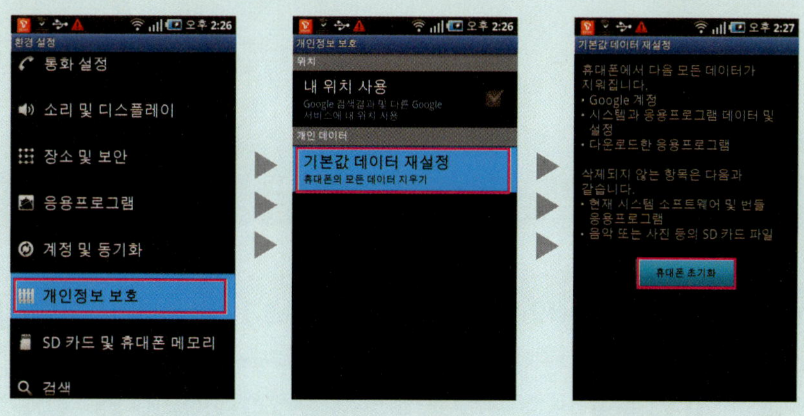

1. 환경 설정 메뉴에서 [개인정보 보호]를 터치합니다.

2. [기본값 데이터 재설정]을 터치합니다.

3. [휴대폰 초기화] 버튼을 터치합니다. 초기화를 위해 다시 부팅됩니다. 폰이 초기화되면 전화번호부나 문자, 추가로 설치한 어플 등이 삭제되므로 미리 백업해두어야 합니다. 사진이나 노래, SD카드의 데이터 등은 삭제되지 않습니다.

안드로이드 마켓에서의 어플 다운로드와 업데이트

안드로이드 폰의 큰 장점 중 하나는 마켓에 접속해서 간단히 어플을 내려받아 설치할 수 있다는 점입니다. 일일이 컴퓨터와 연결할 필요도 없고 자동으로 설치되어 메인 메뉴에 아이콘으로 나타나므로 이것저것 신경 쓸 필요가 없습니다. 방대한 안드로이드 마켓에 접속하여 원하는 어플을 받아보겠습니다.

01 마켓에 접속하여 원하는 어플 받기

01 홈 화면이나 메인 메뉴에서 [마켓] 아이콘을 터치합니다. 마켓을 처음 이용하는 것이라면 약관이 표시됩니다. [동의] 버튼을 터치합니다.

02 안드로이드 마켓의 초기화면이 나타납니다. 상단에 3개의 탭 중에서 [애플리케이션]을 터치합니다. [게임] 탭은 클릭해도 게임 목록이 나타나지 않습니다. 아직 한국에서는 서비스 되지 않기 때문입니다.

 어플이란?

컴퓨터 등에서 특정 기능을 수행하기 위한 프로그램을 응용 프로그램이라고 합니다. 흔히 사용하는 엑셀이나 파워포인트, 곰 플레이어, 포토샵 등이 모두 응용 프로그램의 일종이며 어플리케이션(Application), 또는 애플리케이션이라고 하는데 안드로이드 폰에서는 이를 줄여서 간단히 "어플"이라고 부르며 아이폰에서는 앱(App)이라고 부릅니다. 스마트 폰의 가장 큰 장점이라면 내장된 프로그램만 사용할 수 있는 피처폰과 달리 사용자가 원하는 프로그램을 직접 설치할 수 있다는 것입니다. 따라서 다양하게 폰의 기능을 확장할 수 있습니다. 과거의 윈도우 모바일 OS를 사용하는 폰에서는 일일이 컴퓨터와 연결하여 프로그램을 설치해야 했으나 안드로이드 폰이나 아이폰의 경우에는 각각 전용 마켓에 접속하여 간단히 어플을 내려받아 설치할 수 있습니다.

▲ 분류 화면에서 [교육]을 터치합니다.

▲ 교육관련 어플 목록이 나타납니다.

03 어플의 분류가 나타납니다. 드래그하여 원하는 분류를 찾아 터치하면 해당 분류에 속한 세부 어플 목록이 나타나게 됩니다.

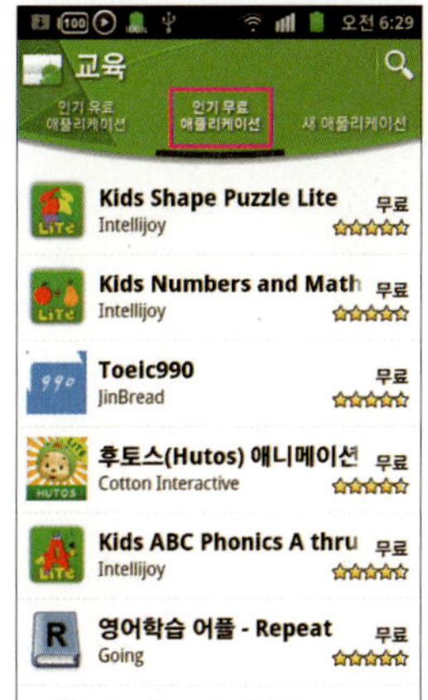

04 기본적으로 [인기 유료 애플리케이션] 탭이 선택되어 있으며 아래에 각 어플들의 가격이 표시됩니다. [인기 무료 애플리케이션] 탭을 터치하면 다양한 무료 어플들 목록을 볼 수 있습니다.

05 원하는 어플을 검색하여 받아보도록 하겠습니다. 파일 탐색기로 유명한 아스트로 파일 관리자를 찾기 위해 상단에서 돋보기 모양의 검색 버튼을 터치합니다.

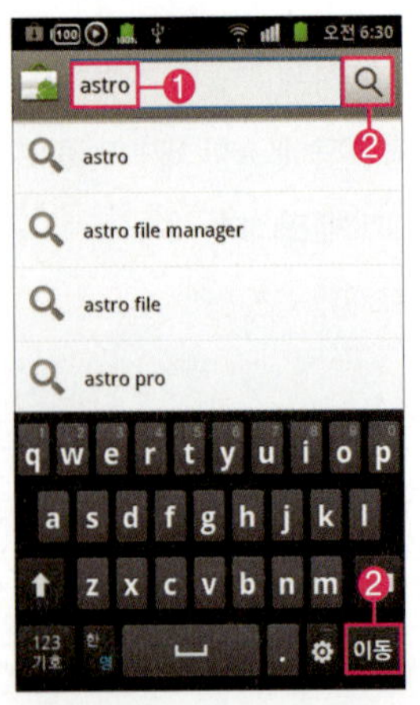

06 키패드가 나타나면 영문모드로 전환하고 'astro'라고 입력한 다음 상단의 검색 버튼이나 키패드의 [이동] 버튼을 터치합니다.

07 검색 목록이 나타납니다. 목록에서 '아스트로 파일 관리자'를 찾아 터치합니다.

08 어플에 대한 간략한 소개글이 나타납니다. 상단 우측에 있는 [무료] 버튼을 터치한 후 이어지는 화면에서 [확인] 버튼을 터치하면 다운로드와 설치가 자동으로 진행됩니다.

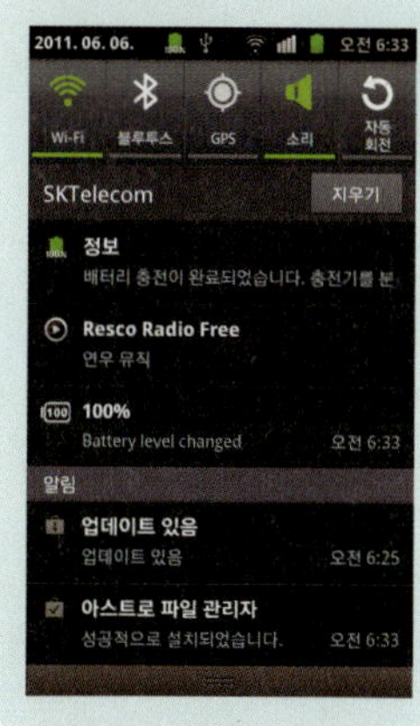

Smart Tip 다운로드와 설치는 알림창을 통해 안내됩니다.

상태 표시줄을 아래로 드래그하여 알림창을 열어보면 마켓에서 다운로드하기 위해 선택한 어플의 다운로드나 설치에 대한 상태를 표시해줍니다. 그림과 같이 아스트로 파일 관리자가 설치되었다는 메시지가 나타나는 것을 볼 수 있습니다. 또한 설치된 어플의 새로운 버전이 마켓에 등록된 경우 업데이트가 있다는 메시지도 표시해 줍니다. [지우기] 버튼을 터치하면 알림창의 메시지가 모두 사라지게 됩니다.

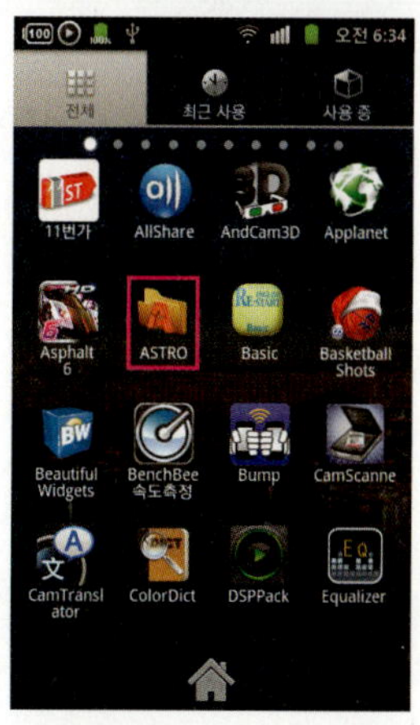

09 기기의 홈 버튼을 눌러 홈 화면으로 돌아가서 메인 메뉴를 터치합니다. 메인 메뉴에 'ASTRO'라는 아이콘이 생성되어 있는 것을 볼 수 있습니다. 물론 터치하여 실행할 수 있습니다.

마켓의 각 어플에는 사용자들의 평가가 별표로 표시되어 있습니다. 또한 어플 소개 화면의 아래쪽에 나타나는 리뷰에서는 사용자들의 댓글이 표시되므로 어플을 선택할 때 참고할 수 있습니다.

◀ 사용자들이 남겨 놓은 댓글들

01 다운받은 어플에 대해서 평가와 댓글을 남길 수 있습니다. 어플을 평가하려면 어플 소개 윗부분에서 평가하기를 터치합니다.

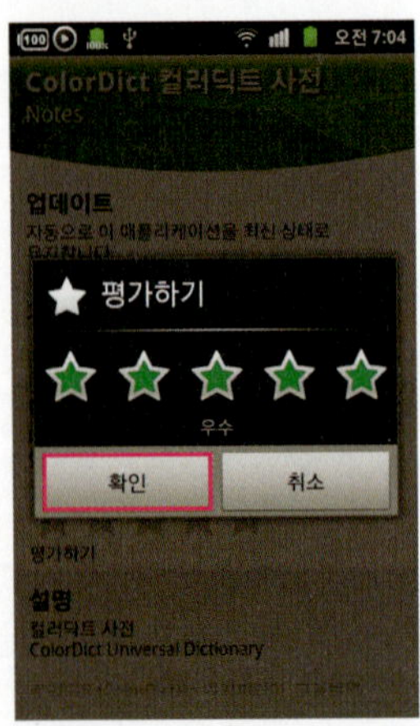

02 평가하기 창이 나타나면 만족도에 따라 별의 개수와 [확인] 버튼을 차례로 터치합니다.

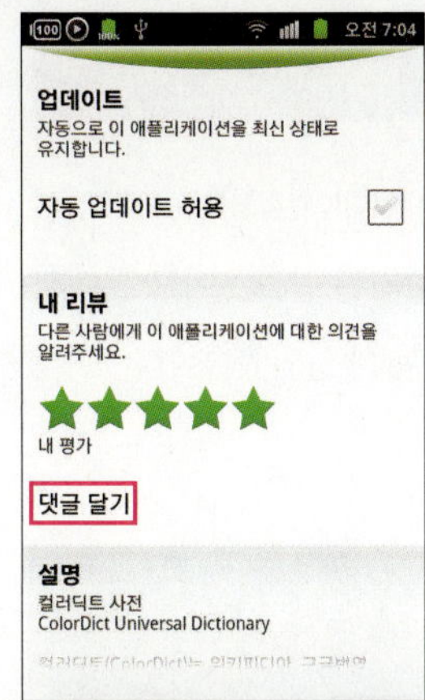

03 이어서 간단한 리뷰를 남기려면 [댓글 달기] 항목을 터치합니다.

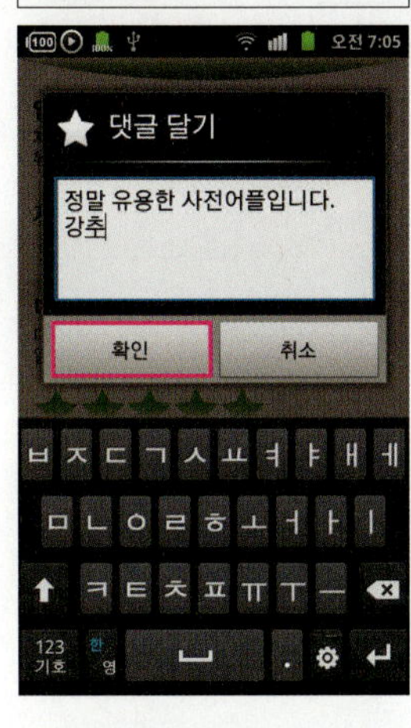

04 댓글 입력 화면이 나타납니다. 입력란을 터치하고 키패드에서 적절히 평가하고자 하는 문자를 입력한 다음 [확인] 버튼을 터치합니다.

 유료 어플 구입하기

2010년 7월부터 국내에서도 유료 어플의 구매가 가능해졌습니다. 대부분 저렴한 가격대로 부담 없이 구입할 수 있으며 결제 후 24시간 이내에는 환불이 가능합니다.

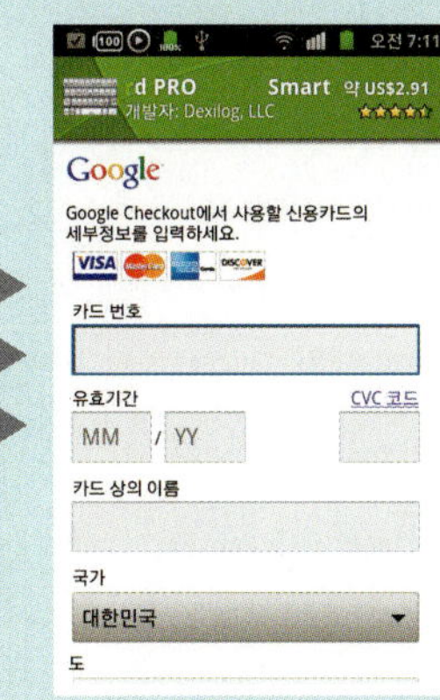

1. 가격이 표시되어 있는 유료 어플에서 구입 버튼을 터치합니다.

2. 이어서 [확인] 버튼을 클릭하면 신용카드를 통해 해당 어플을 구입할 수 있습니다. 아직 등록된 신용카드가 없을 경우 화면의 안내대로 결제에 사용할 신용카드를 등록하면 됩니다.

이전에는 마켓에서 다운받은 어플이 업데이트되면 일일이 하나씩 업데이트 버튼을 눌러서 업데이트해주어야 했지만 안드로이드 2.2 버전(프로요) 이상이 설치된 안드로이드 폰에서는 자동으로 업데이트되게 하거나 한꺼번에 업데이트할 수 있도록 개선되었습니다. 귀찮은 어플 업데이트! 이젠 간편하게 마칠 수 있습니다.

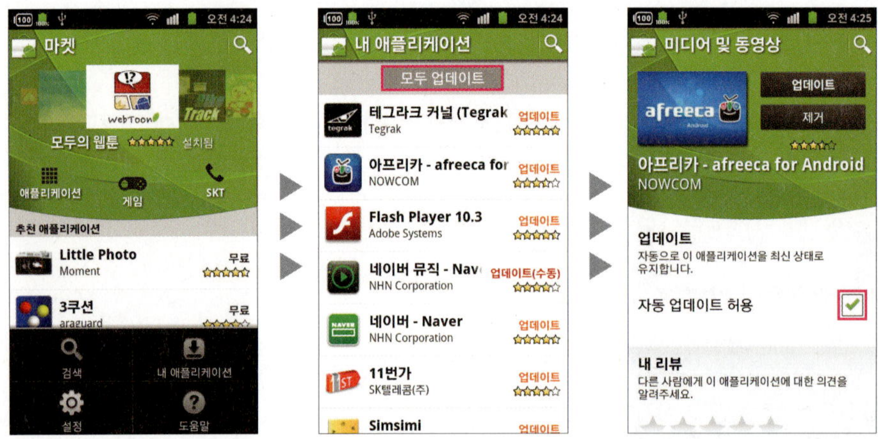

01 마켓에 접속해서 기기의 메뉴 버튼을 누르고 [내 애플리케이션]을 터치합니다.

02 마켓을 통해 다운받았던 어플 목록이 나타나며 업데이트 버전이 등록된 어플은 어플 이름 우측에 "업데이트"라고 표시됩니다. 상단에 있는 [모두 업데이트] 버튼을 누르면 모든 어플의 업데이트가 실시됩니다.

03 자동으로 업데이트되게 하려면 어플 목록을 누르고 가장 위에 있는 [자동 업데이트 허용] 우측의 체크 박스를 터치해 체크 표시가 진하게 나타나도록 합니다. 체크된 어플은 마켓을 실행한 경우에 자동으로 업데이트 버전의 다운로드와 설치가 진행됩니다.

마켓 사이트에서 어플 다운로드 하기

컴퓨터가 있는 곳이라면 웹브라우저를 통해 안드로이드 마켓 사이트에서 더욱 편리하게 다양한 어플을 검색해 폰에 설치할 수 있습니다. 컴퓨터로 다운받아 전송하는 것이 아니므로 폰과 컴퓨터가 연결되어 있지 않아도 됩니다.

01 PC를 통해 안드로이드 마켓 사이트인 https://market.android.com에 접속합니다. 안드로이드 마켓에 등록된 어플들이 웹브라우저를 통해 나타납니다. 카테고리별로 찾거나 검색창을 통해 검색할 수도 있습니다. 설치하려는 어플을 클릭합니다.

02 해당 어플에 대한 소개 화면이 나타납니다. 좌측 상단에서 어플 이름 아래에 있는 [설치] 버튼을 클릭합니다.

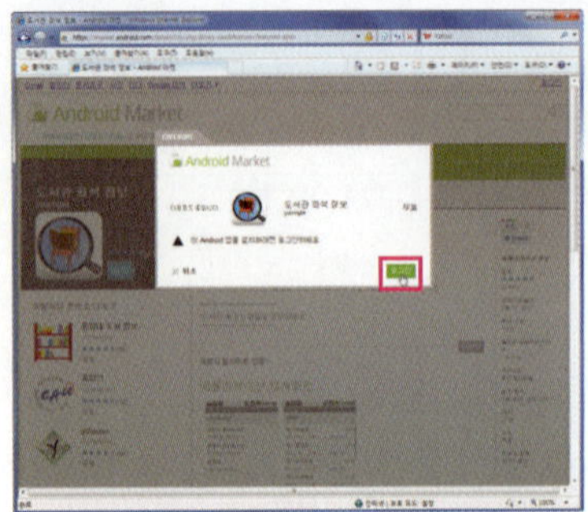

03 구글 계정에 로그인하지 않았다면 로그인하라는 메시지가 나타납니다. [로그인] 버튼을 클릭합니다.

04 로그인 화면에서 폰에서 설정된 구글 계정의 아이디와 비밀번호를 입력하여 로그인합니다. 잠시 계정이 등록된 기기를 인식한 후 다음과 같은 설치 화면이 나타납니다. [설치] 버튼을 클릭합니다. 폰과 PC가 USB케이블로 연결되어 있지 않아도 됩니다.

05 해당 어플이 다운로드 된다는 메시지가 나타나고 폰에 설치가 시작됩니다. [확인] 버튼을 클릭합니다.

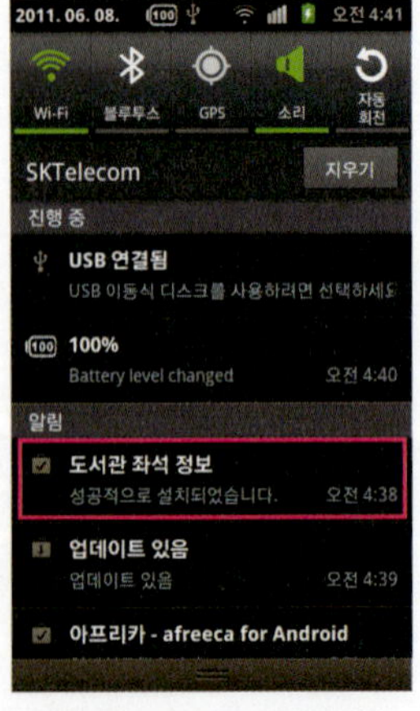

06 잠시 후 폰의 상태 표시줄을 아래로 드래그해보면 알림창을 통해 해당 어플이 설치되었다는 메시지를 볼 수 있습니다.

인터넷 카페나 블로그에 등록된 어플 설치하기

웹 서핑을 하다보면 특정 사이트나 카페, 블로그 등에 안드로이드 어플이 등록되어 있는 것을 볼 수 있는데 이것 역시 곧바로 다운받아 설치할 수 있습니다.

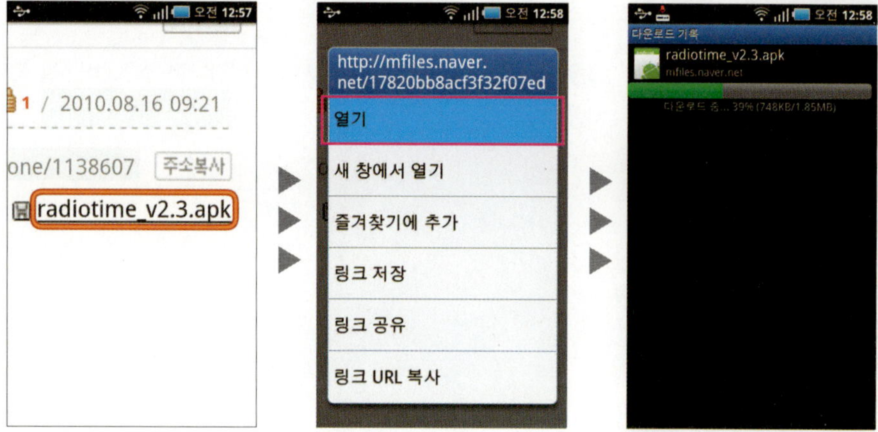

01 카페나 블로그 등의 게시판에서 등록된 파일 이름을 길게 터치합니다. 안드로이드 어플은 확장자가 [apk]로 되어 있습니다. 파일 이름 주위에 테두리가 나타나야 정확하게 파일을 터치하고 있는 상태입니다. 확대해서 크게 나타나게 하면 그만큼 선택하기 쉽습니다.

02 메뉴가 나타나면 [열기]를 터치합니다.

03 해당 파일이 다운로드되며 진행 상태가 표시됩니다.

04 다운로드가 완료되면 파일 이름을 터치합니다.

05 설치가 차단되어 있다는 메시지가 나타나면 [설정] 버튼을 터치합니다.

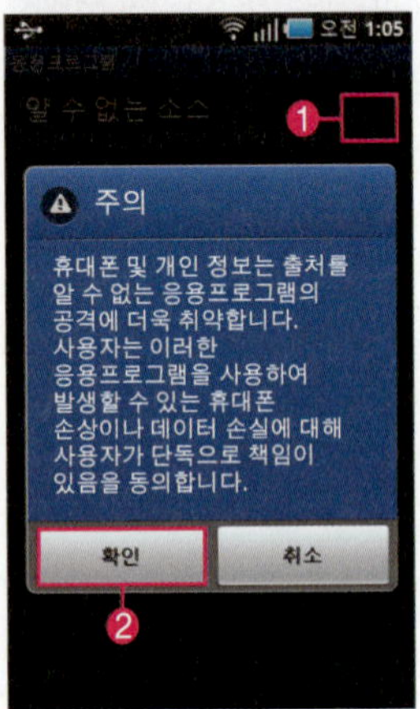

06 환경 설정〉응용 프로그램 메뉴가 나타납니다. [알 수 없는 소스]를 터치합니다. 주의 메시지가 나타나면 [확인]을 터치합니다.

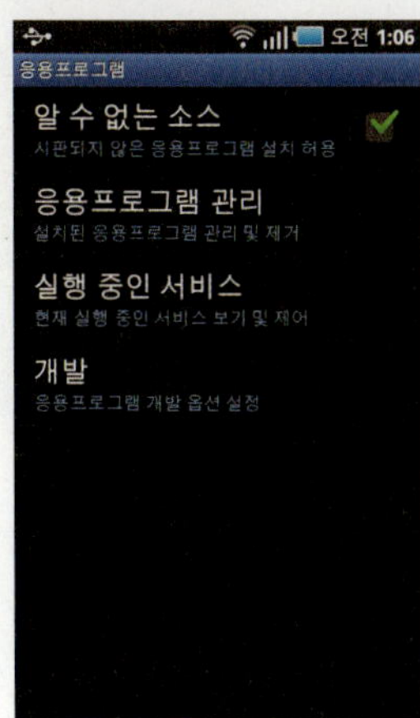

07 [알 수 없는 소스] 항목이 체크된 상태로 전환됩니다. 이렇게 체크해 놓으면 추후 앞에서 보았던 설치 차단 메시지는 나타나지 않게 됩니다. 기기의 [뒤로 가기] 버튼을 누릅니다.

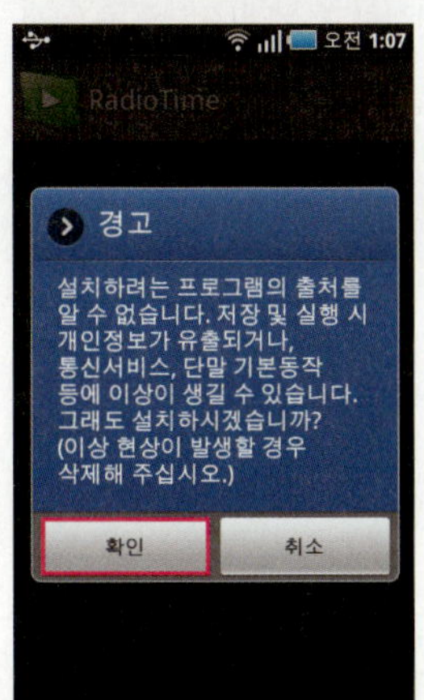

08 다시 다운로드된 파일을 터치합니다. 이어서 경고 메시지가 나타나면 [확인] 버튼을 터치합니다.

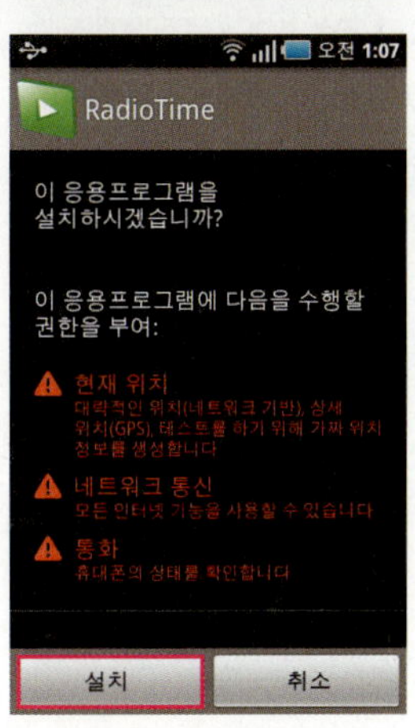

09 설치할 것인지를 묻는 화면이 나타나면 [설치] 버튼을 터치합니다. 설치가 진행되고 잠시 후 메인 메뉴에 해당 어플의 아이콘이 나타날 것입니다. 인터넷에서 파일을 받을 때는 신뢰할 수 있는 사이트나 카페인지 잘 판단해서 받아야 합니다.

컴퓨터로 다운받은 어플을 폰에 전송하여 설치하기

인터넷 등이나 다른 사람으로부터 받아 컴퓨터에 저장해 둔 어플을 폰으로 전송하여 설치하는 과정에 대해 알아보겠습니다. 폰과 컴퓨터를 연결할 수 있는 USB 케이블이 준비되어 있어야 합니다.

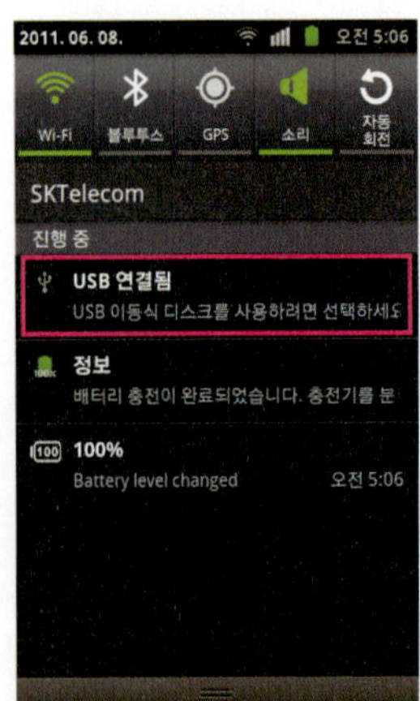

01 컴퓨터와 폰을 USB 케이블로 연결하고 상태 표시줄을 아래로 드래그합니다. 알림창에 USB가 연결되었다는 메시지 부분을 터치합니다.

02 USB 이동식 디스크 연결 화면이 나타납니다. 아래에 있는 [USB 이동식 디스크 사용] 버튼을 터치합니다. 기기의 종류에 따라 화면의 형태나 버튼의 이름은 다소 다를 수 있습니다.

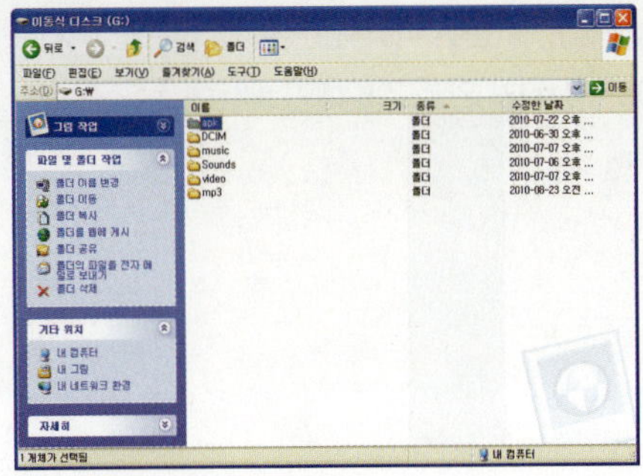

03 잠시후 컴퓨터의 모니터에 이동식 디스크 창이 나타나면 이 디스크에 새 폴더를 만듭니다. 안드로이드 어플은 확장자가 'apk'이므로 알아보기 쉽게 [apk]라는 폴더를 만들어 두었습니다. 물론 다른 이름으로 지정해도 관계없습니다.

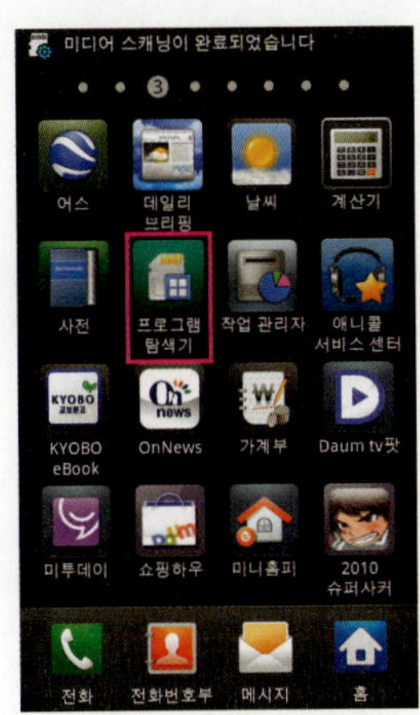

04 컴퓨터에 저장된 어플을 이동식 디스크의 apk 폴더로 드래그하여 복사하고 컴퓨터와의 연결을 해제한 후, 메인 메뉴에서 어플 설치를 위한 프로그램인 [프로그램 탐색기]를 찾아 터치합니다. 기기에 따라 설치를 위한 프로그램의 이름은 다를 수 있습니다.

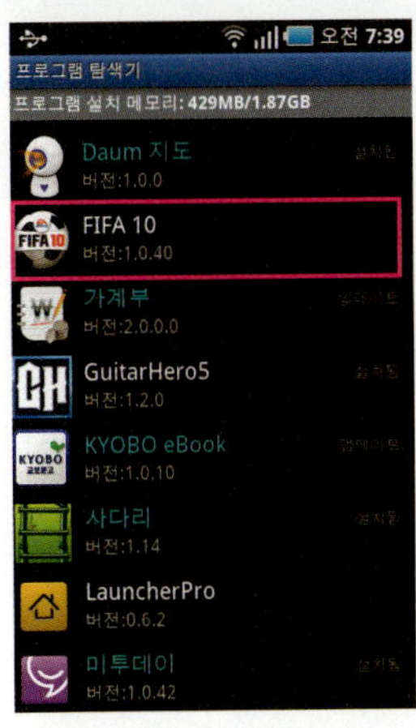

05 컴퓨터에서 복사한 어플이 목록에 나타납니다. 설치를 위하여 해당 어플 이름을 터치합니다.

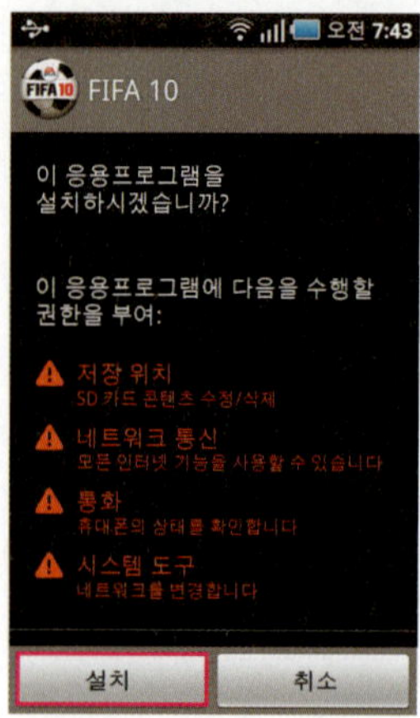

06 설치할 것인지를 묻는 화면이 나타나면 [설치] 버튼을 터치하여 설치를 시작합니다. 설치가 완료되면 메인 메뉴에 해당 어플의 아이콘이 나타나게 됩니다.

Smart Tip 설치가 차단되었다는 메시지가 나타나면?

'설치가 차단됨'이라는 메시지가 나타나면 홈 화면에서 기기의 메뉴 버튼을 누르고 [설정]을 터치하여 환경 설정 메뉴의 [응용 프로그램] 항목에서 [알 수 없는 소스]에 체크 한 다음 다시 설치를 시도하면 됩니다.

외장 SD카드에 어플 설치하기

안드로이드 2.2(프로요) 이상의 운영체제가 설치되어 있는 스마트 폰에서는 외장 메모리 카드에도 어플을 설치할 수 있습니다. 내장 메모리의 용량이 적어서 어플 설치에 부담이 된다면 외장 메모리로 이동시킴으로써 내장 메모리의 용량을 확보하는 것이 좋습니다.

01 [홈] 버튼을 길게 누르고 [작업 관리자]를 터치합니다. 이러한 방식으로 작업관리자가 나타나지 않는 기종이라면 메인 메뉴를 통해 작업 관리자를 찾아 선택하도록 합니다.

02 작업 관리자가 실행되면 [프로그램] 탭을 터치합니다.

03 설치된 어플 목록이 나타납니다. 모두 휴대폰에 설치되었다고 표시됩니다. 즉, 내장 메모리에 설치되었다는 의미입니다. 외장 메모리로 이동하고자 하는 어플 목록을 터치합니다. 여기에서는 '네이버 지도'를 터치해보았습니다. 우측의 [삭제] 버튼이 아니라 어플 목록을 터치해야 합니다.

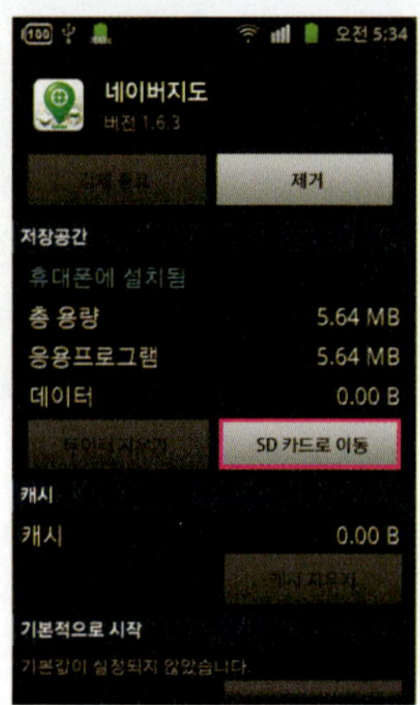

04 현재 어플에 대한 용량이 표시됩니다. 외장 메모리로 이동시키기 위해 [SD 카드로 이동] 버튼을 터치합니다.

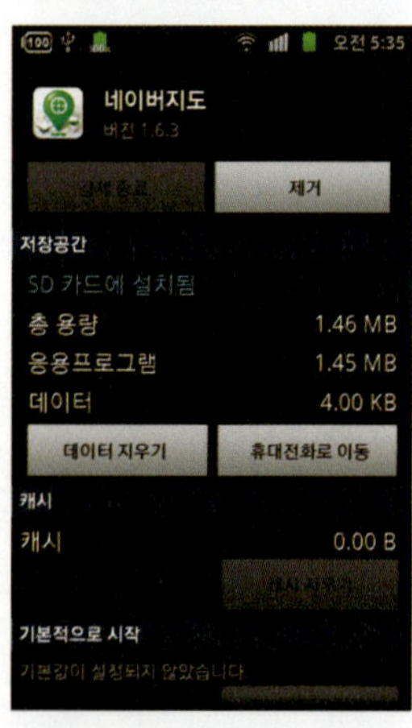

05 터치했던 버튼이 [이동하는 중]이라고 잠시 표시된 후, [휴대전화로 이동]으로 바뀌어 나타납니다. 즉 외장 메모리 카드로 이동된 것입니다. 내장 메모리의 용량이 부족할 경우, 이러한 방법으로 어플을 이동시켜 메모리의 용량을 확보할 수 있습니다.

이동되지 않는 어플도 있습니다.

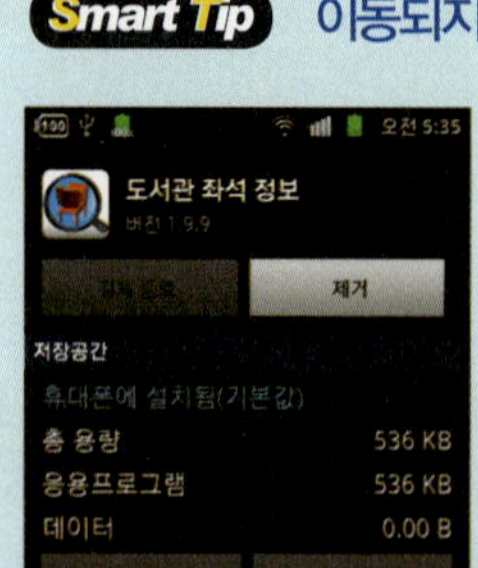

일부 어플의 경우, 목록을 터치하면 그림과 같이 [SD 카드로 이동] 버튼이 희미하게 나타나며 터치해도 아무런 반응이 없습니다. 어플에 따라 외장 메모리 카드로의 이동을 지원하지 않기 때문입니다. 버튼을 눌러도 아무 반응이 없다고 오해하지 않기 바랍니다.

불필요한 어플 삭제하기

윈도우의 바탕화면에 있는 바로가기 아이콘을 삭제했다 해서 프로그램이 삭제된 것이 아닌 것처럼 안드로이드 폰에 설치된 어플도 홈 화면에 있는 아이콘만 삭제한 경우, 아이콘 자체만 삭제될 뿐 어플은 그대로 남아있습니다. 어플을 삭제하는 여러 방법을 살펴보겠습니다.

01 작업 관리자에서 어플 삭제하기

  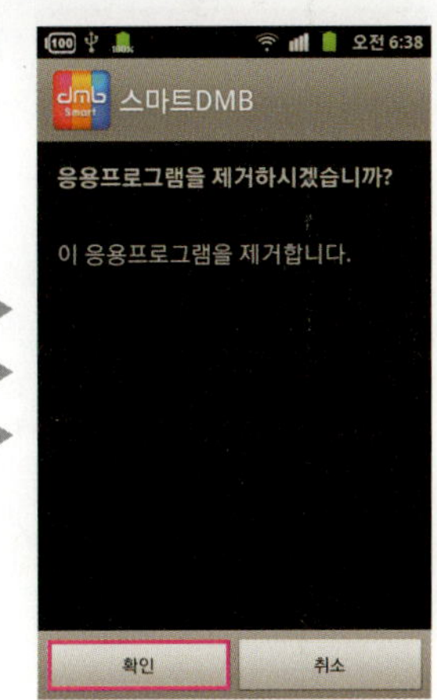

01 앞에서 보았던 방법 중 하나를 사용해 작업 관리자를 실행하고 위쪽의 메뉴에서 [프로그램]을 터치합니다.

02 현재 설치된 어플 목록이 나타납니다. 삭제하고 싶은 어플 우측에 있는 [삭제] 버튼을 터치합니다.

03 제거할 것인지 묻는 화면이 나타납니다. [확인] 버튼을 터치하면 해당 어플이 삭제됩니다.

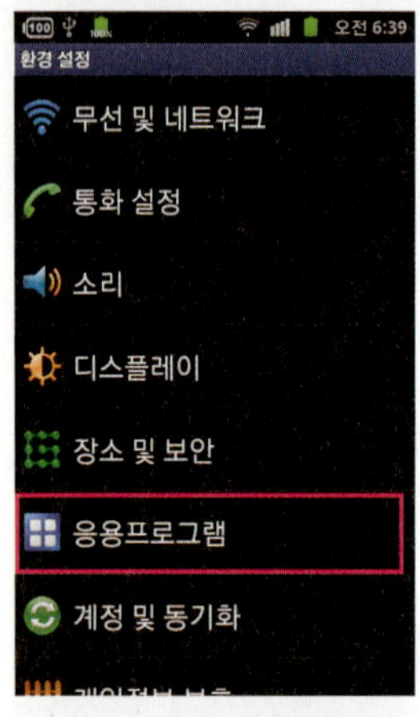

01 홈 화면에서 메뉴 버튼을 누르고 [설정]을 터치하여 환경 설정 메뉴가 나타나면 [응용 프로그램]을 선택합니다.

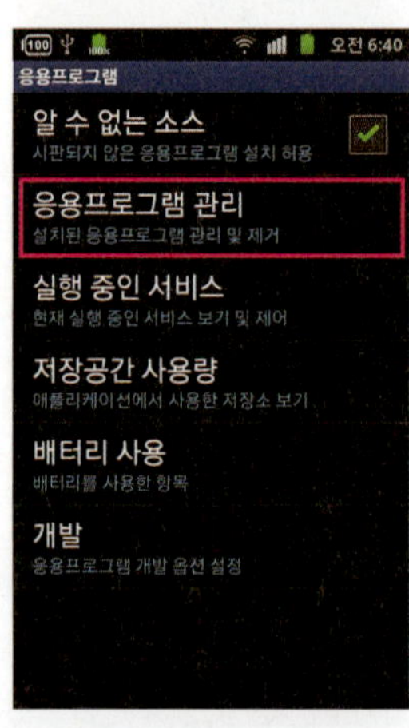

02 응용 프로그램 메뉴가 나타나면 [응용프로그램 관리]를 터치합니다.

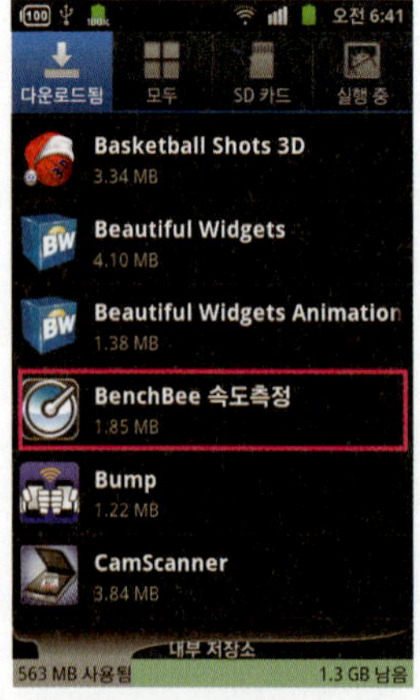

03 설치된 어플의 이름과 파일 크기가 나타납니다. 삭제하려는 어플을 터치합니다. 여기서는 'BenchBee 속도측정' 어플을 선택했습니다.

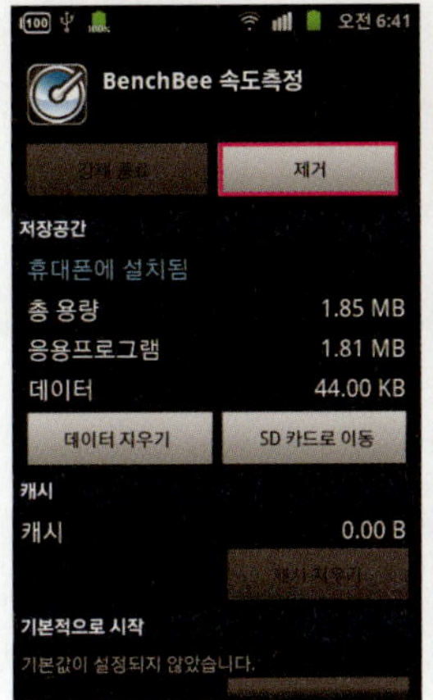 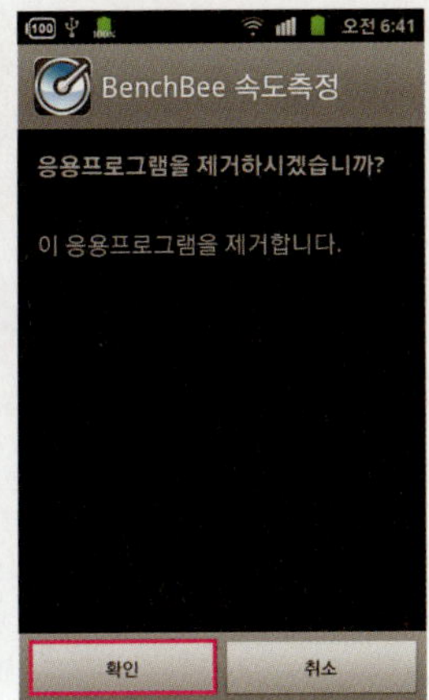

04 [제거] 버튼이 나타납니다. 터치하면 해당 어플을 제거할 것인지를 묻는 화면이 나타나는데 [확인] 버튼을 터치하면 됩니다.

Smart Tip 마켓에서 어플 제거하기

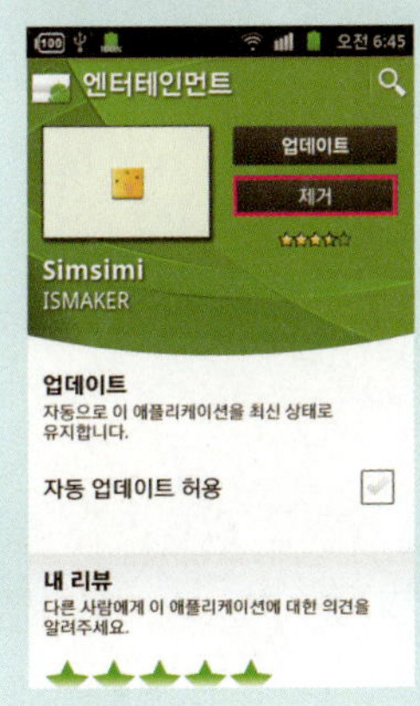

마켓이 실행 중이라면 굳이 설정 메뉴나 작업관리자로 들어가지 않아도 편리하게 어플을 삭제할 수 있습니다. 마켓이 실행된 상태에서 기기의 메뉴 버튼을 누르고 [내 애플리케이션]을 선택하면 설치되어 있는 어플리케이션 목록이 나타납니다. 삭제하려는 어플을 선택하고 어플 소개 화면에서 [제거] 버튼을 터치하면 됩니다.

Part 2
시스템·기본 어플

안드로이드 폰에서 손쉽게 여러 파일을 관리할 수 있는 어플을 시작
으로 폰을 손쉽게 다루기 위해 유용한 여러 어플들을 다루어봅니다.
현재 사용한 통화, 문자, 데이터량을 보거나 간편한 볼륨 조절, 다양한
음성 검색, 편리한 문자 입력을 위한 키보드, 멋진 날씨와 시계, 그리고
다양한 기능으로 편리하게 홈 화면을 꾸밀 수 있는 홈 런처 어플 등에
대해서도 익히게 될 것입니다.

파일 관리와
어플 설치에서 백업까지

아스트로 파일 관리자는 폰에 저장되어 있는 파일들을 살펴보거나 복사, 삭제, 붙여 넣기 등 편집 기능을 지원합니다. 아울러 만일의 사태에 대비해 설치된 어플의 백업기능까지 갖추고 있습니다. 기본적으로 설치되어 있는 파일 관리자는 기능도 적고 다소 불편하므로 필수적으로 사용해야 할 무료 어플입니다.

01 기본 편집 기능 사용하기

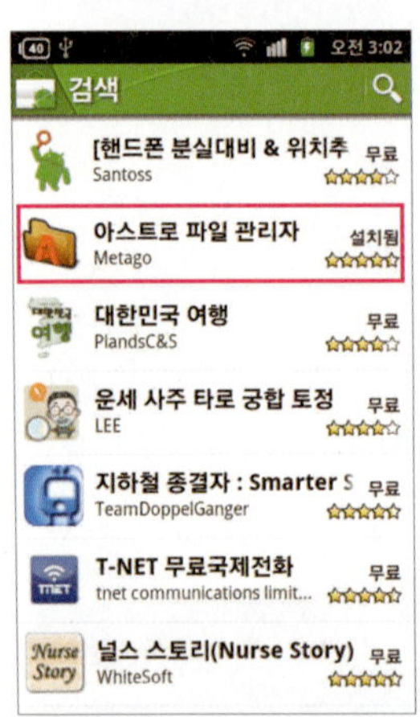

01 마켓에서 '아스트로'를 입력하여 검색합니다. '아스트로 파일 관리자'가 나타나면 터치하여 다운로드합니다.

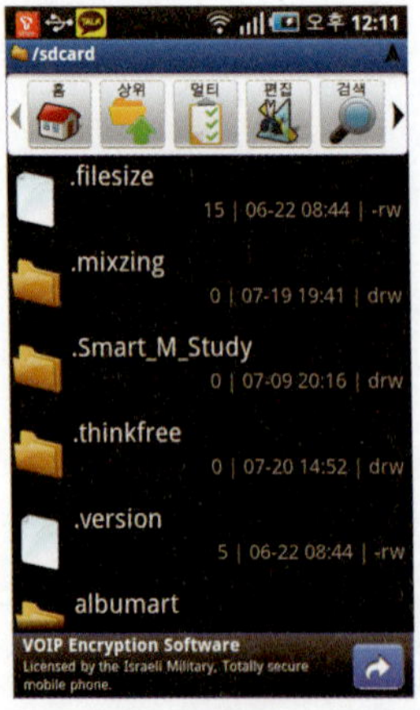

02 아스트로 파일 관리자가 설치되면 메인 화면에서 ASTRO 아이콘을 터치하여 실행합니다. 기본적으로 내장 메모리의 [sdcard] 폴더가 나타납니다. 아스트로 파일 관리자를 실행했을 때 나타나는 기본 폴더를 [홈]이라고 부릅니다.

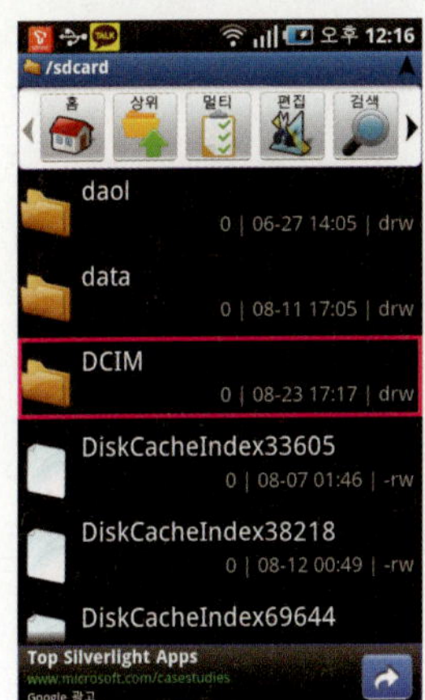

03 상단의 툴바는 가로로 드래그하여 다른 도구들이 나타나게 할 수 있으며 [홈] 폴더로 이동하거나 현재 위치에서 상위 폴더로 이동하는 등의 다양한 기능을 수행합니다. 폴더 목록을 드래그하여 DCIM 폴더를 찾아 터치합니다.

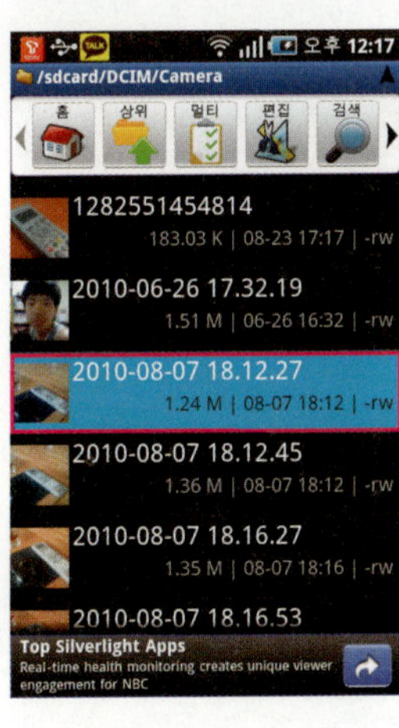

04 다시 Camera 폴더를 터치하면 내장 메모리에 저장된 사진 파일들이 나타납니다. 삭제하고자 하는 파일을 길게 터치합니다. 만일 한 번도 사진을 촬영한 적이 없다면 저장된 파일이 없을 것이므로 참고만 하기 바랍니다.

Smart Tip 외장 메모리 폴더로 가려면?

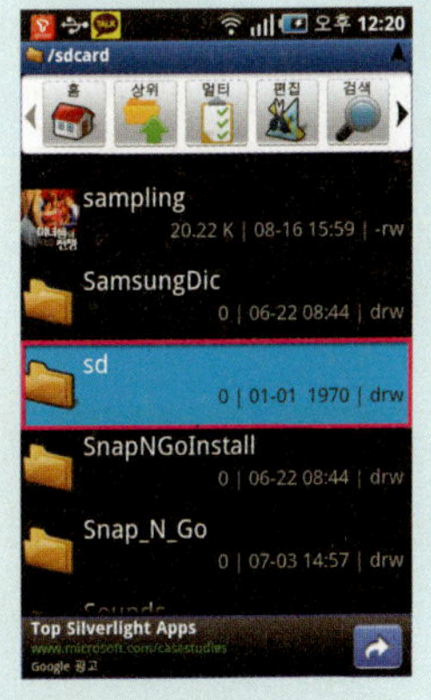

만약 외장 메모리에 사진이 저장되어 있다면 외장 메모리 카드의 DCIM 폴더를 찾아야 할 것입니다. 아스트로 파일 관리자에서 홈 폴더인 sdcard 폴더의 목록 중에서 [sd], 또는 [external_sd]라는 폴더가 외장 메모리 카드를 의미합니다. 따라서 이 폴더를 터치하면 외장 메모리 카드의 폴더가 나타나게 됩니다.

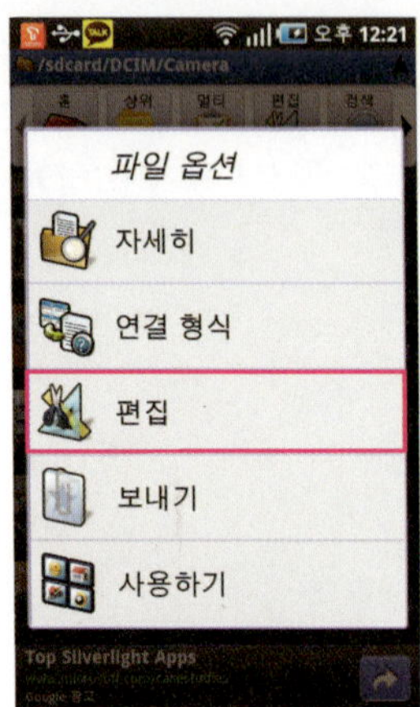 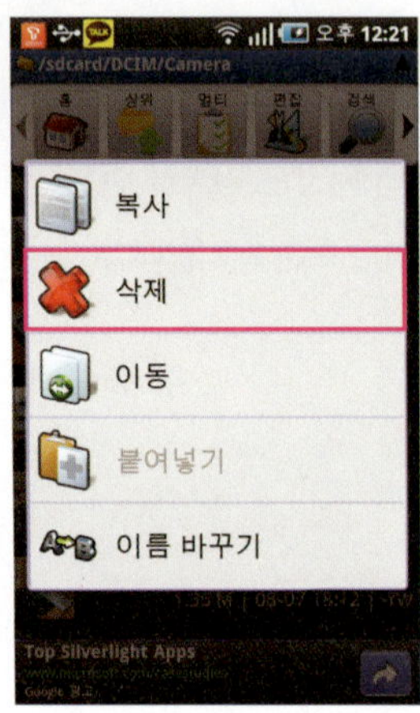

05 [파일 옵션] 메뉴가 나타나면 [편집]을 터치하고 여러 편집 메뉴 중에서 [삭제]를 터치합니다.

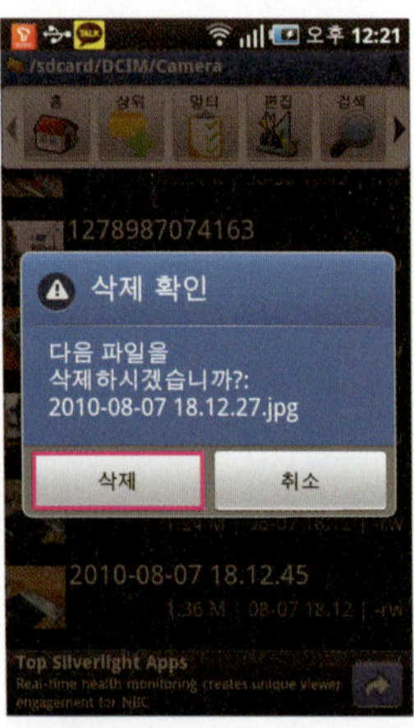

06 파일을 삭제할 것인지를 묻는 창이 나타나면 [삭제]를 터치합니다. 해당 파일이 삭제됩니다.

07 편집 메뉴에서 보았듯이 파일 삭제뿐 아니라 복사 및 붙여넣기도 가능합니다. 또한 여러 개의 파일을 한꺼번에 선택하고 편집할 수도 있습니다. 상단의 툴바에서 [멀티]를 터치한 후 편집하고자 하는 파일을 여러 개 터치하여 선택합니다. 선택된 파일의 파일 이름은 주황색으로 바뀌어 표시됩니다. 상단의 아이콘에서 [복사]를 터치합니다.

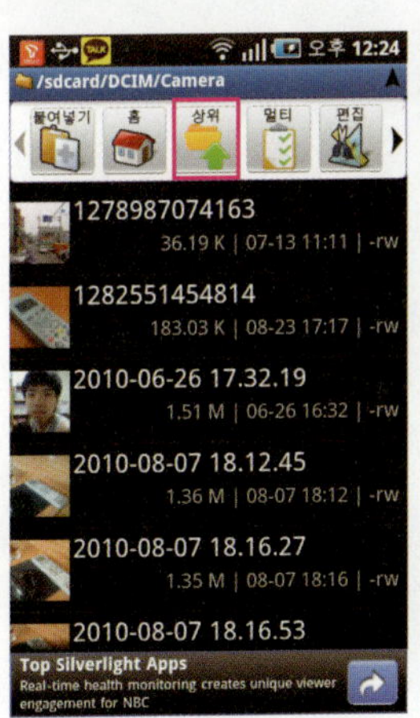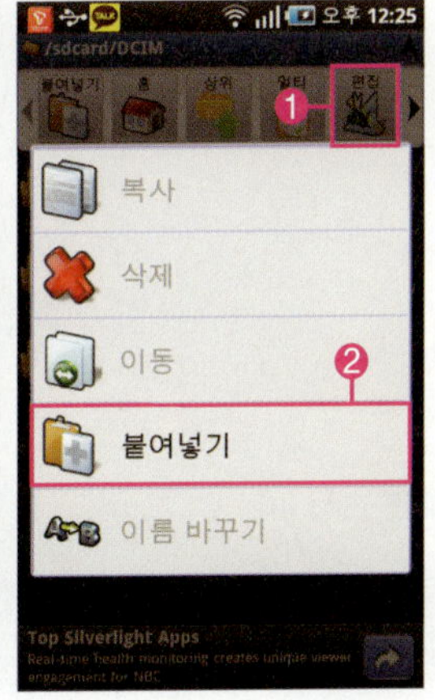

08 계속해서 상위 폴더로 이동하기 위해 왼쪽의 아이콘에서 [상위]를 터치합니다. 상위 폴더로 이동한 후 왼쪽의 아이콘에서 [편집]을 터치하고 메뉴가 나타나면 [붙여넣기]를 터치합니다. 왼쪽의 아이콘을 좌우로 드래그하여 [붙여넣기] 아이콘을 찾아 바로 터치해도 됩니다.

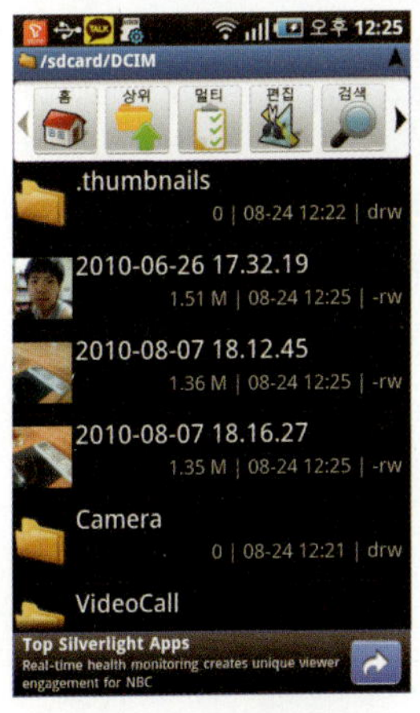

09 잠시 기다리면 현재 폴더에 앞에서 복사해둔 파일들이 나타나는 것을 볼 수 있습니다. 즉, 붙여넣기된 것입니다.

아스트로 파일 관리자에서는 익숙한 방식인 폴더 단위로 파일과 관련된 작업을 수행할 수 있습니다. 앞에서 보았던 것처럼 편집 작업은 물론, 어플을 설치하거나 특정 파일과 연결된 어플을 곧바로 실행할 수도 있습니다.

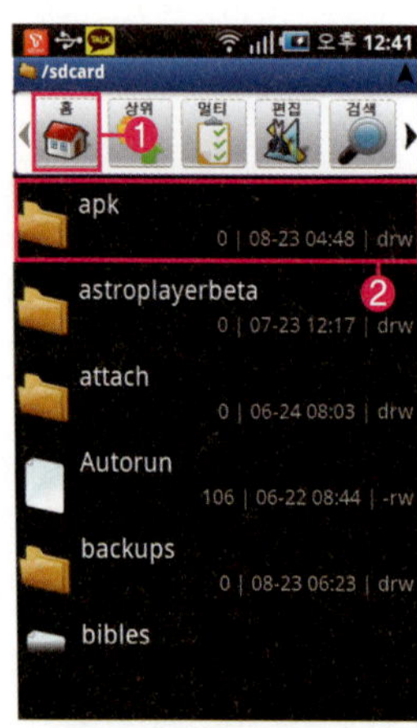

01 툴바에서 [홈] 버튼을 터치하여 [홈] 폴더로 이동한 후, 다시 어플의 설치 파일(apk 파일)이 있는 폴더로 이동합니다. 추가로 저장해둔 어플이 없다면 내장 메모리의 apk 폴더를 열어보기 바랍니다.

Smart Tip 기본 어플 파일이 있는 위치

기본적으로 기기와 함께 제공되는 어플의 설치파일(apk 파일)은 내장 메모리의 apk 폴더에 저장되어 있습니다. 또한 기기를 처음 구동했을 때 기본적으로 설치되는 어플의 설치 파일은 apk/preload 폴더에 저장되어 있습니다. 기기가 초기화된 경우 자동으로 설치되게 할 어플이 있다면 이 폴더에 어플 설치 파일을 넣어두면 됩니다.

02 apk 폴더에 있는 어플 파일 중 하나를 터치합니다. 편집할 때처럼 길게 터치하지 말고 짧게 한 번만 터치해줍니다. 그림에서는 네이버 검색창인 'NaverSearch' 파일을 터치하고 있습니다. 터치한 파일이 어플 파일인 경우 그림과 같은 창이 나타나게 됩니다. [앱 관리자 열기] 버튼을 터치합니다.

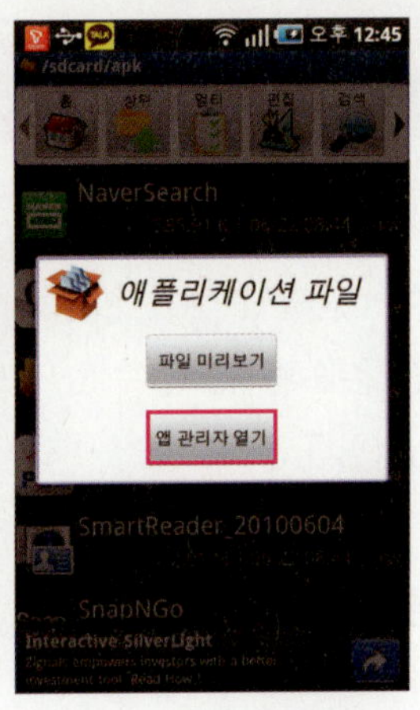

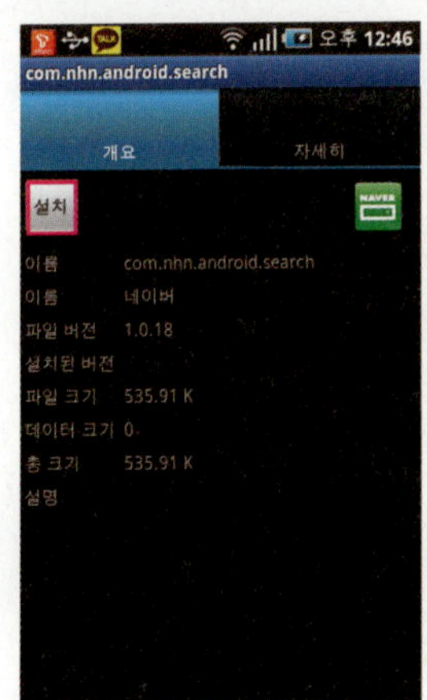

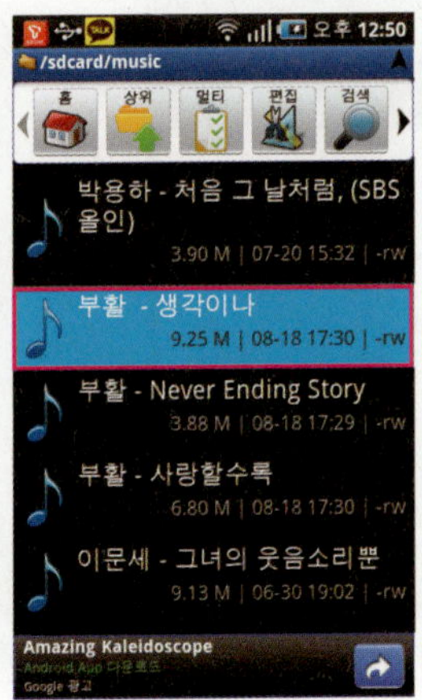

03 파일에 대한 정보가 표시됩니다. 좌측에 있는 [설치] 버튼을 터치하면 해당 어플을 설치할 수 있습니다. 실제로 설치하지는 않을 것이므로 기기의 [뒤로 가기] 버튼을 터치하여 파일 목록이 나타나도록 하고 mp3 파일이 있는 폴더로 이동하여 파일 하나를 짧게 터치합니다.

04 mp3 파일을 재생할 수 있는 여러 어플이 설치되어 있기 때문에 어느 어플로 재생할 것인지 선택할 수 있는 창이 나타납니다. 원하는 mp3 플레이어를 터치하면 선택한 어플을 통해 mp3 파일이 재생됩니다.

마켓을 통해 다운받아 설치된 어플의 설치 파일(apk 파일)은 root/data 폴더에 저장되지만 일반 사용자는 시스템 권한이 없어 접근할 수 없습니다. 하지만 아스트로 파일 관리자의 백업 기능을 사용하면 apk 파일을 추출해 저장할 수 있으므로 언제든 다시 설치할 수 있으며 다른 사람에게 배포할 수도 있습니다.

01 아스트로 파일 관리자가 실행 중인 상태에서 폰의 메뉴 버튼을 누르고 [도구]를 터치하여 도구 메뉴가 나타나면 [애플리케이션 관리자/백업]을 터치합니다.

02 잠시 기다리면 설치되어 있는 어플 목록이 나타납니다. 백업하고자 하는 어플 우측의 체크박스를 터치하여 체크 상태로 바꾼 다음 [백업] 버튼을 터치하면 선택된 어플이 백업됩니다. [홈] 폴더로 이동하고 [/backups/apps] 폴더로 들어가 보면 백업된 어플 파일을 볼 수 있습니다. 파일 뒤에 apk 확장자가 생략되어 있지만 컴퓨터로 전송해보면 apk 확장자가 붙어있는 어플의 설치 파일임을 확인할 수 있습니다.

Smart Tip — 모든 어플을 한꺼번에 선택하려면?

[백업] 버튼 우측의 체크 박스를 터치하면 목록에 나타난 모든 어플이 선택 상태로 전환되어 체크 표시가 나타납니다.

원하는 구간만 벨소리로 지정하기

안드로이드 스마트 폰에서는 기본적으로 mp3 파일을 벨소리로 지정할 수 있습니다. 하지만 곡 전체 부분이 통째로 지정되므로 어딘지 어색합니다. '링 드로이드'라는 어플을 사용하면 노래의 특정 부분만을 잘라서 벨소리로 지정할 수 있습니다. 무료 어플입니다.

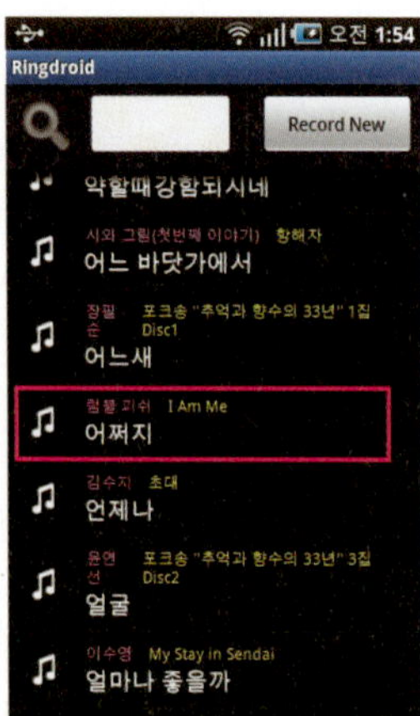

01 마켓에서 'ringdroid'로 검색하여 다운로드와 설치를 마친 후, 메인 메뉴에서 Ringdroid 아이콘을 터치합니다. 폰에 저장되어 있는 모든 mp3 곡들이 나타납니다. 편집하고자 하는 곡을 터치합니다.

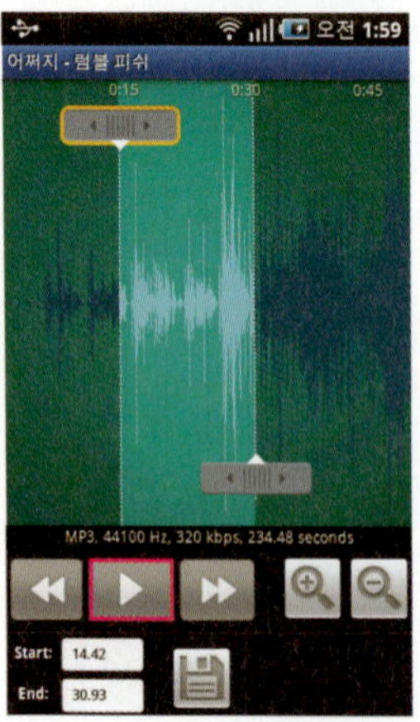

02 편집화면으로 전환됩니다. 두 개의 슬라이더가 나타나는데 위에 있는 슬라이더로 시작 지점을, 아래에 있는 슬라이더로 종료 지점을 지정합니다. 두 슬라이더에 있는 구간이 벨소리로 사용될 영역이며 약간 밝게 표시됩니다. 기본적으로 지정되어 있는 구간의 소리를 들어보기 위해 아래에 있는 [재생] 버튼을 터치합니다.

03 먼저 위에 있는 슬라이더를 원하는 시작 지점으로 드래그한 다음, 아래에 있는 슬라이더를 종료 지점으로 드래그합니다. 각 지점의 위치를 변경할 때마다 [재생] 버튼으로 확인해 보는 것이 좋습니다. 원하는 구간을 지정했다면 [저장] 버튼을 터치합니다.

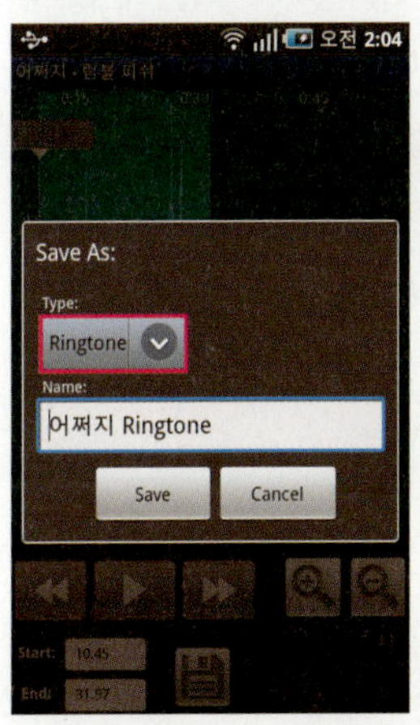

04 저장을 위한 Save As 창이 나타납니다. Type 목록을 터치합니다. 기본적으로 Ringtone이 선택되어 있어 현재 구간을 벨소리로 저장할 수 있습니다. 알람으로 사용하려면 Alarm을, 문자 메시지 수신음으로 사용하려면 Notification을 선택하면 됩니다.

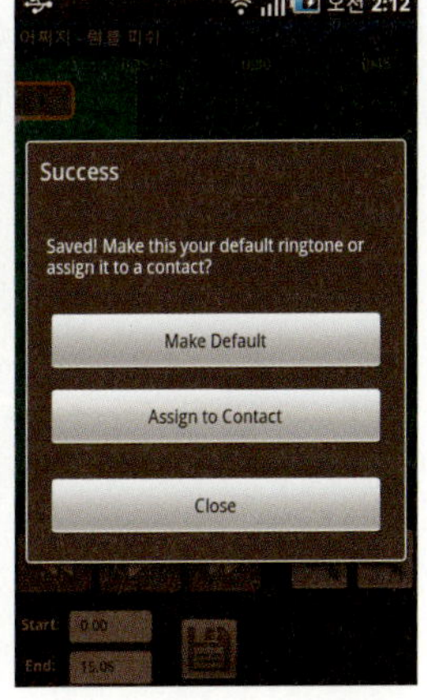

05 Name에는 원하는 벨소리 이름을 입력하고 [Save] 버튼을 터치합니다. 저장이 완료되었다는 메시지와 함께 세 개의 버튼이 나타납니다. 저장된 벨소리 파일을 곧 바로 기본 벨소리로 지정하려면 [Make Default]를, 연락처에 저장된 특정 대상에만 적용하려면 [Assign to Contact]를, 그냥 창을 닫으려면 [Close]를 터치합니다.

시스템 정보를 간단히 한 눈에 보자

위젯을 통해 간단히 배터리와 메모리 잔여량을 체크할 수 있으며 별도의 창을 통해 상세 정보를 표시해줍니다. 아울러 Wi-Fi, 블루투스, GPS, 볼륨, 화면밝기 등을 조절할 수 있는 버튼도 제공하는 무료 어플입니다.

01 마켓에서 'mini info'로 검색하여 설치합니다. 메인 메뉴에 추가된 [Mini Info] 아이콘을 터치하면 다음과 같이 현재 배터리 잔여량, 내장 메모리 공간, CPU 사용량 등을 알려주며 하단에는 Wi-Fi를 비롯해 블루투스, GPS 등을 On/Off 하거나 볼륨과 밝기 등을 조절할 수 있는 버튼들이 자리하고 있습니다.

02 기기의 [뒤로 가기] 버튼을 눌러 정보창이 나타나지 않도록 하고 홈 화면으로 돌아갑니다. 시스템 정보를 보기 위해 매번 어플의 아이콘을 터치하는 것은 불편하므로 위젯으로 사용하기 위해 홈 화면의 바탕 영역을 길게 터치하고 [위젯]을 터치합니다.

03 위젯 선택 창에서 [Mini Info Wigdet]을 터치하면 홈 화면에 위젯이 나타납니다. 드래그하여 마음에 드는 곳에 위치시킵니다. 위젯은 잔여 배터리 량과 내장 메모리, 외장 메모리 잔여량 등만 표시됩니다. 갤럭시S의 경우 내장 메모리 중에서 어플 설치 가능 메모리 영역과 기타 내장 메모리 영역에 대한 잔여량이 표시됩니다.

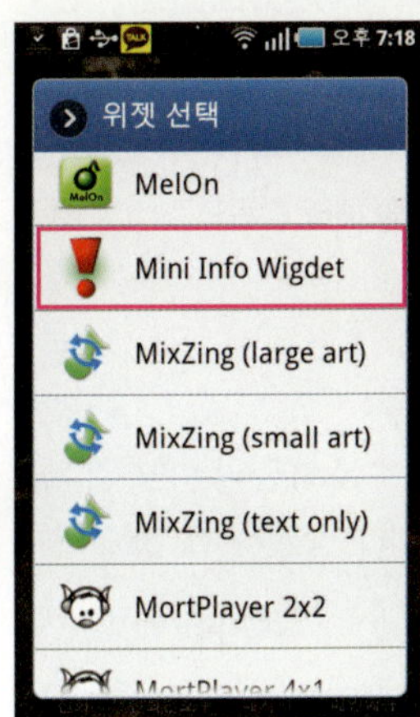

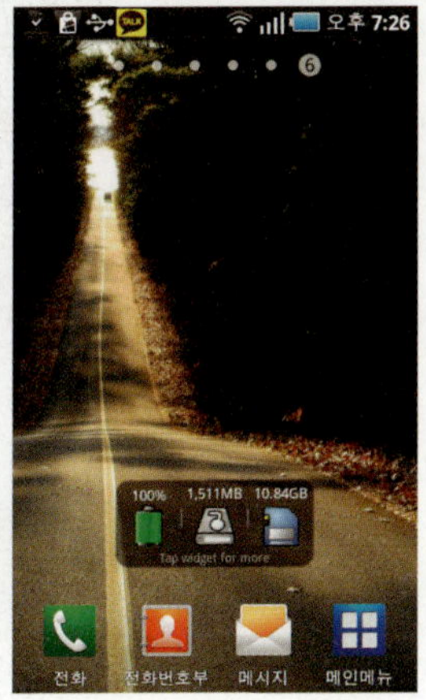

위젯이란?

위젯(Widget)은 특정 정보를 보기 위해 웹브라우저나 메뉴에서 어플을 직접 실행하지 않아도 홈 화면에 바로 나타나도록 하는 작은 응용 프로그램을 말합니다. 어플에 따라 위젯을 제공하거나 그렇지 않은 것도 있습니다.

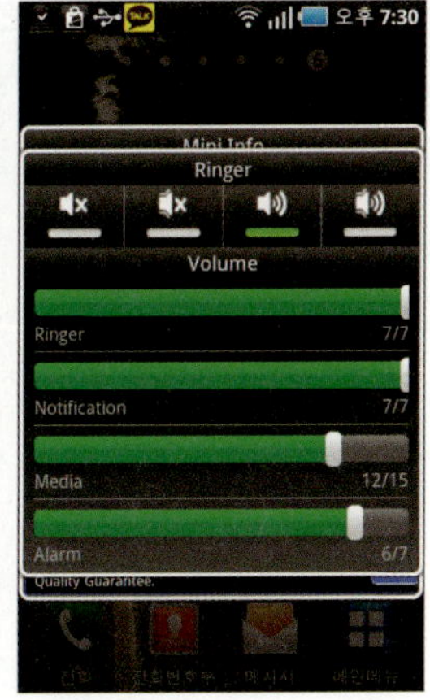

04 위젯을 터치하면 메인 화면에서 아이콘을 터치했을 때처럼 상세한 정보를 볼 수 있습니다. 아울러 각 항목을 터치하면 더욱 세부적인 상태를 볼 수 있습니다. 하단의 Vol 버튼을 터치하면 Ringer(벨소리), Notification(알림음), Media(미디어), Alarm(알람)에 대한 볼륨을 각각 조절할 수 있습니다.

▲ 배터리 항목을 터치했을 때 나타나는 정보

배터리 및 메모리의 잔여량에서 온도까지 한눈에 살펴보기

'System Info Widget'은 $0.99의 유료 어플로서 깔끔한 위젯으로 기기의 전반적인 상태를 보여줍니다. 위젯의 각 부분을 터치하면 환경 설정의 해당 항목으로 바로 연결되어 세부 정보를 보거나 설정할 수 있습니다.

01 System Info Widget이 설치되면 홈 화면의 바탕 영역을 길게 터치한 후, 다시 [위젯]을 터치합니다. 위젯 선택 창에 나타난 위젯 목록을 드래그해보면 System Info Widget 위젯이 두 개 나타나는 것을 볼 수 있습니다. 아래쪽에 있는 System Info Widget(4X1)을 터치합니다.

02 위젯이 나타납니다. 좌측부터 배터리 잔여량과 기기의 내부 온도, 주 메모리, 내장 메모리, 외장 메모리의 잔여량 등을 표시합니다. 갤럭시S의 경우 어플 설치 가능 메모리와 기타·내장 메모리 잔여량이 표시됩니다.

03 각 부분을 터치하면 해당 부분에 상세 정보를 볼 수 있습니다. 이것은 System Info Widget이 표시해주는 것이 아니라 해당 부분에 대한 환경 설정 메뉴를 보여주는 것입니다.

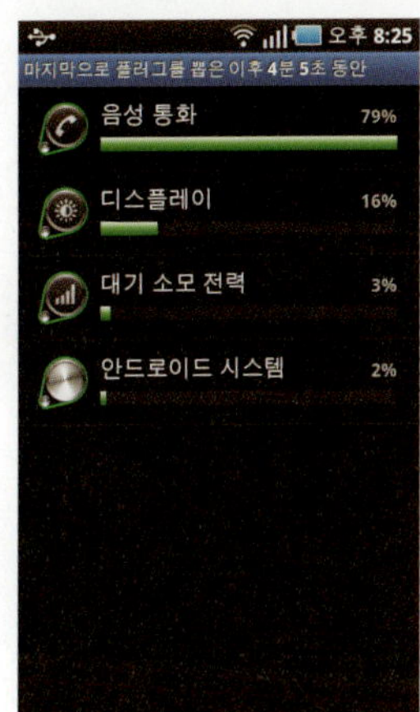

▲ 배터리 잔여량 터치 – 배터리 사용정보가 표시됩니다.

▲ 온도 표시 터치 – 휴대폰 정보가 표시됩니다.

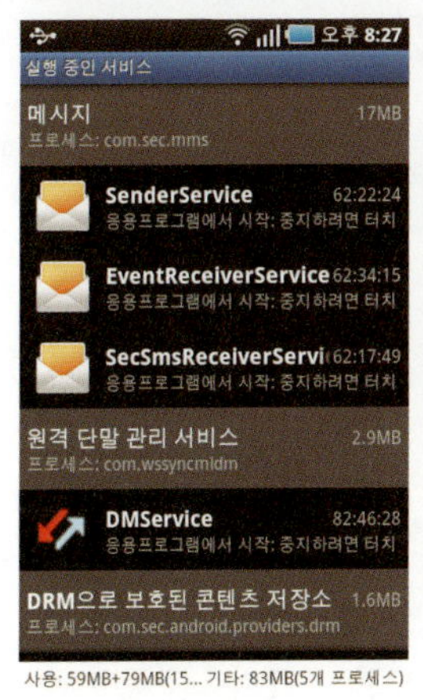

▲ 주 메모리 잔여량 터치 – 현재 실행 중인 서비스가 표시됩니다.

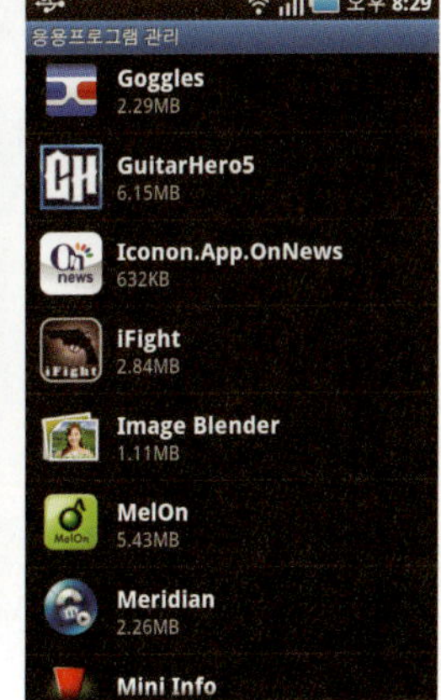

▲ 내장 메모리 터치 – 현재 설치된 어플 목록이 표시됩니다.

▲ 외장 메모리 터치 – 메모리 용량 및 잔여량이 표시됩니다.

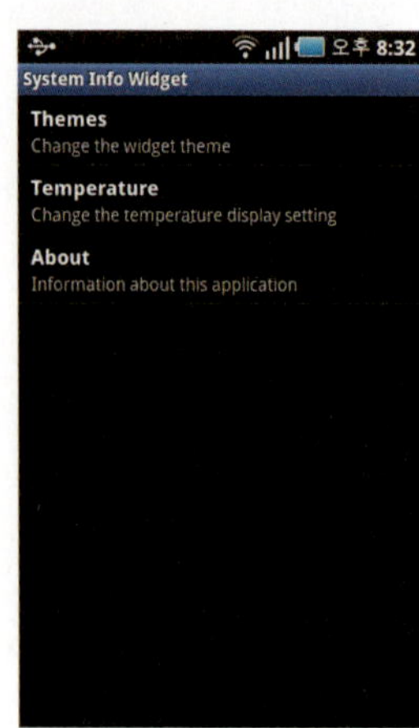

04 위젯에서 아이콘 이외의 영역을 터치하면 다음과 같은 설정 메뉴가 나타납니다.

Themes : 위젯의 테마를 선택합니다. Default는 기본값이며 다음과 같이 다른 형태로 나타나게 할 수 있습니다.

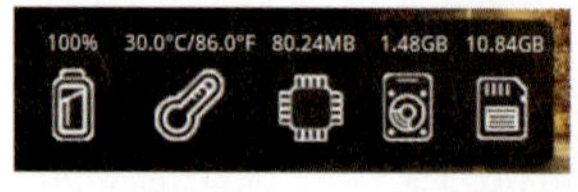
▲ Eclair 테마

▲ Icons Only

Temperature : 온도 표시 방식을 Celsiue(섭씨), Fahrenheit(화씨), Both(섭씨와 화씨 모두 표시) 중에서 선택할 수 있습니다. 선택한 후에 Save를 터치해주어야 적용됩니다.

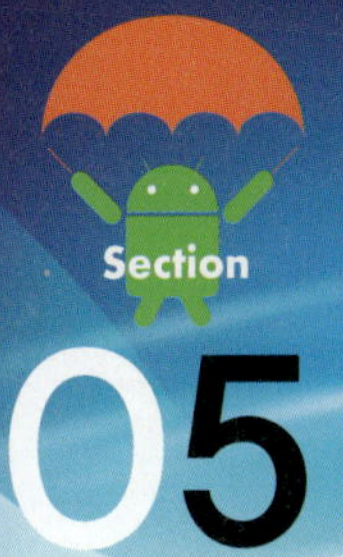

애니메이션도 지원하는
최고의 시계/날씨 위젯

Beautiful Widgets은 HTC사의 센스 UI처럼, 홈 화면에 다양하고 큼지막한 시계와 날씨 애니메이션, 그리고 각종 장치를 손쉽게 컨트롤 할 수 있는 버튼들을 제공합니다. 또한 190여 개의 다양한 스킨을 다운받을 수 있어 자신만의 시계와 날씨 화면을 구성할 수 있습니다. $2.90의 유료 어플이지만 홈 화면을 멋지게 장식할 수 있어 추천합니다.

01 어플이 설치되면 홈 화면의 바탕 영역을 길게 터치하고 [위젯]을 선택합니다. 위젯 목록에 다양한 Beautiful 위젯이 나타나는 것을 볼 수 있습니다. GPS나 무음모드, 밝기 등 단순히 기기 전환을 위한 위젯도 포함되어 있지만 가장 핵심적인 위젯인 [Beautiful 홈 날씨]를 터치합니다.

02 위젯 설정 화면이 나타납니다. [위치 설정]을 터치한 다음, 상단의 입력란에 지역의 이름을 영문으로 입력하고 [검색] 버튼을 터치합니다. [지역 위치 자동 파악] 옵션을 터치하면 GPS를 통해 자신의 위치를 검색할 수 있습니다.

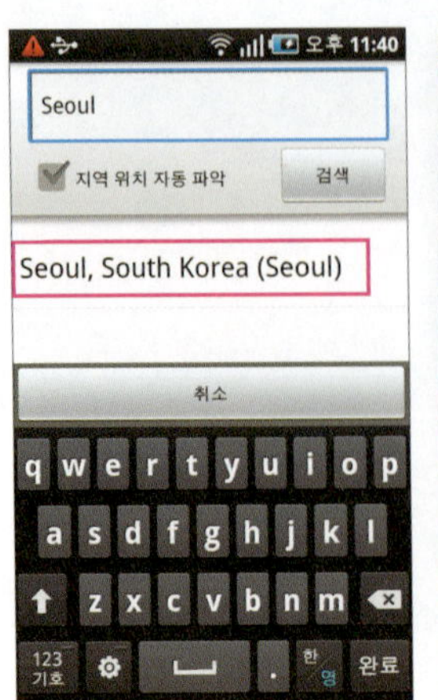
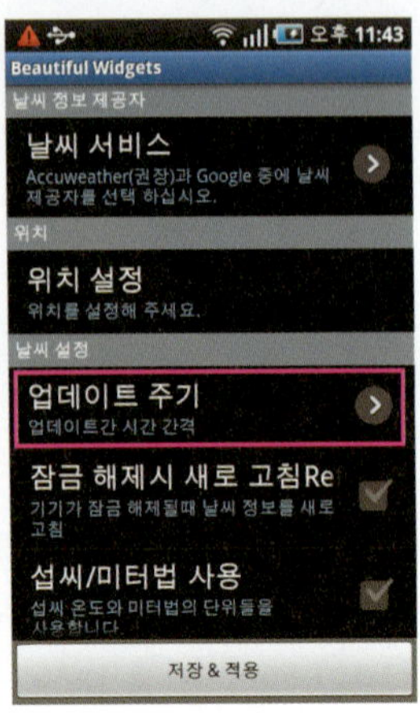

03 정확한 지역 이름이 아래에 나타나면 터치하고 계속해서 [업데이트 주기]를 터치합니다.

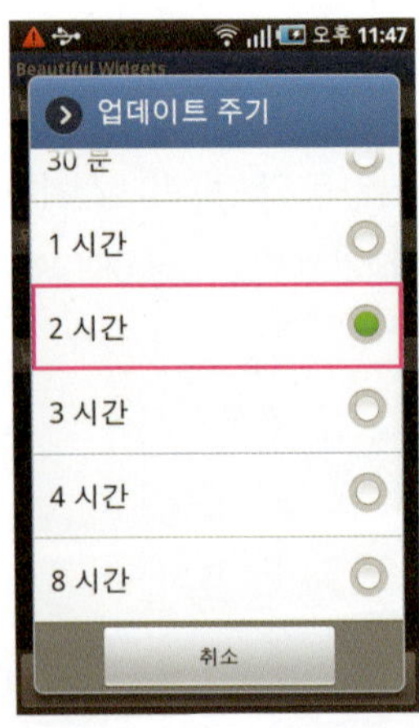

04 날씨가 업데이트될 시간 간격을 설정합니다. 현재 날씨가 보다 정확하게 표시되려면 업데이트 주기가 짧을수록 좋겠지만 3G로 연결되어 있는 경우, 그만큼 자주 접속이 이루어져 데이터 사용량도 증가하므로 적절히 설정하는 것이 좋습니다. 2시간으로 설정해 보았습니다.

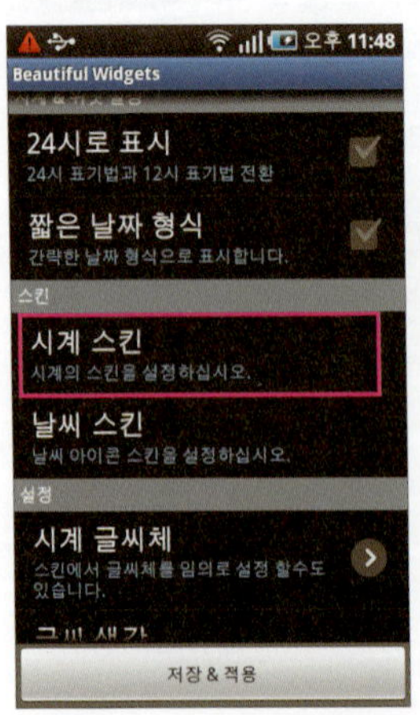

05 이어서 [섭씨/미터법 사용] 옵션을 체크하고 [시계 스킨]을 터치합니다. 기본적으로 설치된 스킨 목록이 표시됩니다. 원하는 것을 터치합니다.

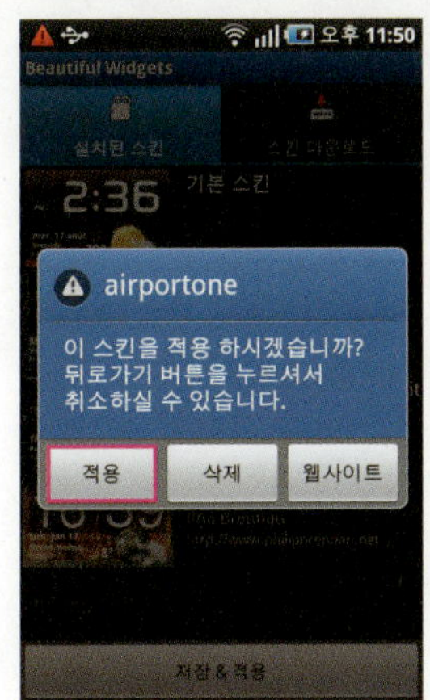 

06 스킨을 적용할 것인지 물으면 [적용] 버튼을 터치한 다음 아래에 있는 [저장 & 적용] 버튼을 터치합니다.

 더 많은 스킨 사용하기

[스킨 다운로드]를 터치하면 인터넷을 통해 다운받을 수 있는 스킨 목록이 나타납니다. 목록을 드래그해보면 상당히 많은 양의 추가 스킨이 제공되는 것을 볼 수 있습니다.

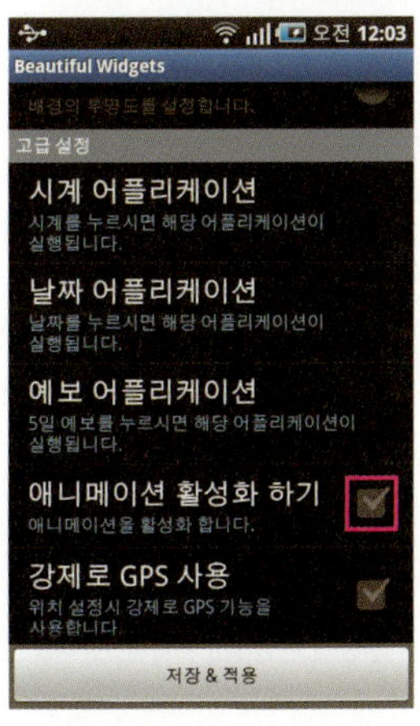

07 다시 설정 메뉴로 돌아옵니다. [날씨 스킨]은 기본적으로 한 개가 설치되어 있으나 역시 인터넷에서 스킨을 다운로드하여 적용할 수 있습니다. 생동감 있는 날씨 화면을 보기 위해 [애니메이션 활성화 하기] 옵션을 체크합니다.

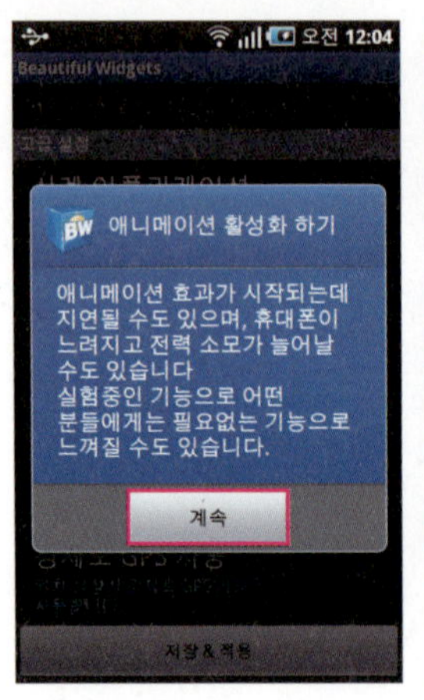
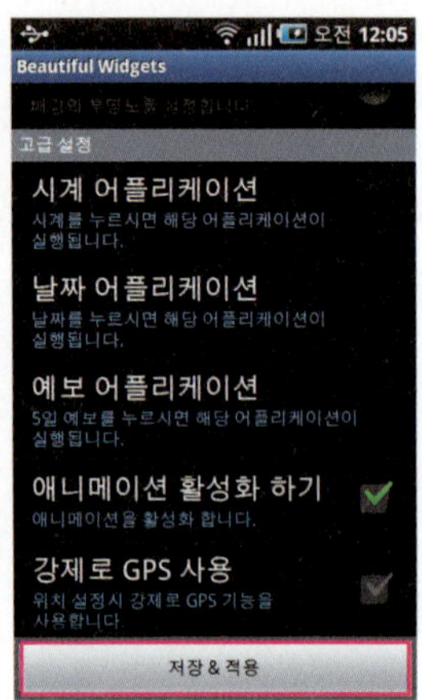

08 애니메이션이 활성화되면 기기의 속도가 다소 느려지거나 배터리 소모가 커질 수 있다는 안내문이 나타납니다. 적용하려면 [계속] 버튼을 터치한 후 지금까지의 설정값을 모두 적용하기 위해 [저장 & 적용] 버튼을 체크합니다.

09 마침내 시계와 날씨 위젯이 나타납니다. 설정 메뉴에서 별도로 지정하지 않았다면 날짜 부분을 터치하면 캘린더를 열 수 있습니다. 날씨를 표현해주는 그림 부분을 터치하면 애니메이션으로 현재 날씨를 표현해줍니다. 하단에는 5일 치의 날씨 정보를 간략하게 보여줍니다.

10 현재 화면에서 기기의 [메뉴] 버튼을 누르면 추가 메뉴가 나타납니다. 날씨 정보를 강제로 새로 고침하거나 상세 정보를 보여주는 사이트로 이동할 수 있으며 스킨을 변경할 수도 있습니다. 아울러 앞에서 보았던 설정 화면으로 이동할 수도 있습니다.

Beautiful 위젯 설정 화면에서 [애니메이션 활성화 하기] 옵션을 체크해 두었다면 슬립 모드로 전환된 후 [홈] 버튼이나 [전원/슬립] 버튼을 눌러 일반 모드로 돌아올 때 화면 상단에 날씨 애니메이션이 나타나며 화면을 터치하면 사라집니다.

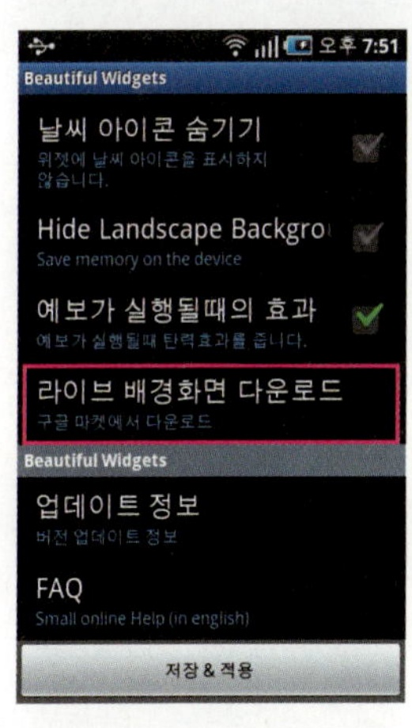

11 현재 날씨를 홈 화면의 라이브 배경화면으로 나타나게 할 수도 있습니다. Beautiful 위젯 설정 화면에서 [라이브 배경화면 다운로드]를 터치합니다.

12 마켓이 실행되고 자동으로 Beautiful Live Weather가 검색되어 나타납니다. 선택하여 설치합니다. 설치가 완료된 후 홈 화면의 바탕 영역을 길게 터치하여 메뉴가 나타나면 [배경화면]을 터치한 후 다시 [라이브 배경화면]을 터치합니다.

13 라이브 배경화면 목록에서 Beautiful Live Weather를 터치한 후 선택한 라이브 배경화면이 나타나면 [배경화면 설정] 버튼을 터치합니다. 현재 날씨가 라이브 배경화면으로 멋지게 나타납니다. 현재 날씨가 흐려서 구름만 지나가는군요. 기기의 자원을 많이 소모하므로 그만큼 배터리가 빨리 소모됩니다.

14 라이브 배경화면에 대한 옵션을 설정하려면 홈 화면을 길게 터치하여 나오는 메뉴에서 [배경화면]을 터치한 후 새로 추가되어 나타나는 [구성]을 터치합니다.

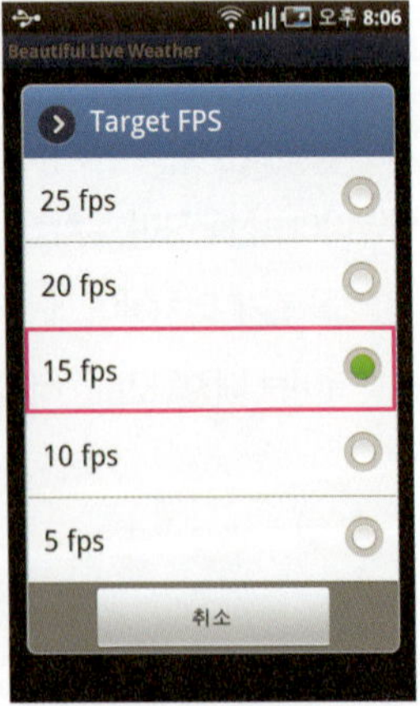

15 Beautiful 위젯의 라이브 배경화면에 대한 설정 화면이 나타납니다. 각종 효과가 선택될수록 멋지긴 하지만 그만큼 배터리 소모가 빨라집니다.

▲ 애니메이션의 초당 프레임 수 선택

Animate Sun/Moon : 해와 달에 대한 애니메이션 효과가 나타나게 합니다.

Disable Grass : 화면 하단의 풀이 흔들리는 효과가 나타나게 합니다.

CPU Hog : 보다 멋진 애니메이션을 위해 CPU 자원을 더 사용하게 합니다.

Target FPS : 터치하면 다음과 같은 메뉴를 통해 애니메이션의 초당 프레임 수를 선택할 수 있습니다. 높은 값을 선택할수록 더욱 부드러운 애니메이션을 볼 수 있지만 그만큼 CPU 자원을 많이 차지하므로 배터리 소모도 빨라집니다.

Fancy 위젯과 Flip 위젯

▲ Fancy Widget Pro 위젯

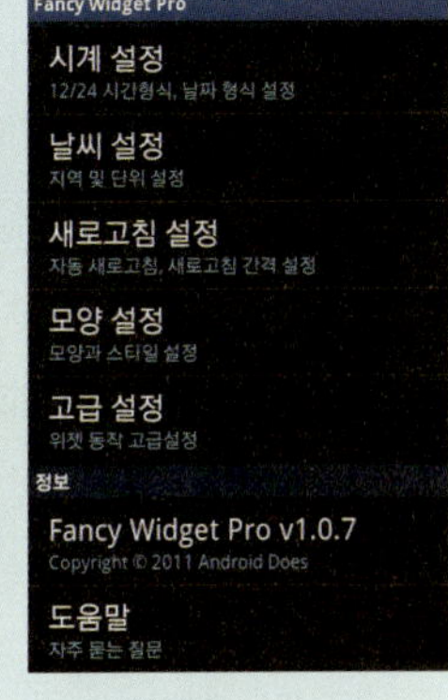

▲ 설정 메뉴

Beautiful 위젯과 유사한 어플로 Fancy Widget Pro가 있습니다. 역시 깔끔한 위젯을 자랑하며 한글 설정 메뉴를 지원합니다. 다양한 스킨도 다운로드하여 지정할 수 있습니다.

▲ SiMi Clock 위젯

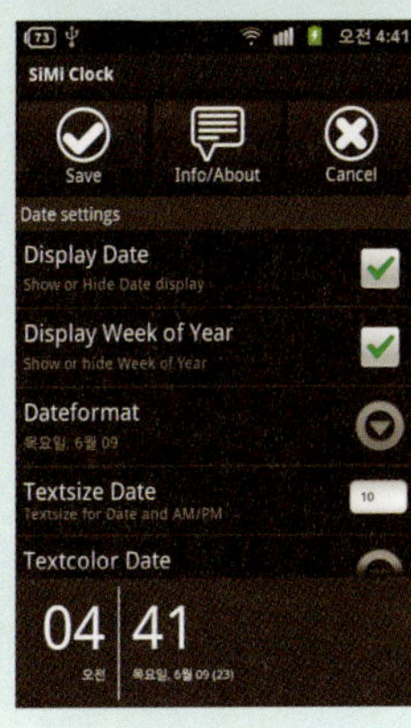

▲ 설정 메뉴

더욱 깔끔하면서도 단순한 시계와 날씨 위젯을 원한다면 SiMi Clock Widget 를 추천합니다. 무료 어플이며 시계, 또는 날씨 위젯만 별도로 나타나게 할 수 있고 다른 어플과 마찬가지로 여러 크기를 지원합니다.

06

현재 사용량과 요금 체크하기

자신이 가입한 요금제와 현재까지의 통화, 문자, 데이터 사용량을 일목요연하게 보여 주는 어플을 사용하면 요금 낭비를 줄일 수 있습니다. SKT 용 어플인 '미니 T 월드'의 사용 예를 살펴보겠습니다. KT 사용자는 '쇼 고객센터'를, LG U+ 사용자는 'LG mini U+'를 마켓에서 받아 설치하면 됩니다.

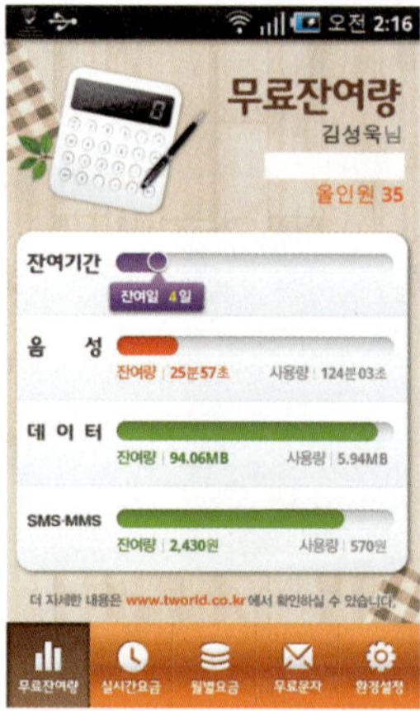

01 미니 T 월드를 실행시키고 티 월드 아이디와 비밀 번호를 입력합 니다. 실행할 때마다 입력하는 것이 번거로우므로 [자동 로그인 설정] 옵 션을 체크하고 [로그인] 버튼을 터치 합니다. 사용 중인 요금제에 따라 각 부분별로 현재 사용할 수 있는 잔여 량을 그래프와 함께 보여줍니다.

Smart Tip 미니 T 월드를 사용하려면?

티월드 사이트(http://www.tworld.co.kr)에 가입하고 사용 중인 폰 번호로 정회원 인증을 받 아야 합니다. 그렇지 않을 경우 아무런 정보도 확인할 수 없습니다.

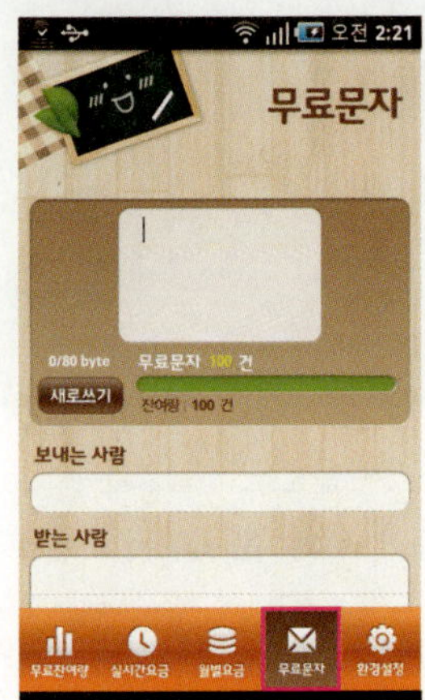

02 아래의 각 버튼을 통해 실시간 요금, 월별 요금 등을 조회해 볼 수 있으며 무료 문자를 터치하면 사용 중인 요금제와 관계없이 티월드에서 제공하는 무료 문자(월 100건)를 이용할 수 있습니다.

03 환경 설정을 터치하면 미니 T 월드를 실행했을 때 나타날 초기화면을 설정할 수 있으며 자동 로그인 설정 유무를 선택할 수도 있습니다.

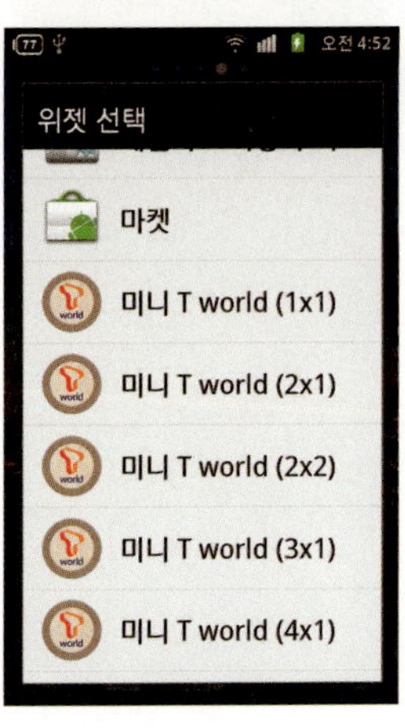

04 매번 어플을 실행하는 것이 귀찮다면 위젯으로 등록하는 것이 좋습니다. 홈 화면을 길게 터치하고 위젯 목록을 열면 여러 크기의 위젯이 지원되는 것을 볼 수 있습니다. 원하는 것을 선택하면 홈 화면을 통해 잔여 통화량, 문자, 데이터량 등이 표시됩니다.

빠르게 여러 장치의 설정 변경하기

'quick settings'은 벨소리, 볼륨, WiFi, 화면 밝기, GPS 등을 간단히 설정할 수 있는 무료 어플입니다. 아울러 액정을 플래시로 사용할 수도 있어 어두운 곳에서 요긴하게 쓸 수 있습니다.

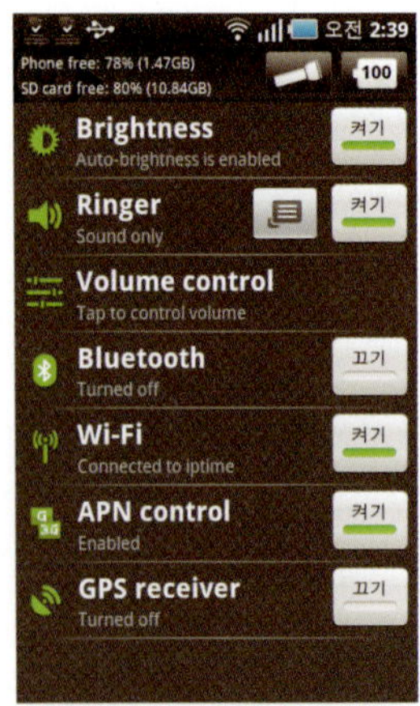

01 설치된 [Quick Settings] 아이콘을 터치합니다. 라이선스 동의를 구하는 화면이 나타나면 [Accept] 버튼을 터치합니다. 화면 밝기를 비롯해 각 장치에 대한 설정을 위한 화면이 나타납니다.

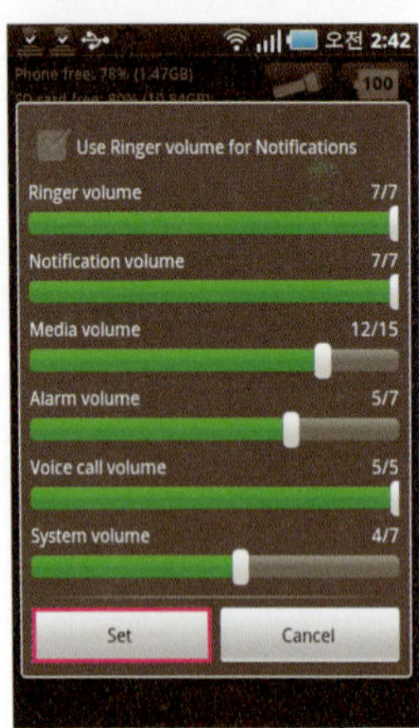

02 Volume control을 터치하면 각 부분별로 상세하게 볼륨을 설정할 수 있습니다. 설정 후에 [Set] 버튼을 터치해주어야 합니다.

03 상단의 플래시 아이콘을 터치하면 액정이 희미한 흰색으로 나타납니다. 이 상태에서 폰의 액정이 아래쪽을 향하게 기울이면 액정이 밝게 점등되므로 어두운 곳에서 플래시 대용으로 사용할 수 있습니다.

▲ 이 상태에서 아래쪽을 향해 기울입니다.

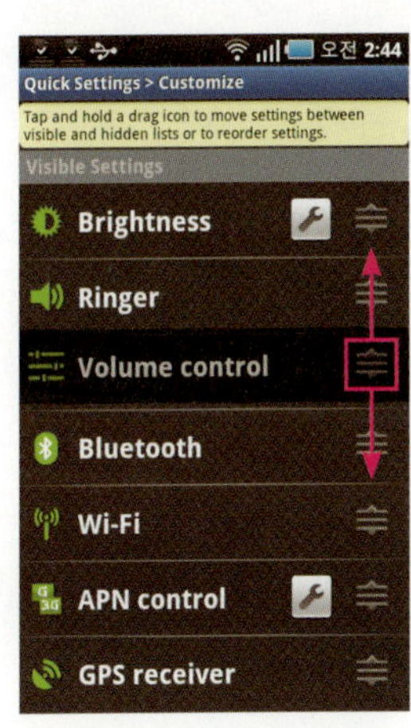

04 기기의 [메뉴] 버튼을 누르고 Customize를 터치하면 각 항목의 위치를 변경할 수 있습니다. 우측의 아이콘을 길게 터치하고 드래그하면 됩니다.

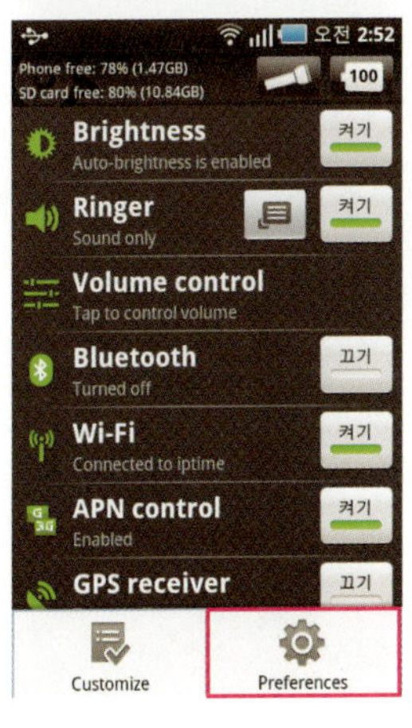

05 Quick Settings 어플은 위젯 형태로는 제공되지 않으므로 일일이 찾아 실행하려면 불편합니다. 하지만 설정을 통해 항상 상태 표시줄에 나타나게 함으로써 간편하게 실행할 수 있습니다. 어플 실행 상태에서 기기의 [메뉴] 버튼을 누르고 [Preferences]를 터치합니다.

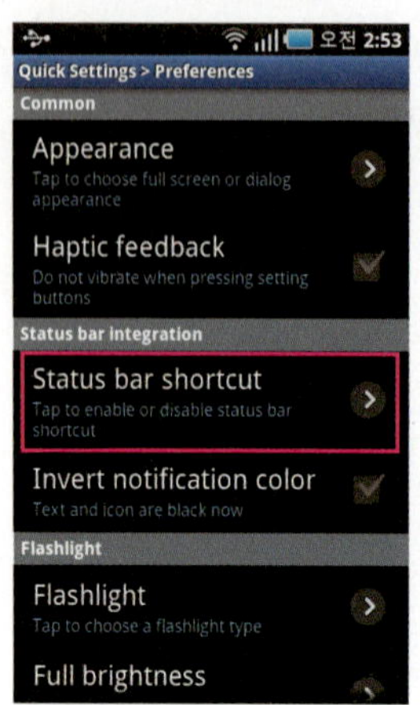
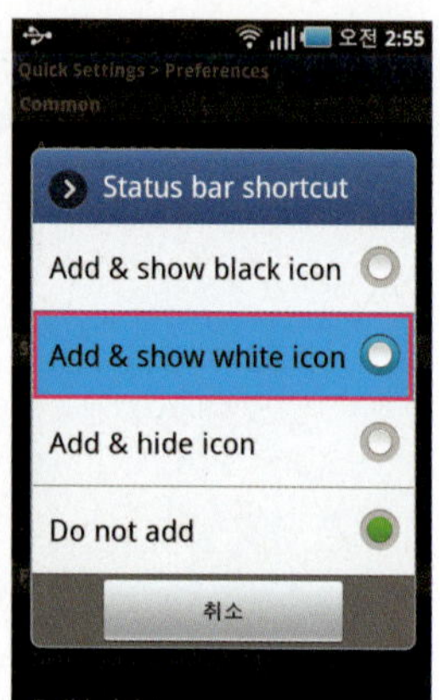

06 설정 화면이 나타나면 Status bar shortcut을 터치합니다. 기본적으로 'Do not add'가 선택되어 있어 아무것도 나타나지 않도록 되어 있습니다. 'Add & show white icon'을 터치합니다.

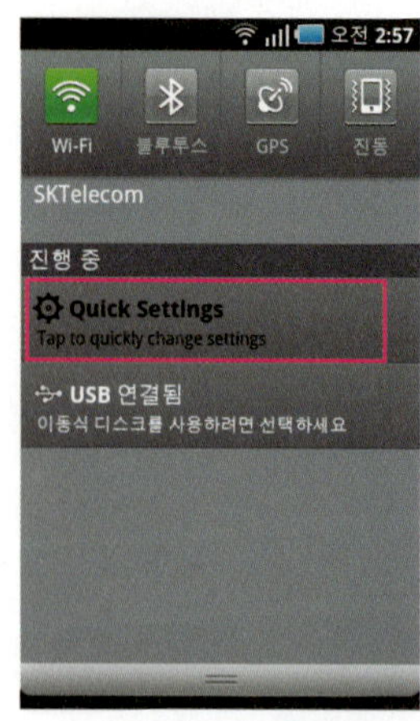

07 기기의 [뒤로 가기] 버튼을 여러 번 터치해 어플을 종료합니다. 상태 표시줄에 흰색 아이콘이 나타나는 것을 볼 수 있으며 아래로 드래그하여 나타나는 알림창에서 Quick Settings를 터치하면 곧 바로 어플 실행 화면을 볼 수 있습니다.

▲ 알림창에서 곧 바로 실행할 수 있습니다.

Smart Tip Quick Settings이 상태 표시줄이나 알림창에 완전히 나타나지 않게 하려면?

앞에서 보았던 대로 Quick Settings 어플의 설정 화면에서 Status bar shortcut을 터치하고 'Do not add'를 터치해주면 됩니다.

각 부분별 볼륨을 간편하게 조절하자

Audio Manager Widget은 오디오 볼륨을 멋진 인터페이스로 간편하게 조절할 수 있는 위젯입니다. 각 부분별 볼륨을 조절하기 위해 매번 환경 설정 메뉴로 들어갈 필요가 없습니다. 유료 어플인 Pro 버전도 존재하지만 무료 버전만으로도 충분히 기능을 사용할 수 있습니다.

01 어플이 설치되면 홈 화면에서 위젯 목록을 엽니다. Audio Manager 위젯은 작은 것과 큰 것 두 가지가 제공됩니다. [큰 Audio Manager]를 터치해보겠습니다.

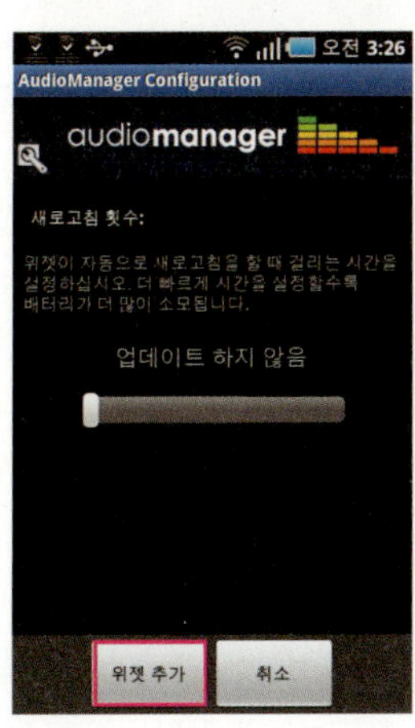

02 새로 고침 시간 설정 화면이 나타나면 기본값 그대로 두고 [위젯 추가] 버튼을 터치합니다. 위젯이 홈 화면에 추가되어 나타납니다. 설정을 위해 위젯을 터치합니다.

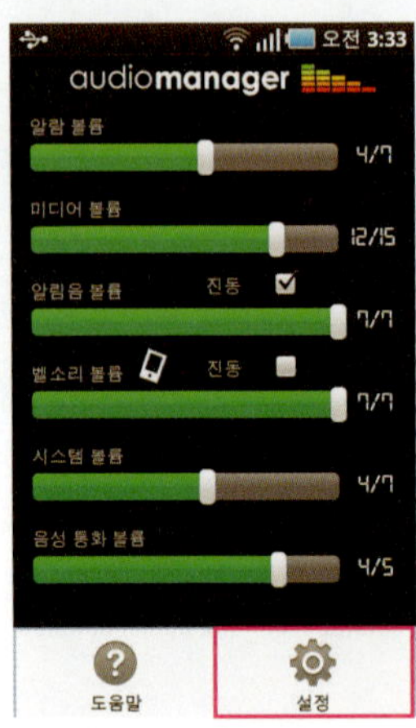

03 Pro 버전에 대한 안내가 나타나면 기기의 [뒤로 가기] 버튼이나 [예]를 누릅니다. 설정 화면이 나타납니다. 간단히 드래그로 각 부분의 볼륨을 설정할 수 있습니다. 현재 위젯이 추가되어 있는 홈 화면에서만 설정 화면을 열 수 있으므로 다소 불편할 것입니다. 기기의 [메뉴] 버튼을 누르고 [설정]을 터치합니다.

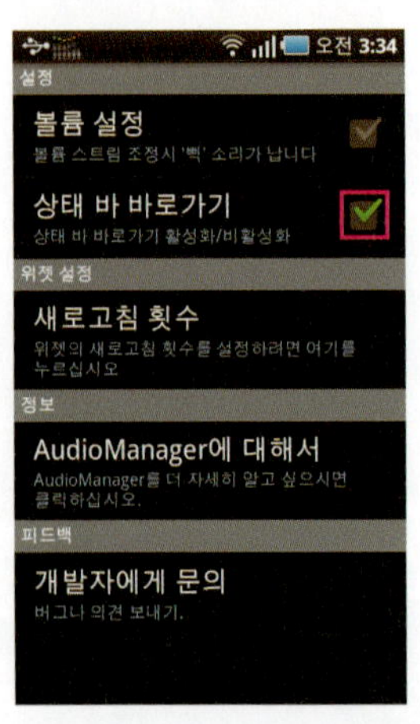

04 [상태 바 바로가기] 옵션을 터치하여 체크 표시가 나타나도록 합니다. 상태 표시줄에 Audio Manager 위젯 아이콘이 나타나면 드래그하여 알림창을 열고 [Audio Manager 콘솔]을 터치합니다. 다른 어플 실행 중에도 언제든 볼륨을 조절할 수 있습니다.

빠르고 다양한 기능의 브라우저로 더욱 편리한 웹 서핑을!

안드로이드 폰에 내장된 브라우저 외에도 사용자의 취향이나 기능에 따라 여러 브라우저가 사용되고 있습니다. 그 중에서도 돌핀 브라우저 HD는 다양한 기능과 깔끔한 인터페이스를 자랑하며 기능 추가를 위한 애드온과 색상 변경을 위한 테마도 추가로 제공합니다. 무료 어플이며 마켓에서 'dolphin browser hd'로 검색하면 됩니다.

01 돌핀 브라우저 HD

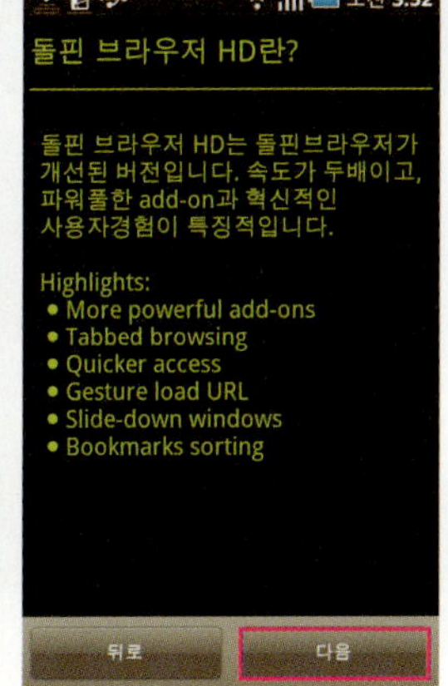

01 돌핀 브라우저를 처음 실행하면 환영한다는 메시지가 나타납니다. [다음] 버튼을 터치합니다. 돌핀 브라우저에 대한 간략한 소개가 나타납니다. [다음] 버튼을 터치합니다.

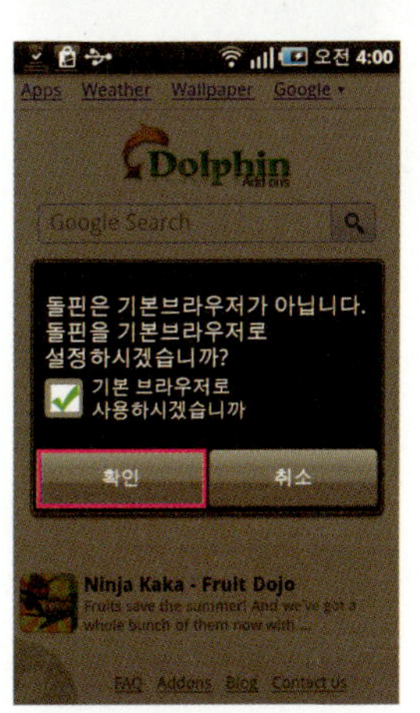

02 계속해서 기능에 대한 소개가 이어집니다. 여러 번 [다음] 버튼을 터치해 진행한 후 라이선스 동의 화면이 나타나면 [수락]을 터치합니다. 돌핀 브라우저를 기본 브라우저로 사용할 것인지 묻는 창이 나타납니다. 기본 브라우저로 사용하려면 [확인]을, 그렇지 않다면 [취소] 버튼을 터치합니다.

돌핀 브라우저를 기본 브라우저로 지정했다 하더라도 언제든 내장 브라우저를 기본 브라우저로 되돌릴 수 있습니다.

1. 환경 설정 메뉴에서 [응용 프로그램]–[응용 프로그램 관리]를 차례로 터치하고 [Dolphin Browser HD]의 터치합니다.
2. [기본 작업 지우기] 버튼을 터치합니다. 폰에서 [인터넷] 아이콘을 터치할 때 다시 기본 브라우저를 통해 접속할 수 있습니다.

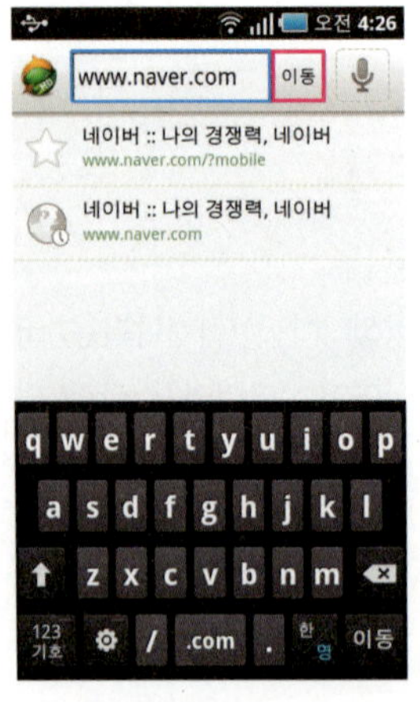

03 돌핀 브라우저의 홈 페이지가 나타나면 화면을 아래로 드래그하여 주소창이 나타나도록 하고 원하는 주소를 입력한 다음 [이동] 버튼을 터치합니다.

04 네이버 모바일 페이지가 나타나면 화면 아래에서 [PC 버전]을 터치해 일반 페이지로 접속합니다. 돌핀 브라우저에서도 두 번 빠르게 터치하거나 두 손가락을 펴거나 오므리는 동작으로 확대/축소를 전환할 수 있습니다. 상단의 [+] 버튼을 터치합니다.

05 새 탭이 나타납니다. 돌핀 브라우저는 탭 형태로 여러 페이지를 구성할 수 있습니다. 원하는 주소를 입력하고 이동하고 좌측 하단의 손가락 버튼을 터치합니다.

06 제스처 샘플이 나타납니다. 제스처란 손가락으로 화면을 특정 방향으로 그려주는 행동을 말하는데 제스처에 따라 지정한 명령을 수행할 수 있습니다. 우측에 톱니바퀴 모양의 제스처 설정 버튼을 터치합니다.

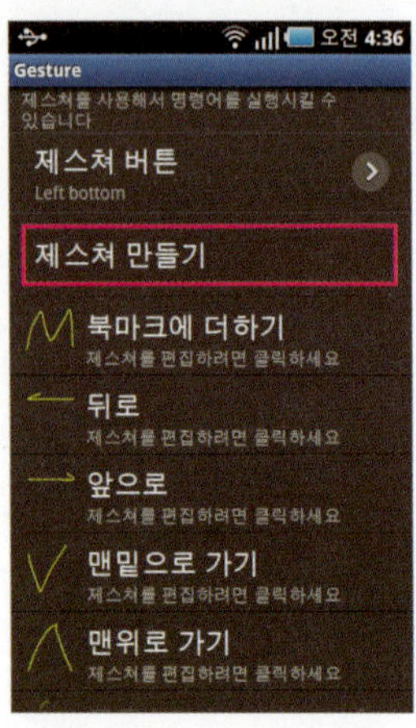

07 기본적으로 설정된 제스처가 나타납니다. 지정된 각 제스처를 터치하면 편집할 수 있습니다. 새로운 제스처를 만들려면 [제스처 만들기]를 터치합니다.

08 제스처로 인해 수행될 옵션이 표시됩니다. 기본적으로 로드 URL이 선택되어 있어 제스처만으로 간단히 특정 사이트로 이동할 수 있습니다. 사이트 주소를 지정하기 위해 [로드 URL]을 터치합니다.

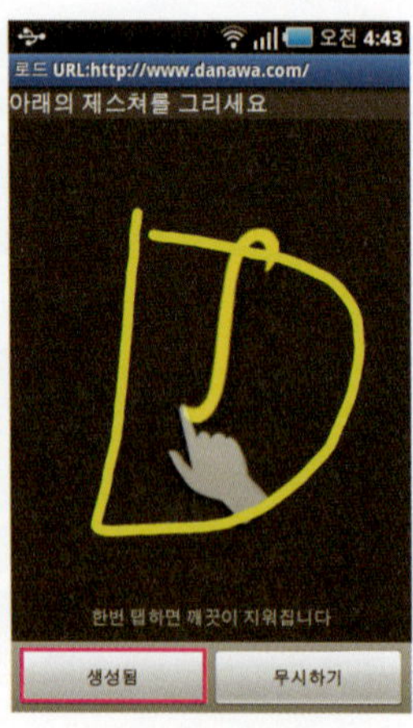

09 제스처로 이동할 주소를 입력하고 [확인] 버튼을 터치합니다. 이어서 명령을 실행할 제스처를 임의로 그리고 [생성됨] 버튼을 터치합니다. 취소하고 되돌아가려면 [무시하기] 버튼을 터치하면 됩니다. D자 형태로 그려보았습니다.

10 제스처 설정 화면의 아래쪽 목록을 보면 설정한 제스처가 등록되어 있는 것을 볼 수 있습니다. 터치하면 다시 변경할 수 있습니다.

11 기기의 [뒤로 가기] 버튼을 눌러 브라우저로 돌아간 후 앞에서 지정했던 제스처를 그리면 지정된 사이트로 접속하게 됩니다. 단, 모바일 페이지가 있는 사이트이므로 우선적으로 이곳이 열리게 됩니다.

12 돌핀 브라우저 실행 중 기기의 [메뉴] 버튼을 누르면 다음과 같은 여러 메뉴가 나타납니다. 북마크나 툴바는 메뉴를 열지 않고도 간단히 사용할 수 있습니다. 즉, 브라우저를 우측으로 드래그하면 화면 좌측에 북마크가 나타나며 원하는 곳을 터치하여 쉽게 이동할 수 있습니다.

▲ 우측에 나타난 툴바

13 또한 브라우저를 좌측으로 드래그하면 화면 우측에 툴바가 나타납니다.

14 풀 스크린 버튼을 터치하면 상태 표시줄이나 주소 창들이 사라지고 브라우저가 풀 스크린 형태로 나타나며 애드온 버튼을 터치하면 추가 기능 실행을 위한 애드온과 색상을 바꿀 수 있는 테마 등을 다운받을 수 있습니다.

▲ 풀 스크린 모드

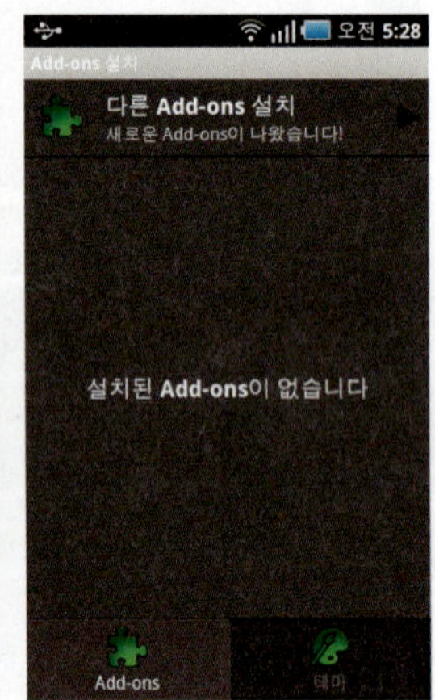

▲ 애드온/테마 추가→상단을 터치하면 다운로드 페이지로 이동합니다.

기기의 [메뉴] 버튼을 눌러 [더보기]–[설정] 순으로 터치하면 브라우저 설정을 위한 여러 옵션들이 나타나는데 그 중에서 두 가지만 살펴봅니다.

스크롤하려면 볼륨버튼 : 기기의 볼륨 버튼으로 브라우저 화면을 스크롤 할 수 있습니다.

핀치–줌 버튼 보이기 : 브라우저 우측 하단에 줌/아웃 버튼이 나타나도록 합니다. 옵션을 설정한 경우, 브라우저를 터치하면 자동으로 나타나며 일정 시간 동안 터치하지 않으면 자동으로 사라집니다.

▲ 핀치–줌 버튼

02 기타 추천할 만한 브라우저들

돌핀 브라우저 외에 많이 사용되는 세 가지 브라우저를 소개합니다. 모두 비교적 빠른 속도를 보이고 있으나 기기에 따라 다른 결과가 나타날 수 있으므로 직접 사용해보는 것이 좋습니다. 모두 무료로 사용할 수 있습니다.

▼ Opera mini Brower

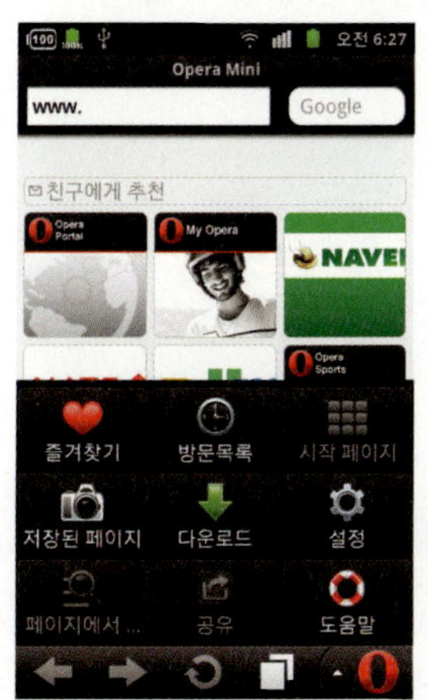

▼ xScope Browser Lite

▼ Miren Brower

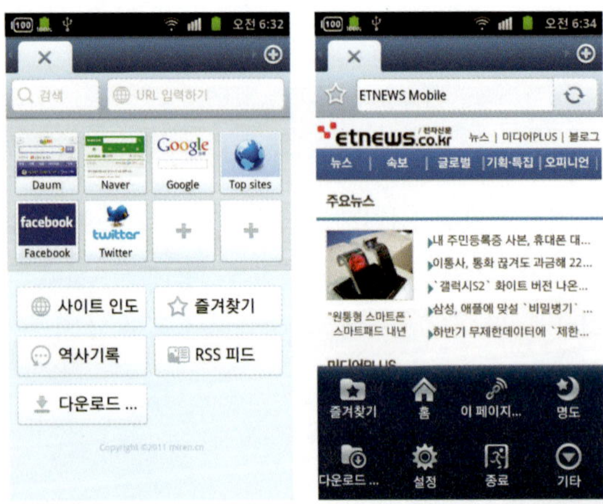

Wi-Fi 신호를 검색하고 강도까지 알려준다

'wifi manager'는 주변의 Wi-Fi 신호를 검색해주며 검색된 AP 신호의 강도도 표시해주는 무료 어플입니다. 위젯을 통해 간편하게 Wi-Fi를 On/OFF 할 수 있습니다.

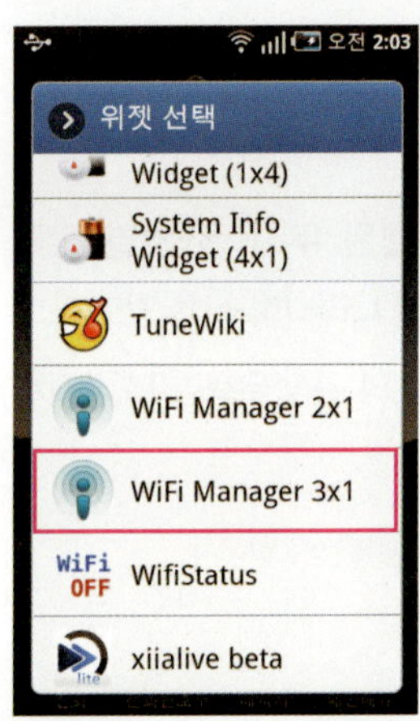

01 WiFi Manager가 설치 된 후, 홈 화면의 바탕영역을 길게 터치하고 메뉴에서 [위젯]을 터치하여 위젯 목록이 나타나면 WiFi [Manager 3x1]을 터치합니다. WiFi Manager 2x1은 가로 크기만 다를 뿐 기능은 동일합니다.

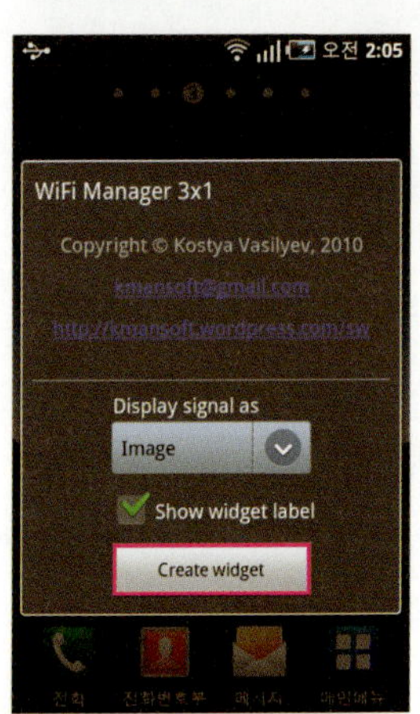

02 위젯 설치 옵션이 나타납니다. 아래에 있는 [Create widget] 버튼을 터치합니다.

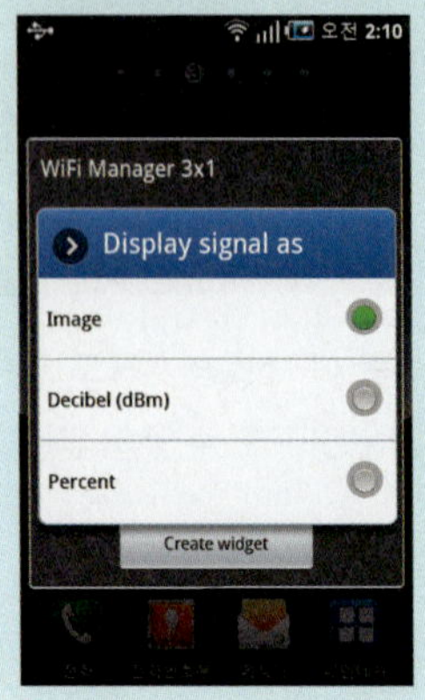

Display signal as 아래에 있는 버튼을 터치하면 Wi-Fi 신호 강도가 표시되는 방식을 선택할 수 있습니다. 기본적으로 Image가 선택되어 있어 Wi-Fi 신호 강도가 이미지 형태로 나타납니다. 신호 강도가 데시벨 값으로 나타나게 하려면 Decibel(dBm)을, 퍼센트 값으로 나타나게 하려면 Percent를 선택합니다.

03 위젯이 나타납니다. 현재 연결된 무선 랜 연결 장치(AP:Access Point) 이름과 IP 주소가 나타나며 신호 강도가 그래프 형태의 이미지로 표시됩니다. 위젯의 가장 우측 부분을 터치하면 Wi-Fi를 끄거나 켤 수 있습니다.

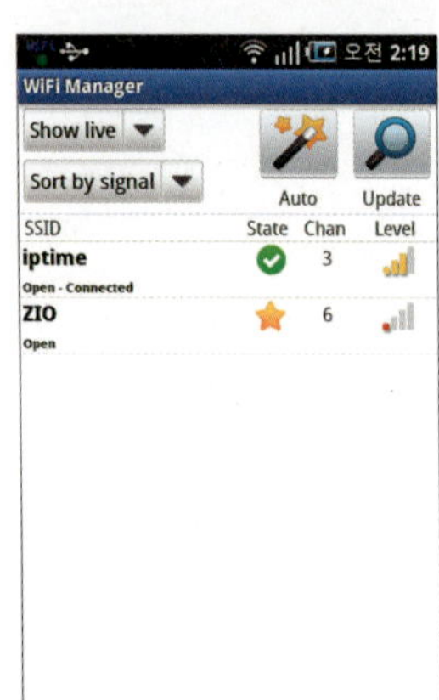

04 가장 우측을 제외한 위젯 내부를 터치하면 Wi-Fi 신호 검색 및 결과를 보여주는 화면이 나타납니다. Auto 버튼을 터치하면 주위의 Wi-Fi 신호 검색을 시도하며 다시 터치하여 중단할 수 있습니다. Update 버튼을 터치하면 현재 검색되어 리스트에 나타난 AP 목록에 대한 상태를 재검색합니다. 목록에 나타난 AP 이름을 터치하면 해당 AP로 연결할 수 있습니다.

WiFi Manager와 유사한 어플로 'WiFi 알리미'가 있습니다. 마켓에서 무료로 받을 수 있으며 홈 화면에 위젯으로 추가해놓으면 터치할 때 마다 Wi-Fi를 켜고 끌 수 있습니다. Wi-Fi에 연결되면 연결된 AP 이름이 상태 표시줄에 표시됩니다.

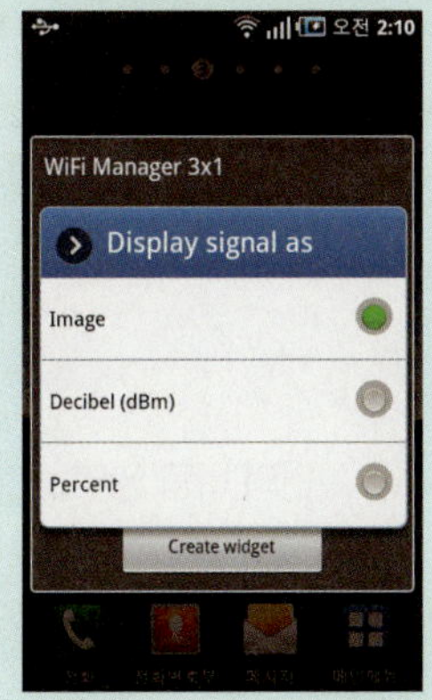

▲ 홈 화면에 나타난 위젯

▲ 위젯 목록에서 WifiStatus 선택

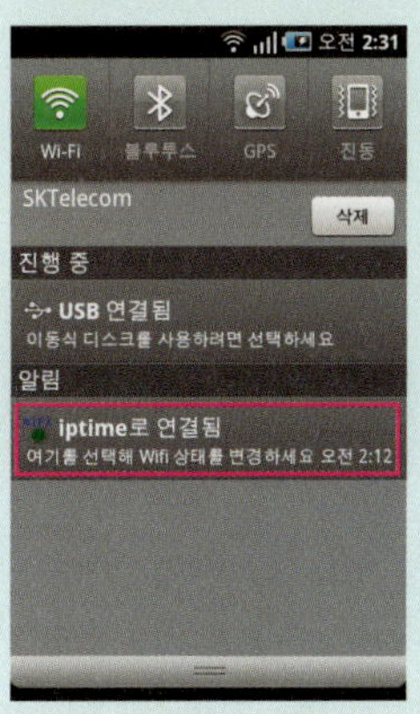

▲ 알림창에 표시되는 AP 이름

상태 표시줄을 아래로 드래그하면 알림창을 통해 연결된 AP 이름이 나타나며 터치하면 기기의 Wi-Fi 환경 설정화면을 열 수 있습니다.

음성 검색도 원하는 곳으로 골라서 한다

안드로이드 폰에 기본적으로 포함된 음성 검색은 구글을 통해서만 검색하지만 '확장 음성 검색 어플'을 사용하면 구글을 비롯하여 네이버, 다음, 네이트 등 다양한 검색 엔진을 사용할 수 있습니다.

01 확장음성 검색 어플을 설치 한 후, 홈 화면의 바탕 영역을 길게 터치하고 [위젯]을 선택하여 위젯 목록이 나타나면 [확장 검색 위젯]을 터치합니다.

02 홈 화면에 위젯이 나타납니다. 위젯의 마이크 버튼을 터치합니다. 위젯이 추가된 후 마이크 버튼을 처음 터치하면 기본 검색 엔진을 선택할 수 있는 메뉴가 자동으로 나타납니다. Naver를 터치해보겠습니다.

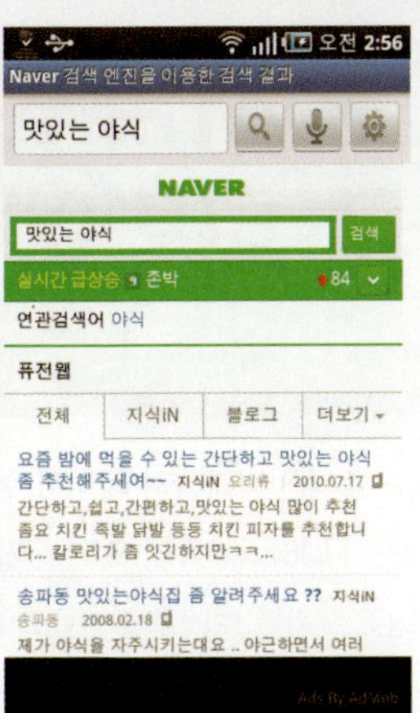

03 음성 인식을 위한 화면이 나타 납니다. 검색하고자 하는 내용을 말 합니다. Naver를 선택했기 때문에 Naver 검색이라고 표시됩니다. 이 어서 네이버를 통해 음성 검색 결과 가 나타납니다.

04 이후부터는 위젯의 마이크 버튼을 터치하면 곧바로 음성인식을 위한 화면이 나타나게 됩니 다. 기본 검색 엔진을 변경하려면 일단 검색창 내부를 터치합니다. 또 다른 검색 창이 나타나는데 가장 우측에 있는 톱니바퀴 모양의 설정 버튼을 터치하면 다시 검색 엔진 선택 메뉴가 나타나므로 원하는 것으로 변경할 수 있습니다.

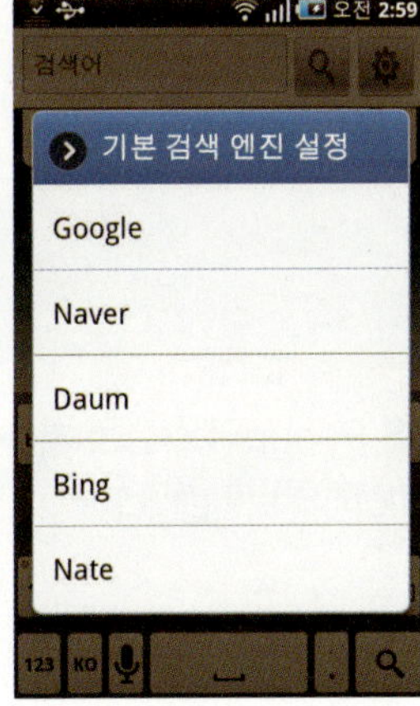

일반 폰처럼 문자가 오면 바로 화면에 뜨게 하자

문자가 오면 문자가 왔다는 표시만 나타나며 메시지 수신 설정에서 [수신 메시지 내용 표시]를 체크하여 문자 내용이 나타나는 화면으로 진입할 수 있지만 'SMS Popup'을 사용하면 간단히 팝업 형태로 문자를 보낸 전화번호와 내용이 뜨게 할 수 있습니다. 또한 이 상태에서 곧 바로 답장을 하거나 삭제할 수도 있습니다.

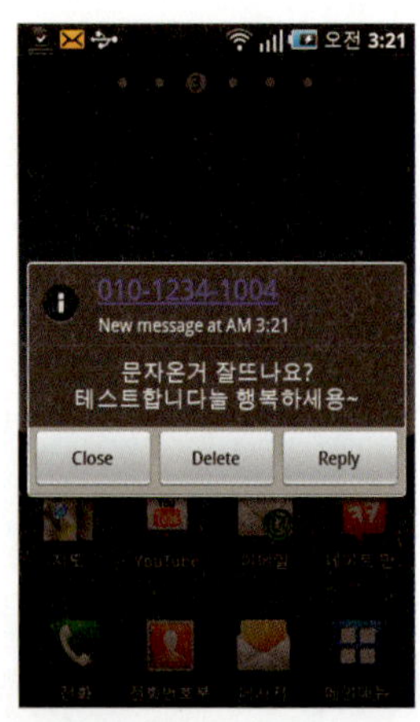

01 SMS Popup 어플이 설치된 다음, 문자가 오면 곧 바로 보낸 전화번호와 내용이 화면에 뜹니다. Close 버튼으로 창을 닫거나 Delete 버튼으로 문자를 삭제할 수 있습니다. Replay 버튼을 터치하면 바로 답장을 보낼 수 있습니다.

02 SMS Popup의 설정을 변경하려면 메인 메뉴에서 SMS Popup 아이콘을 터치합니다.

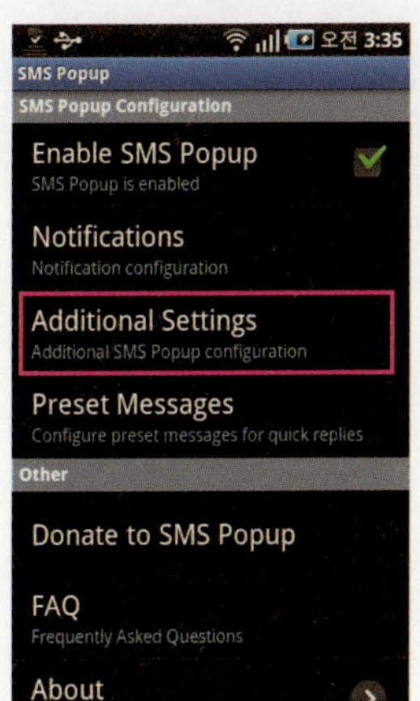

03 설정 화면이 나타납니다. 가장 위에 있는 Enable SMS Popup는 메시지가 팝업으로 뜨게 합니다. 기본적으로 체크되어 있지만 체크 상태를 해제하면 당연히 팝업으로 뜨지 않게 됩니다. Additional Settings를 터치합니다.

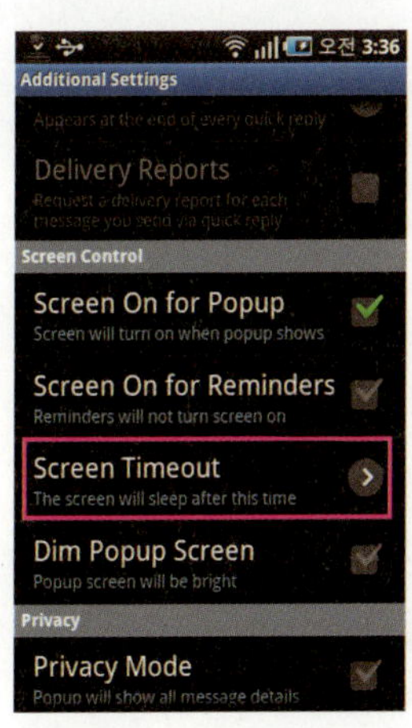

04 추가 설정 목록의 아래 부분에서 Screen Timeout을 터치 합니다. 문자가 팝업되는 시간을 설정할 수 있습니다. 기본적으로 30초로 지정되어 있으며 적절히 원하는 시간으로 변경하면 됩니다.

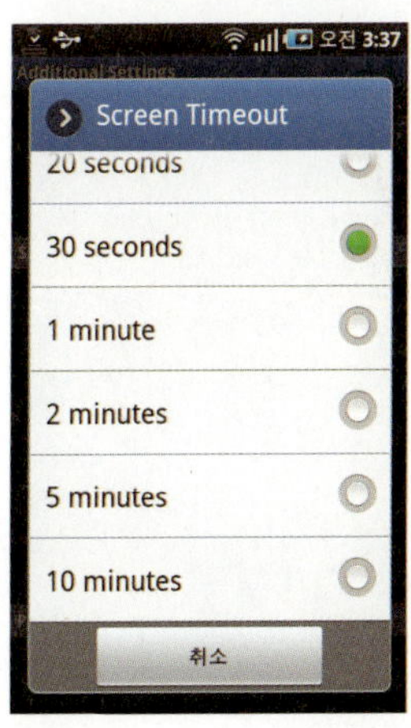

SMS Popup 어플로 문자가 팝업되어 나타남에도 불구하고 폰에서는 해당 문자를 안 읽은 것으로 간주하여 수신된 문자수가 그대로 표시됩니다. 팝업된 문자를 안 읽은 문자로 나타나지 않게 하려면 다음과 같이 설정해주어야 합니다.

1. 메인 메뉴에서 SMS Popup 아이콘을 터치하여 어플을 실행하고 Notifications를 터치한 후 메뉴가 나타나면 Default Notifications를 터치합니다.

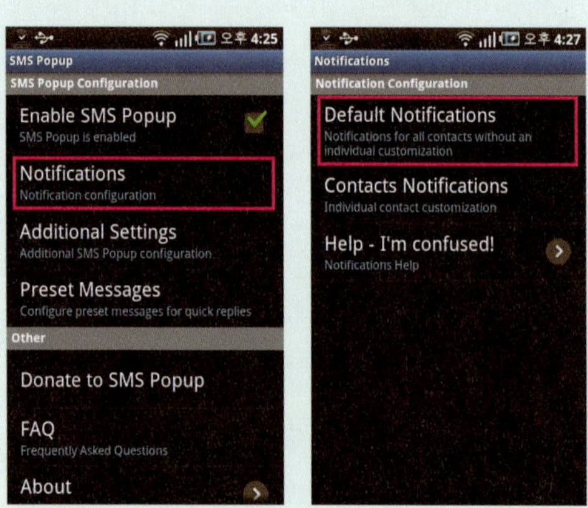

2. 문자가 오면 SMS Popup 어플에서 알릴 수 있도록 Enable Notifications 옵션을 터치합니다. 문자 알림이 기본 문자 어플과 중복되므로 이것을 방지하기 위해 설정해야 할 방법을 알려줍니다. 일단 [확인] 버튼을 터치합니다.

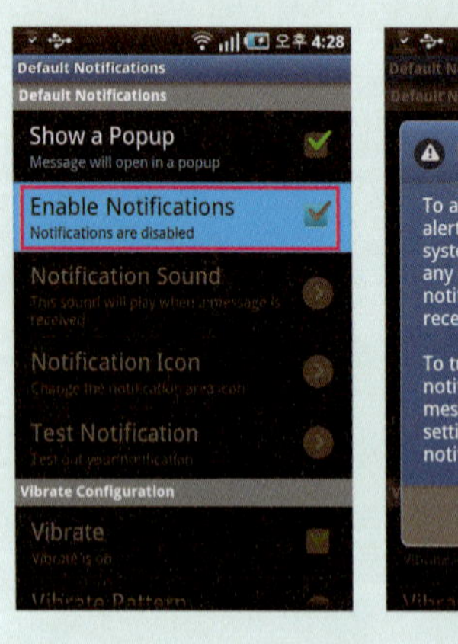

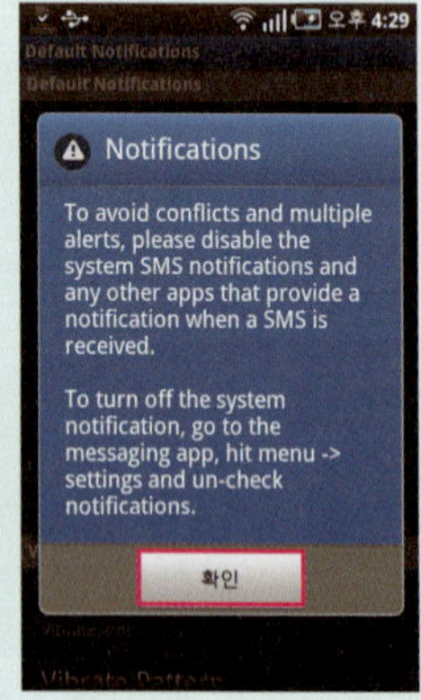

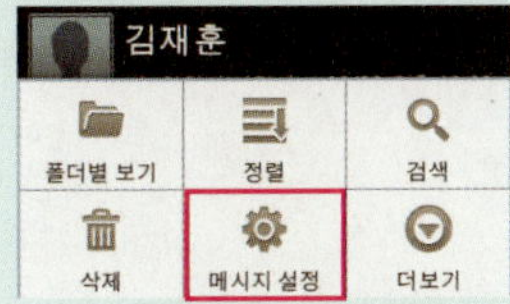

3. 기기의 홈 버튼이나 뒤로 가기 버튼을 눌러 SMS Popup 어플에서 빠져 나옵니다. 홈 화면에서 [메시지] 아이콘을 터치하고 문자 메시지 목록에서 기기의 메뉴 버튼으로 누르고 [메시지 설정]을 터치합니다.

4. 메시지 설정 메뉴가 나타나면 [메시지 수신 설정]을 터치한 후 계속해서 [메시지 수신 알림 방법]을 터치합니다.

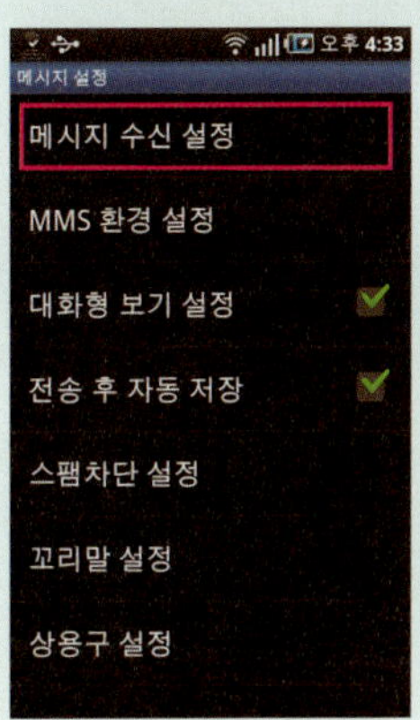
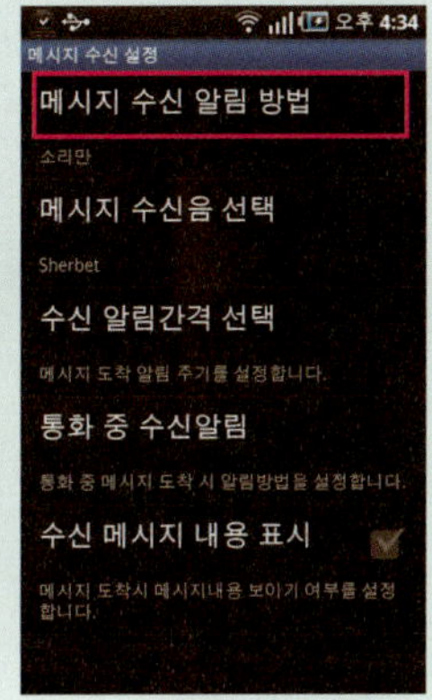

5. 메시지 수신 알림 방법 옵션에서 [해제]와 [확인] 버튼을 차례로 터치합니다. 이로서 문자가 오면 기본 문자 메시지 어플은 알림을 수행하지 않으며 오로지 SMS Popup 어플에서만 알려주게 됩니다.

현재 연결되어 있는 네트워크 속도가 얼마나 될까?

현재 접속된 Wi-Fi나 3G의 속도가 궁금하다면 Speed Test 어플로 확인할 수 있습니다. 간단히 체크할 수 있을 뿐 아니라 검사 결과가 기록되므로 여러 환경이나 장소에서 테스트한 결과도 쉽게 비교해볼 수 있습니다. 무료 어플입니다.

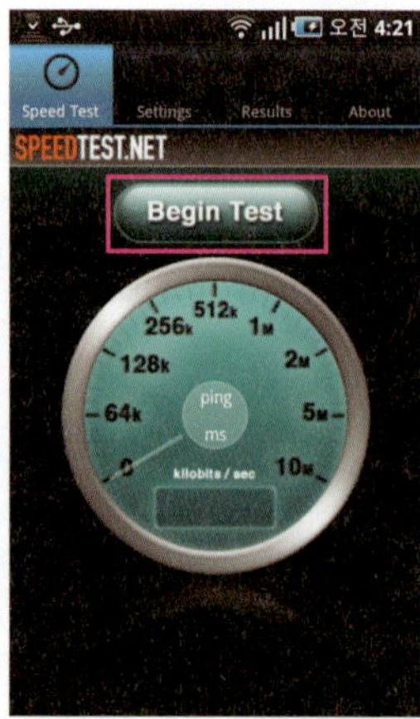

01 설치가 완료되면 메인 메뉴에 생성된 Speed Test 아이콘을 터치합니다. 어플이 실행되면 테스트 서버에 접속하기 위한 약간의 시간이 필요합니다. 잠시 기다린 후, [Begin Test] 버튼이 나타나면 터치합니다.

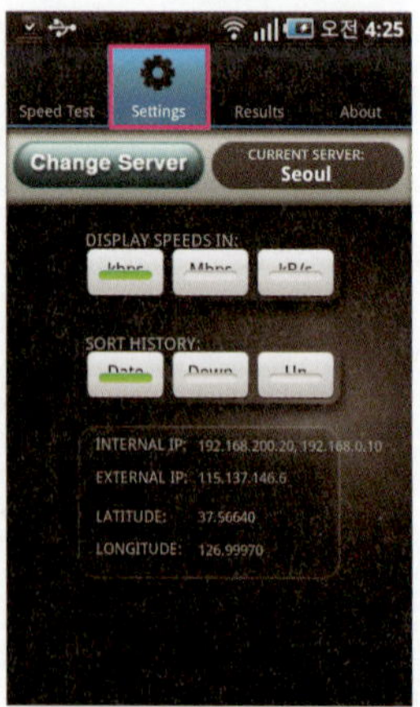

02 다운로드와 업로드에 대한 테스트가 진행된 후, 그 결과가 표시됩니다. 다시 테스트하려면 하단의 [Test Again] 버튼을 터치하면 됩니다. 상단의 Settings 탭을 터치하면 테스트 서버를 선택하거나 속도 단위를 선택할 수 있습니다.

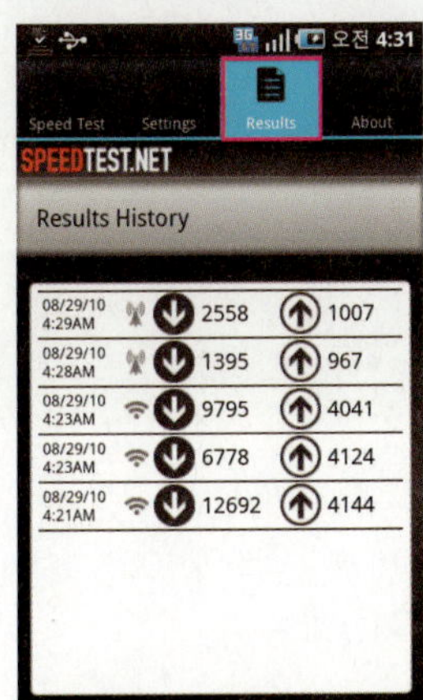

03 Result 탭을 터치하면 속도 테스트 기록을 볼 수 있습니다. 장소를 조금씩 달리해가며 Wi-Fi 연결 상태에서 3회, Wi-Fi를 끄고 3G 연결 상태에서 2회 테스트 해보았습니다.

Smart Tip Benchbee 속도 측정

인터넷 속도 측정 사이트로 잘 알려진 벤치비(http://www.benchbee.co.kr)의 속도 측정 어플도 유명합니다. 마켓에서 'benchbee'로 검색하면 찾을 수 있으며 Wi-Fi, 3G의 속도 측정은 물론 측정 이력과 각 통신사나 기기의 품질 현황도 살펴볼 수 있습니다.

▲ benchbee 속도 측정

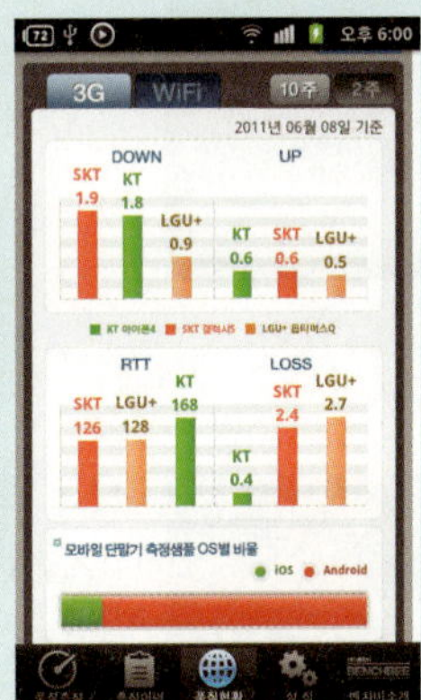

▲ 품질현황 보기

내 폰의 수준은 과연 어느 정도?

Quadrant Standard Edition 어플을 사용하면 CPU 및 입출력(I/O), 3D 그래픽 속도를 테스트해볼 수 있습니다. 벤치마크를 통한 결과가 실제 체감 속도와 100% 일치하지 않지만 기기의 성능을 짐작하는 데 참고가 될 수 있을 것입니다.

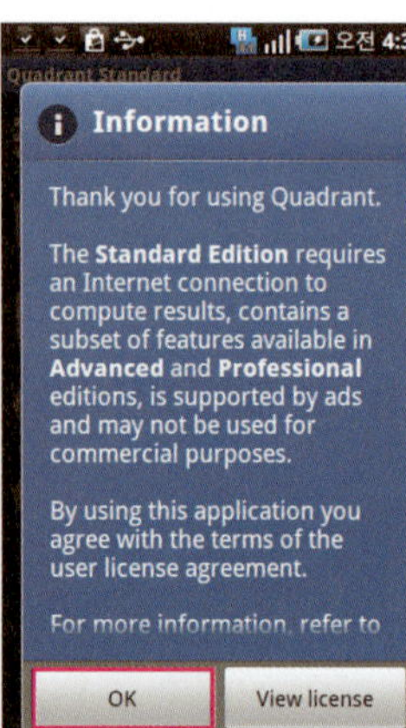

01 어플이 설치되면 메인 메뉴에서 Quadrant Standard 아이콘을 터치합니다. 무료 버전인 스탠더드 에디션은 결과를 보기 위해 인터넷에 접속된다는 안내문이 나타납니다. [OK] 버튼을 터치합니다.

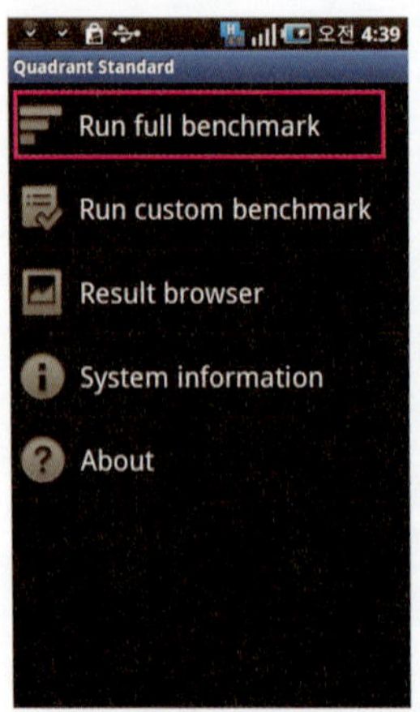

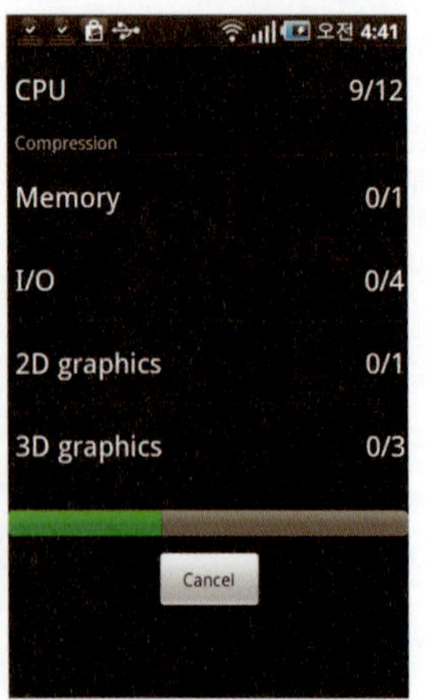

02 모든 항목의 테스트를 위해 Run full benchmark를 터치합니다. 각 항목별로 테스트가 진행됩니다. 그래픽 테스트 중에는 일시적으로 액정이 검게 표시될 수 있으므로 잠시 기다리면 됩니다.

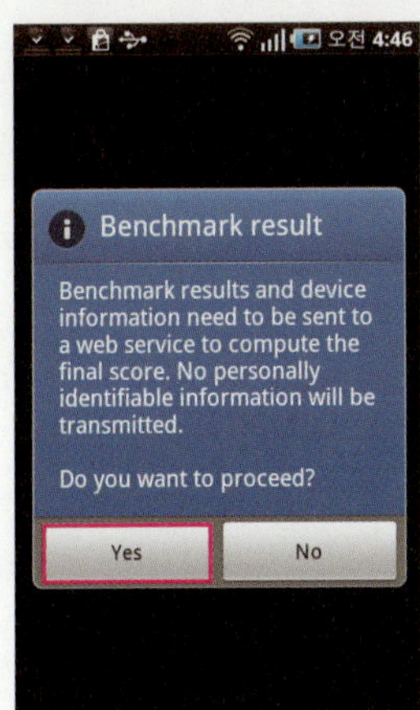

03 테스트가 완료되면 결과를 웹에 전송할 것인지 묻는 창이 나타납니다. 스탠더드 버전을 사용하고 있으므로 결과를 보기 위해 [Yes] 버튼을 터치합니다.

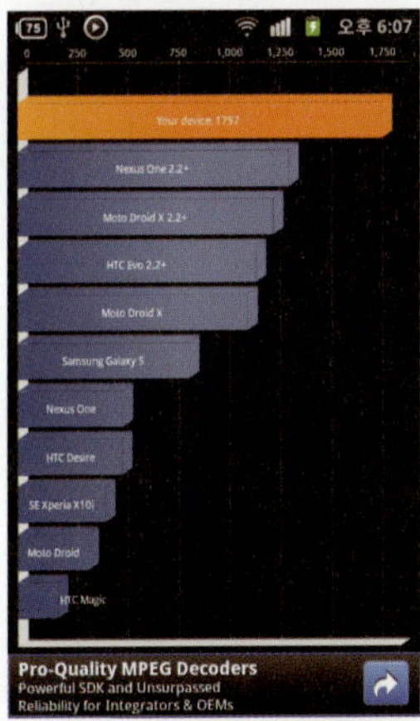

04 테스트 결과가 점수와 그래프로 나타납니다. 주황색으로 표시되는 Your device 그래프가 현재 기기에 대한 결과입니다. 다른 기기의 점수도 표시되므로 비교해 볼 수 있을 것입니다.

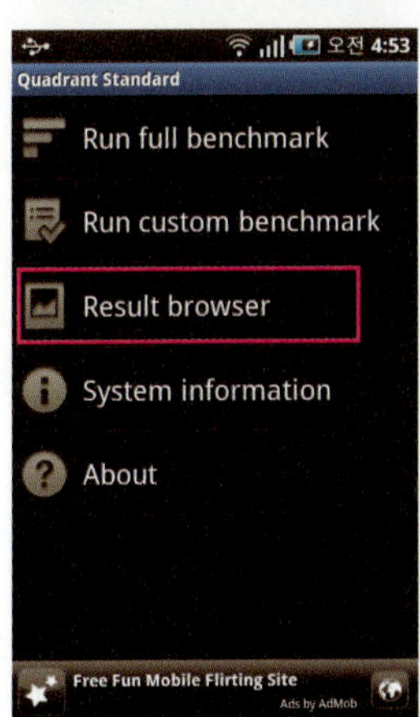

05 기기의 [뒤로 가기] 버튼을 눌러 메인 화면으로 돌아가서 Result browser를 터치합니다.

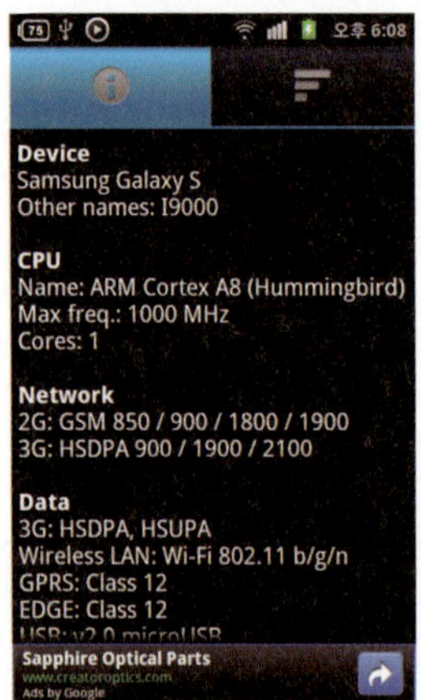

▲ 스펙 정보

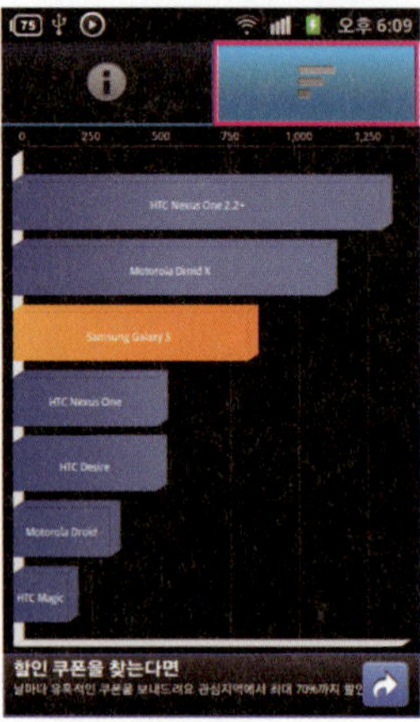

▲ 벤치마크 그래프

06 안드로이드 폰의 제조사 이름이 나타납니다. 터치하면 해당 제조사의 각 기종 목록이 나타나고 선택한 기종에 대한 상세한 스펙을 살펴볼 수 있습니다. 상단 우측의 그래프 모양 탭을 터치하면 해당 기종의 벤치마크 결과를 타 기종과 그래프 형식으로 비교해 볼 수 있습니다.

Smart Tip　RL Benchmark

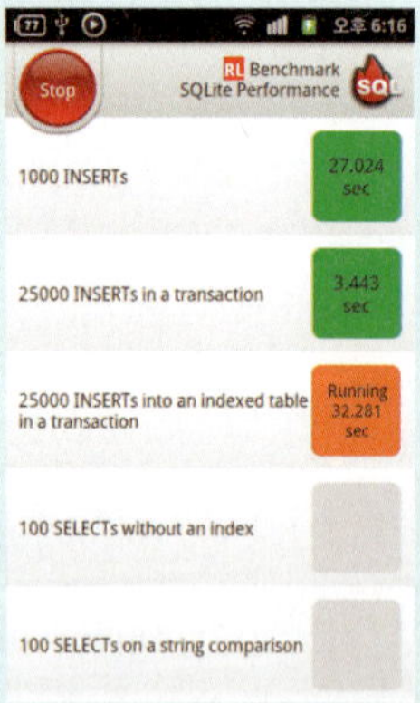

RL Benchmark도 속도 측정을 위해 많이 사용되고 있는 어플입니다. 역시 마켓에서 무료로 받을 수 있으며 어플 실행 후 좌측 상단의 Start 버튼을 터치하면 측정이 시작됩니다.

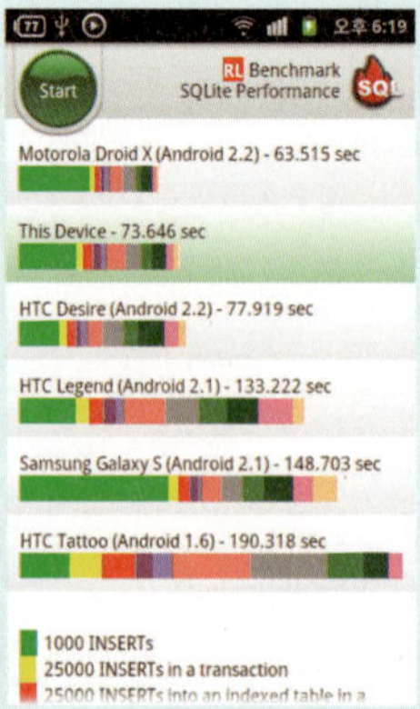

측정이 완료되면 메뉴 버튼을 누르고 Result diagram을 선택합니다. 측정 결과가 나타나게 됩니다. 시간이 작게 표시될수록 속도가 빠르다는 것을 의미합니다. 다른 몇몇 기기의 결과도 보여주므로 쉽게 비교해 볼 수 있습니다. 재측정하려면 메뉴 버튼을 누르고 Benchmark를 선택하면 됩니다.

편리하게
설치된 어플 삭제하기

폰에 설치된 어플은 기본적으로 제공되는 작업관리자 등의 어플을 통해 삭제할 수 있지
만 'Uninstaller'라는 무료 어플을 사용하면 더욱 편리합니다.

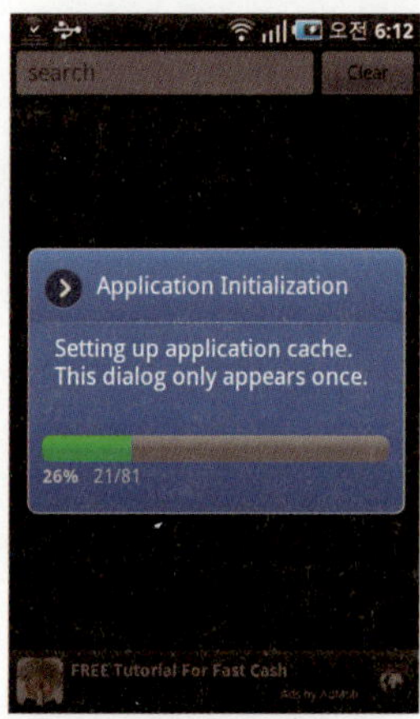

01 다운로드와 설치를 마친 후 메인 메뉴에서 Uninstaller 아이
콘을 터치합니다. 처음 실행한 경우, 설치된 어플 인식을 위한 작
업이 진행됩니다.

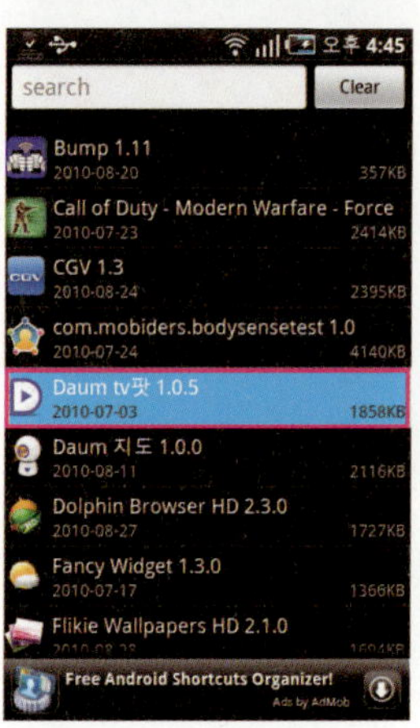

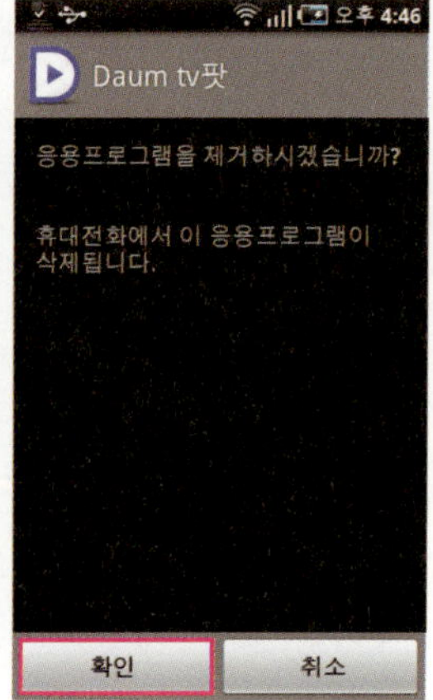

02 잠시 기다리면 설치된 어플 목
록이 나타납니다. 삭제하려는 어플
목록을 터치하면 해당 어플을 제거
할 것인지 묻습니다. [확인] 버튼을
터치합니다.

03 어플 삭제가 진행되고 잠시 후 완료되었다는 메시지가 나타납니다. [확인] 버튼을 터치합니다. 설치된 어플이 많아 찾기 힘들다면 상단의 검색창을 터치하고 어플 이름을 입력합니다. 입력된 문자가 포함된 어플만 목록에 나타나므로 쉽게 선택하여 삭제할 수 있습니다.

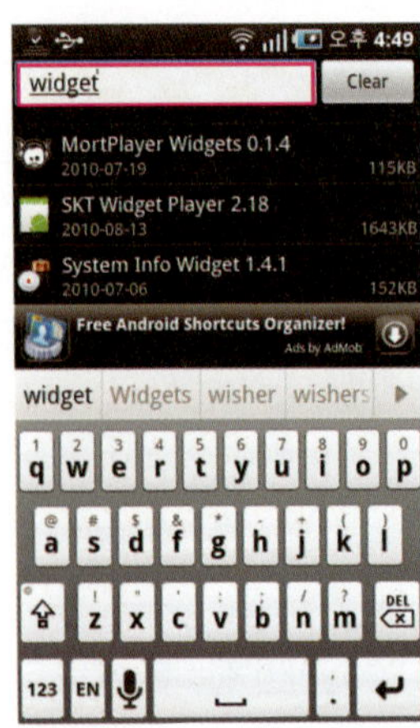

무음이나 진동으로 설정된 폰도 빠르게 찾아준다

'Where's My Droid' 어플을 사용하면 지정해 놓은 문자가 포함된 문자가 수신될 경우 폰이 무음이나 진동으로 설정되어 있어도 벨이 울리게 됩니다. 따라서 폰을 어디에 두었는지 깜박 잊은 경우, 소리를 듣고 쉽게 찾을 수 있습니다. 무료 어플입니다.

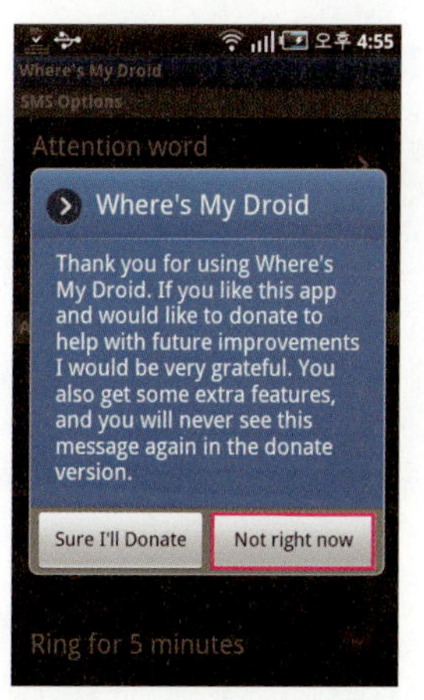

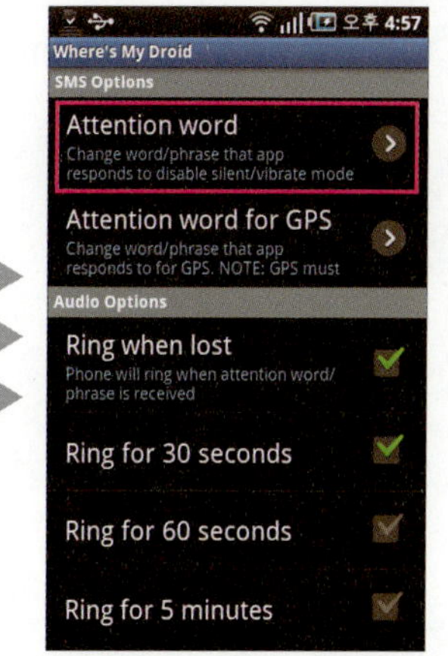

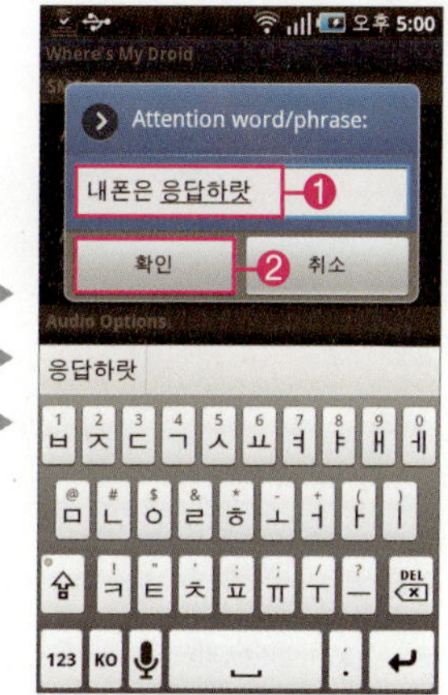

01 어플이 설치된 다음 메인 메뉴에 생성된 Where's My Droid 아이콘을 터치합니다. 어플이 실행되면 향상된 기능을 포함한 어플을 사용하기 위해 기부할 것인지 묻는 창이 나타납니다. 그대로 사용할 것이라면 [Not right now] 버튼을 터치합니다.

02 옵션 메뉴가 나타납니다. 문자 입력을 위해 Attention word를 터치합니다.

03 문자 입력창이 나타납니다. 흔히 사용하는 문자를 입력하면 일반적인 문자를 받는 경우에도 경고음이 울리게 되므로 조금은 특별한 단어를 입력하는 것이 좋습니다. 문자를 입력하고 [확인] 버튼을 터치합니다.

04 어플을 종료하고 테스트를 위해 폰을 진동이나 무음 상태로 전환하고 다른 폰을 통해 Wheres My Droid에서 지정한 문자를 보냅니다. 벨소리와 함께 폰을 찾았다는 메시지가 화면에 표시됩니다. 물론 문자가 왔다는 알림도 함께 나타납니다.

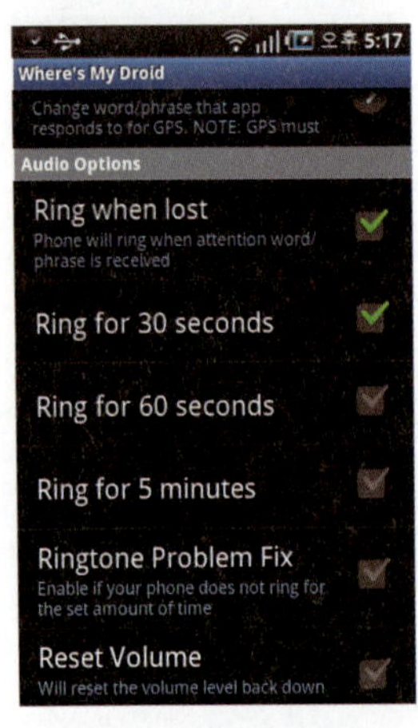

05 옵션 메뉴 하단에는 경고음이 재생되는 시간을 30초, 60초, 5분 중에서 선택할 수 있습니다.

지정한 문자가 포함된 문자를 보내야 제대로 경고음(벨소리)이 울리게 됩니다. 문자의 일부만을 보내면 단순히 문자가 왔다는 알림만 표시됩니다. 지정한 문자를 모두 포함한 그 이상의 문자를 보내도 정상 작동합니다. 예를 들어, '어디있니 응답해봐'라고 지정해둔 경우 보낸 문자에 따라 다음과 같은 결과가 나타납니다.

어디있니 응답해봐 : 정상 작동 (지정한 문자와 완전히 동일하므로)

어디있니 : 작동 불가 (문자의 일부만 전송했으므로)

어디있니 응답해봐라 : 정상 작동 (지정한 문자를 모두 포함하고 있으므로)

누구에게 온 전화인지 음성으로 알려준다

'넌 누구냐' 어플은 전화가 오면 음성으로 발신자의 이름이나 전화번호를 알려주므로 폰의 액정을 보지 않고도 발신자를 식별할 수 있어 편리합니다. T 스토어에서만 받을 수 있는 무료 어플입니다.

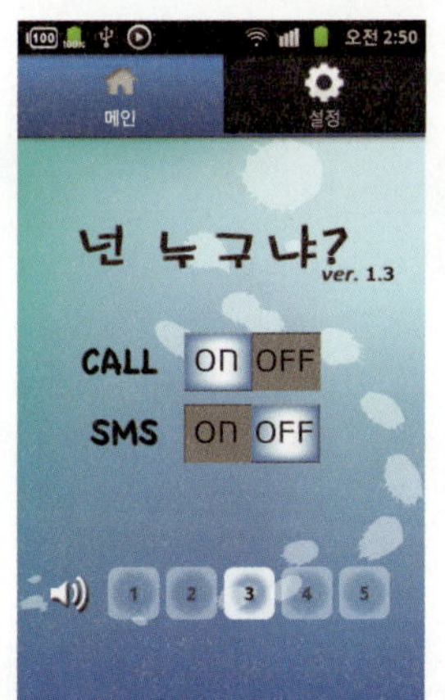

01 어플을 설치하고 '넌 누구냐?' 아이콘을 터치하여 실행합니다. 메인 화면에서는 전화와 문자(SMS)에 대해 각각 On/Off 버튼을 통해 발신자 정보를 음성으로 들려줄 것인지의 여부를 선택할 수 있습니다.

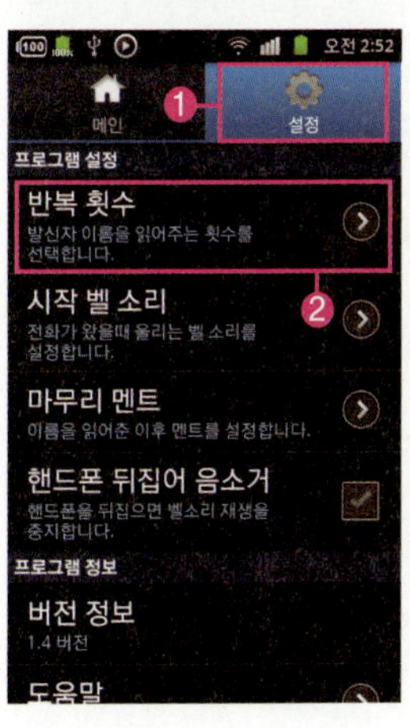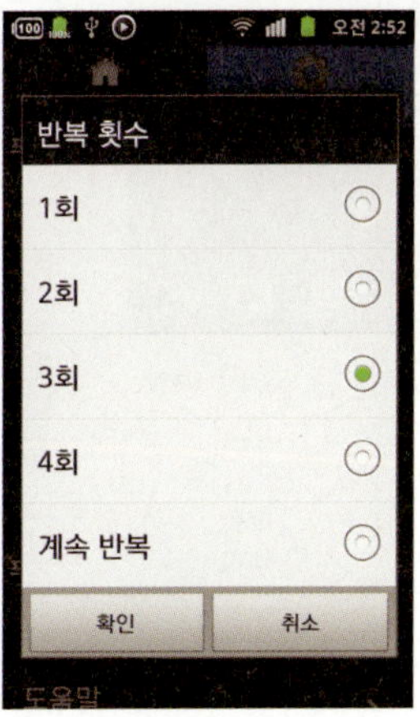

02 상단의 [설정] 탭을 터치하면 여러 설정 메뉴들이 나타납니다. [반복 횟수]를 터치하면 발신자 정보를 읽어주는 횟수를 지정할 수 있습니다.

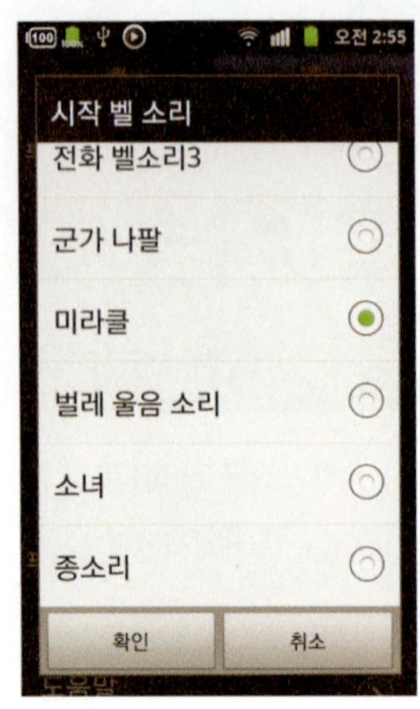

▲ 벨소리 선택

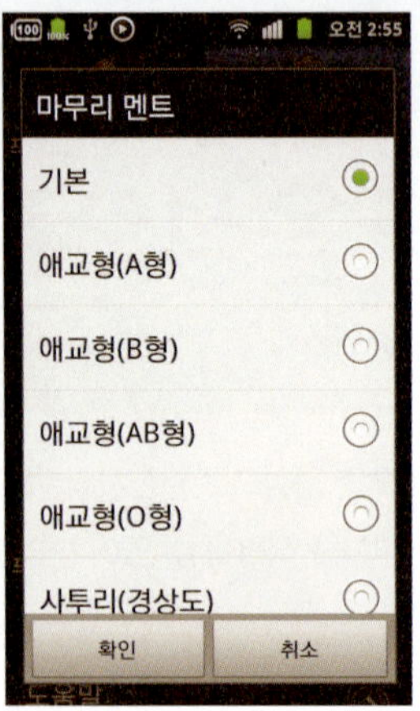

▲ 마무리 멘트 선택

03 [시작 벨 소리]에서는 음성 안내를 마친 후에 재생될 벨소리를 선택할 수 있으며 [마무리 멘트]는 발신자 정보 뒤에 들려줄 멘트 형태를 선택할 수 있습니다.

04 기능의 On/Off를 자주 전환해가며 사용하고 싶다면 위젯으로 등록해놓는 것이 좋습니다. 위젯 목록을 열어보면 전화와 문자에 대한 위젯이 각각 나타나는 것을 볼 수 있습니다. 위젯을 터치할 때마다 On/Off 상태가 전환됩니다.

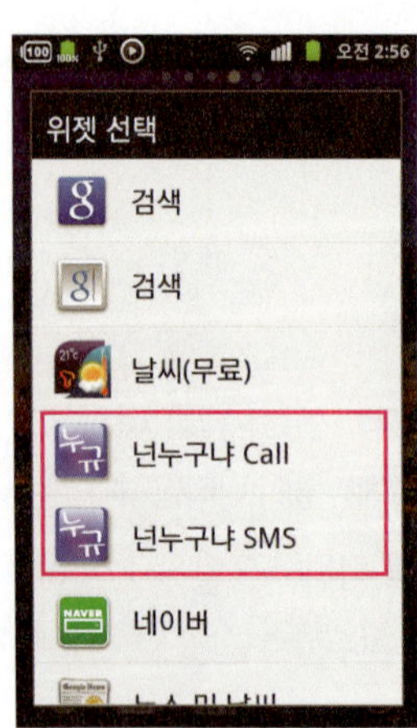

▲ 홈에 등록된 '넌 누구냐' 위젯

흔들면 무음 모드로,
거꾸로 하면 스피커폰 모드로!

기본적으로 지원하지 않는 폰이라 하더라도 'Shake2MuteCall'을 사용하면 전화가 왔을 때 폰을 가볍게 흔들어주면 무음 상태로 바뀌며, 'UpsoundDown'을 사용하면 거꾸로 놓을 때 스피커 폰 모드로 전환됩니다. 모두 마켓에서 무료로 받을 수 있습니다.

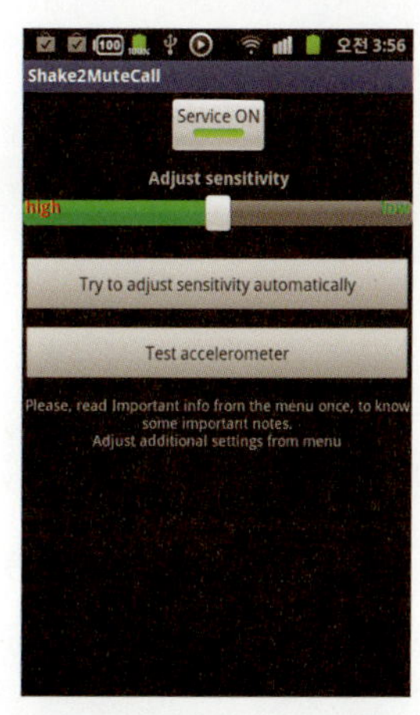

01 'Shake2MuteCall'을 설치한 다음 아이콘을 터치하면 그림과 같은 화면이 나타납니다. 상단의 Service On 버튼으로 기능을 켜거나 끌 수 있으며 Adjust sensitivity 슬라이더로 흔드는 강도를 설정합니다. 특별히 옵션을 건드릴 필요없이 그대로 두고 전화 올 때 흔들어주면 무음 모드로 전환됩니다.

02 'UpsoundDown'을 설치하고 실행하면 기본적으로 OFF 성태로 나타나므로 아래에 있는 OFF 버튼을 터치하여 ON으로 표시되도록 합니다.

03 기기의 메뉴 버튼을 터치하고 하단의 메뉴에서 Settings를 터치하면 설정화면이 나타납니다. 동작 형태를 지정하려면 Mode Selection을 터치합니다.

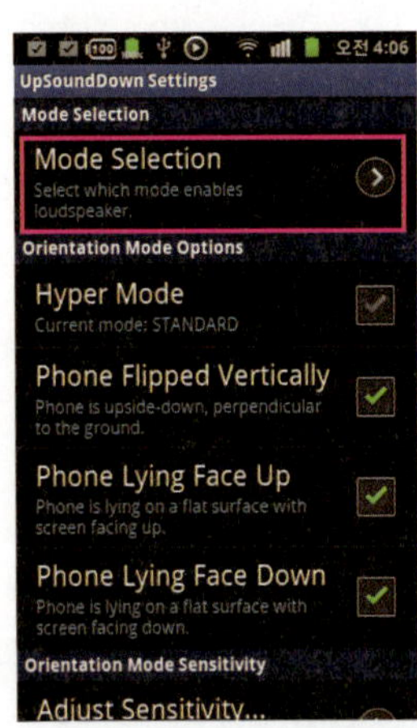

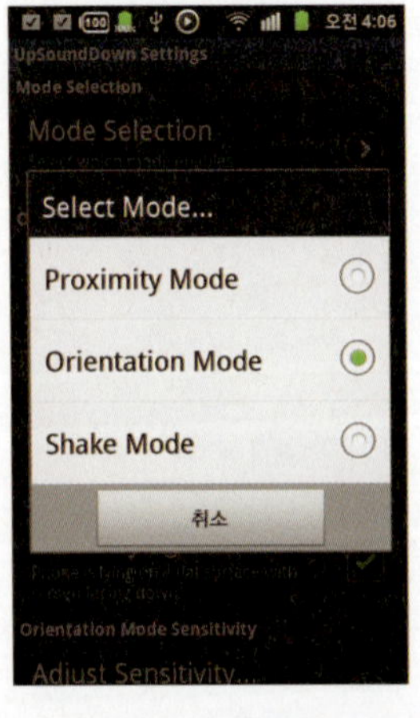

04 세 가지 모드가 나타납니다. Proximity Mode는 귀에서 조금 떨어진 상태에서, Orientation Mode는 거꾸로 세웠을 때, Shake Mode는 흔들었을 때 스피커 폰 모드로 전환됩니다. 스피커 폰 모드 상태에서 다시 폰을 귀에 가까이 대면 일반적인 통화 모드로 돌아갑니다.

통화 종료되면 자동으로 바탕화면으로 돌아간다

통화를 마친 후에 다시 홈으로 가기 위해 여러 번 뒤로 가기 버튼을 눌러야 하는 번거로 움을 해소하려면 'On Call End' 어플이 유용합니다. 통화를 마치면 자동으로 홈 화면 으로 돌아가게 해주기 때문입니다.

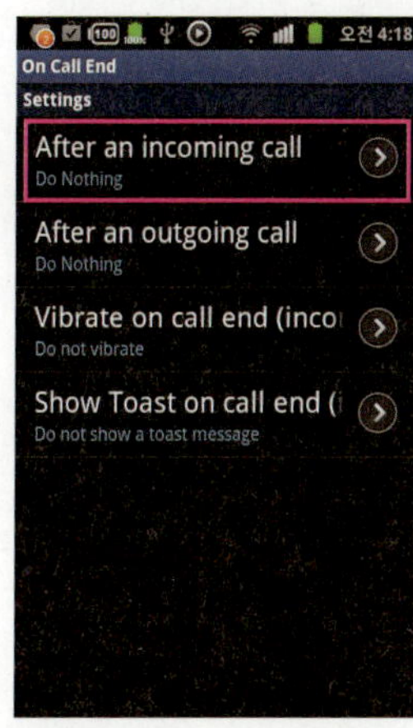
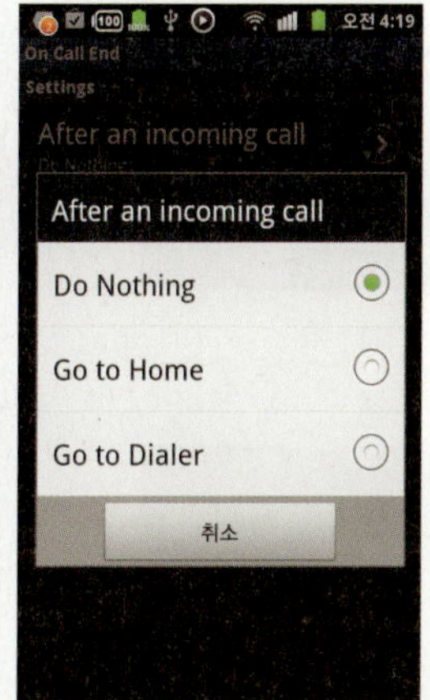

01 어플이 설치된 후 실행한 다 음, OK 버튼을 누르면 곧 바로 설 정 화면이 나타납니다. After an incoming call 메뉴를 터치하면 걸 려온 전화(수신 전화) 통화를 마친 후의 동작을 선택할 수 있습니다. Do Nothing은 아무런 동작도 수행 하지 않으며 Go to Home은 홈 화 면으로, Go to Dialer는 다이얼 화 면으로 이동해 줍니다.

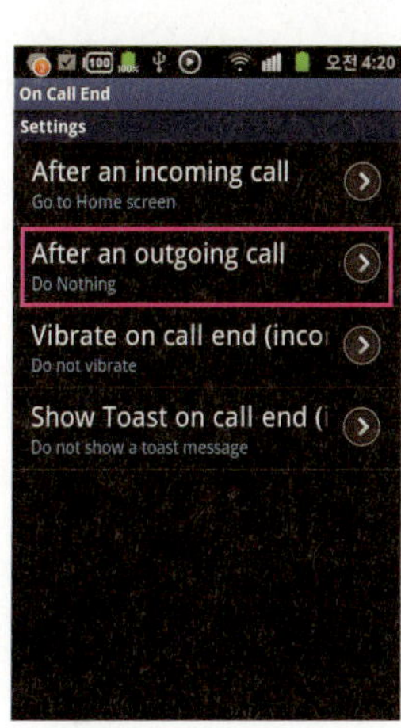

02 After an outgoing call 메 뉴를 터치하면 자신이 건 전화 (발신 전화) 통화를 마친 후의 동작을 선택 할 수 있습니다. 옵션은 수신 전화 때와 동일합니다.

03 Vibrate on call end 메뉴를 터치하면 수신 전화나 발신 전화 통화가 종료된 후에 진동 횟수를 선택할 수 있으며 Show Toast on call end 메뉴를 터치하면 통화가 종료된 후에 통화 시간에 대한 안내를 짧은 형식이나 긴 형식으로 표시되게 할 수 있습니다. 각 형식에 대한 샘플은 선택한 이후 화면 하단에 잠시 표시됩니다.

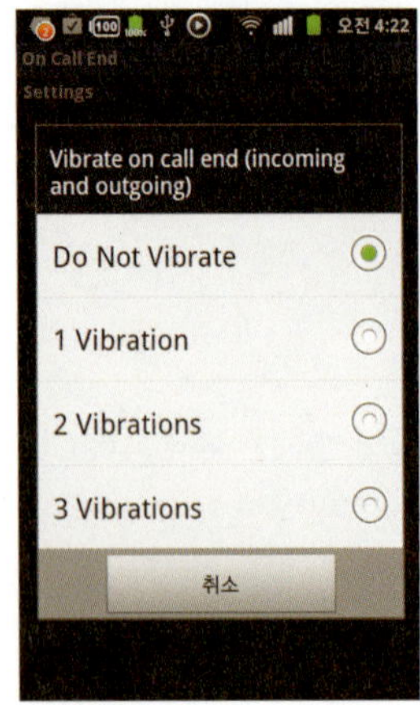

▲ 진동 횟수 선택

▲ 메시지 형식 선택

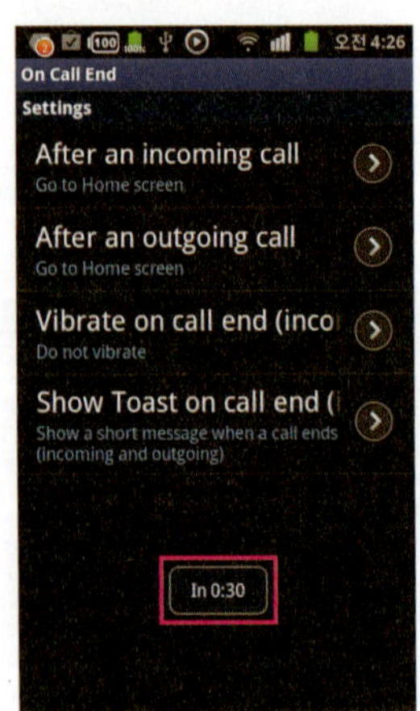

▲ Short message

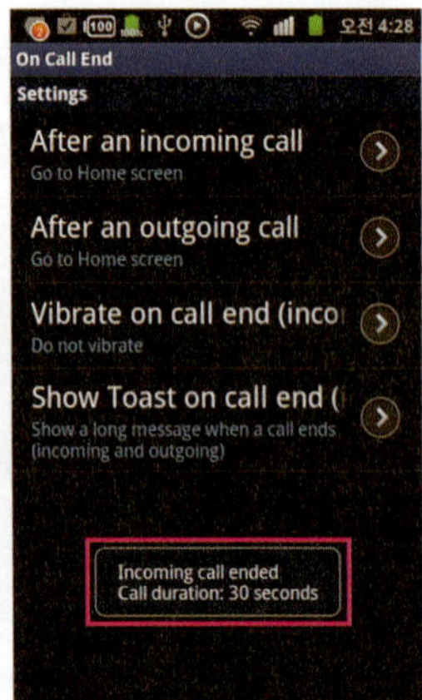

▲ Long Message

흔들어서 다른 폰과 파일 주고받기

'Bump'를 사용하면 두 개의 폰을 서로 살짝 부딪혀 파일을 전송할 수 있습니다. T 스토어와 마켓에서 모두 무료로 받을 수 있으며 마켓에 등록된 것은 어플도 전송할 수 있지만 실제로 어플 파일을 전송하는 것이 아니라 어플에 대한 마켓 링크를 보내는 것에 불과하므로 T 스토어 버전으로 살펴보겠습니다.

01 T 스토어에서 받은 Bump는 한글 버전이므로 친숙한 느낌을 받을 수 있습니다. 두 대의 안드로이드 폰에 Bump를 설치하고 모두 메인 메뉴에서 Bump를 터치합니다.

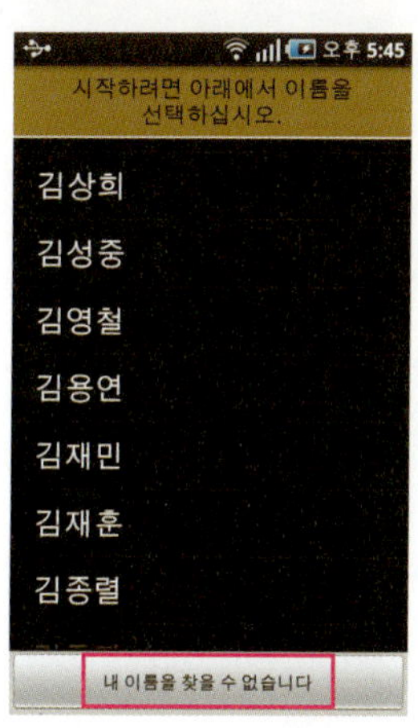

02 범프가 실행되면서 먼저 이름 선택 화면이 나타납니다. 범프로 파일을 전송하면 전송한 사람의 이름이 상대방에게 표시되므로 자신의 이름을 선택해야 합니다. 하지만 일반적으로 폰의 연락처에 자신의 이름과 전화번호 등을 입력해 놓는 경우는 거의 없을 것이므로 아래에 있는 [내 이름을 찾을 수 없습니다] 버튼을 터치합니다.

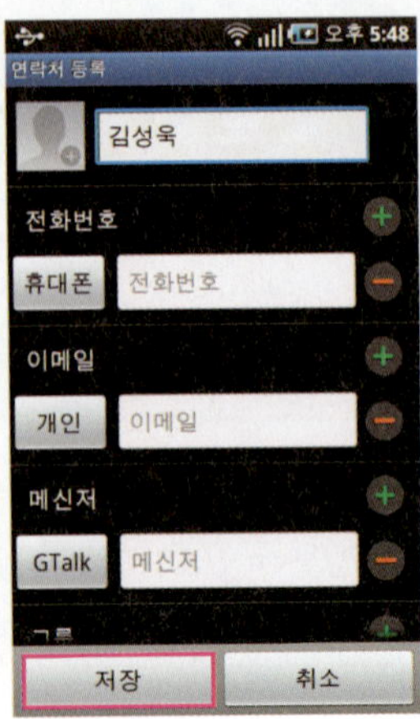

03 연락처 만들기 창이 나타나면 [휴대폰]을 터치합니다. 자신의 이름과 전화번호 등을 입력하고 [저장] 버튼을 터치합니다.

04 T 스토어의 한글판 범프에서는 3가지 유형의 파일을 전송할 수 있습니다. 사진 파일을 전송하는 경우를 살펴보겠습니다. 파일을 전송하려는 폰의 범프 실행 화면 상단의 탭에서 [이미지 파일]을 터치합니다.

05 파일 선택을 위해 [사진 첨부] 버튼을 터치합니다. 폰에 저장된 사진 파일들이 나타납니다. 전송할 파일을 터치하면 체크 표시가 나타나 선택되었다는 것을 표시합니다. 이어서 [첨부] 버튼을 터치합니다.

06 선택한 파일이 목록에 표시됩니다. 이 상태에서 두 대의 폰을
동시에 살짝 흔들어줍니다.

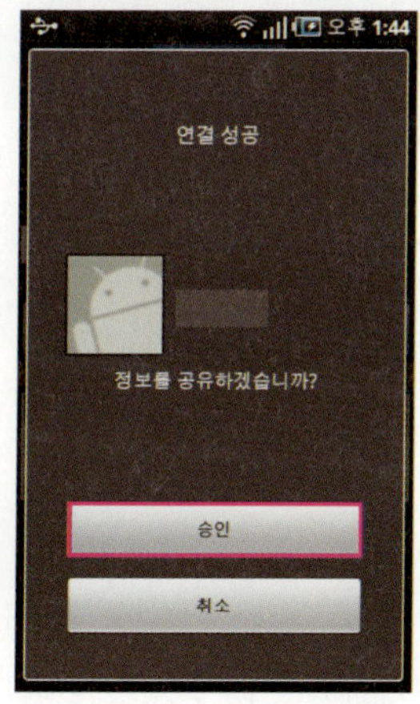

07 양쪽에 모두 연결에 성공했다는 메시지가 나타나면 [승인] 버
튼을 터치합니다. 파일이 전송됩니다. 수신된 폰의 갤러리에 들어
가면 새로 받은 이미지가 나타나는 것을 볼 수 있을 것입니다. 물
론, 연락처를 보냈다면 수신된 폰의 연락처를 열어 새로 받은 연락
처를 확인할 수 있습니다.

쓱쓱 밀면 문자가 입력된다

'밀기글'이라는 어플은 이름처럼 키보드의 문자를 밀어서 문자가 입력되도록 합니다. 처음엔 다소 어색할 수 있으나 어느 정도 적응되면 빠르고 편리하게 문자를 입력할 수 있습니다. 마켓에서 무료로 받을 수 있습니다.

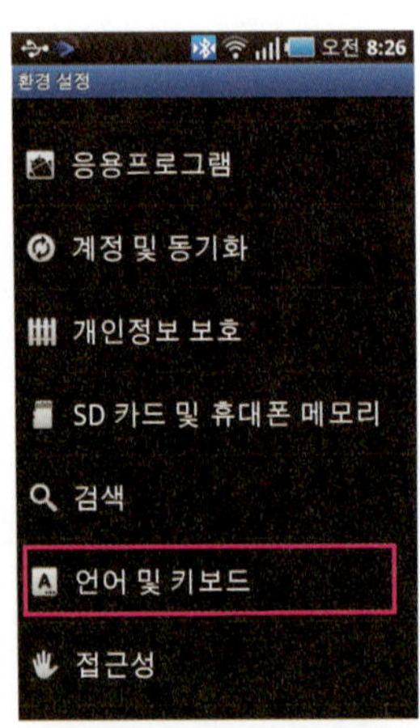

01 마켓에서 '밀기글'로 검색하여 설치한 다음 홈 화면에서 메뉴 버튼을 누르고 [설정]을 터치하거나 메인 메뉴에서 환경 설정 아이콘을 터치하여 환경 설정 메뉴를 열고 [언어 및 키보드]를 터치합니다.

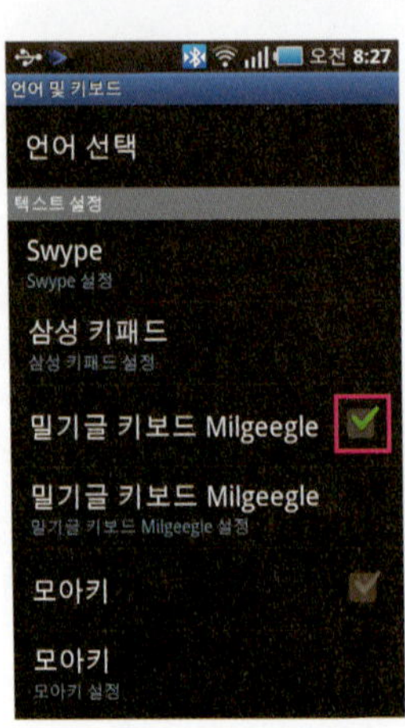

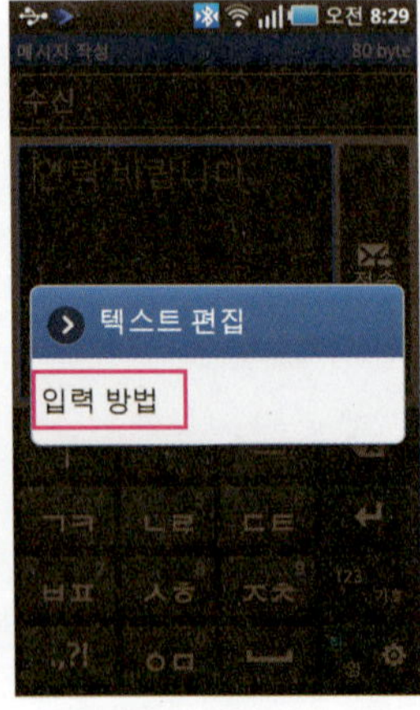

02 설치되어 있는 키보드 목록이 나타납니다. [밀기글 키보드 Milgeegle]을 터치하여 체크 표시가 나타나도록 합니다. 이어서 문자 메시지나 검색창 등, 문자를 입력할 수 있는 어플을 실행하고 문자 입력란을 길게 터치하고 [입력 방법]을 선택합니다.

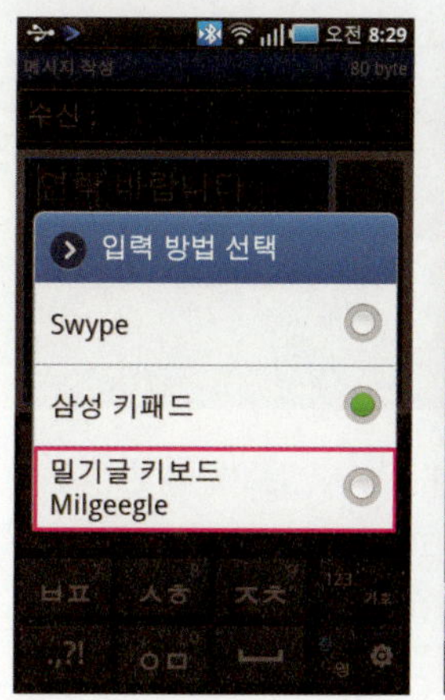

03 사용할 수 있는 입력 방법 목록이 나타납니다. [밀기글 키보드]를 선택하면 키보드가 밀기글 키보드로 바뀌어 나타납니다.

04 밀기글 키보드는 다음과 같은 방식으로 사용합니다. 'ㄱ'의 경우를 예로 들어보겠습니다. 실제로 사용해보면 굳이 설명이 필요없을 정도로 금방 파악할 수 있습니다. 처음에는 다소 어색할 수 있으나 조금만 숙달되면 매우 빠른 속도로 문자를 입력할 수 있는 훌륭한 키보드입니다.

- 'ㄱ'를 우측으로 밀면 '가', 좌측으로 밀면 '거', 위로 밀면 '고', 아래로 밀면 '구'가 입력됩니다.
- 'ㄱ'을 연속해서 우측으로 밀면 '갸', 좌측으로 밀면 '겨', 위로 밀면 '교', 아래로 밀면 '규'가 입력됩니다.
- 'ㄱ'을 우측으로 민 다음, 위에서 아래로 밀면 '개', 위로 민 다음, 우측으로 밀면 '과'가 입력됩니다.
- 우측 하단의 자판은 미는 방향에 따라 한글, 숫자, 영문, 특수 문자 키보드로 이동할 수 있으며 한글 키보드 상태에서 우측으로 밀면 모음 키패드가 나타나 'ㅠㅠ' 같은 문자를 입력할 수 있습니다.
- '하하'와 같은 문자를 연속으로 입력하려면 '하'를 입력한 다음, [다음글 입력] 버튼을 누른 후 다시 '하'를 입력해야 합니다.
- 좌측 하단의 [M] 버튼을 아래로 밀면 키보드를 감출 수 있으며 입력란을 누르면 다시 나타납니다. 또한 [M] 버튼을 누르면 사용법이나 설정 등의 메뉴를 열 수 있습니다.

강력한 홈 런처로 멋진 나만의 홈 화면 만들기

안드로이드 폰에서 기기의 [홈] 버튼을 눌렀을 때 나타나는 홈 화면은 기기의 종류에 따라 다소 상이한 인터페이스와 조작 방식, 기능들을 가지고 있는데 'Go 런처 EX'는 무료임에도 불구하고 일반적인 홈 화면에 비해 더욱 편리하고 다양한 기능을 사용할 수 있습니다.

01 'Go 런처 EX'가 설치된 다음 기기의 [홈] 버튼을 누르면 어느 응용 프로그램을 사용할 것인지 묻는 화면이 나타납니다. 기본적으로 하나의 홈 런처가 설치되어 있는데 또 다른 런처를 설치하였기 때문입니다. [홈] 버튼을 누를 때마다 이 화면이 뜨는 것이 귀찮을 것이므로 아래에 있는 체크 박스를 눌러 체크 상태로 나타나게 하고 'GO 런처 EX'를 터치합니다.

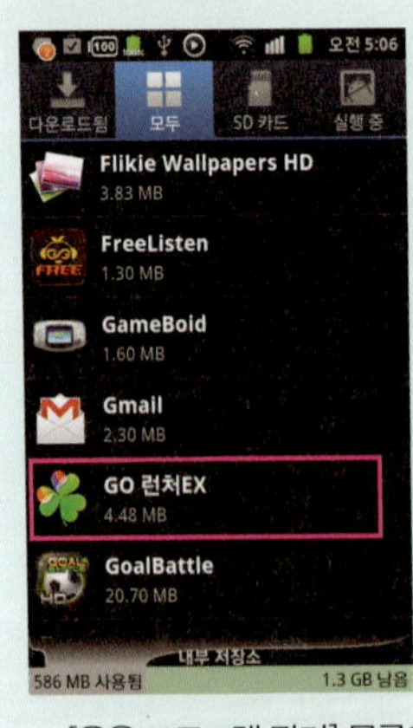

▲ [응용 프로그램 관리] 목록에서 [Go 런처 EX]를 터치

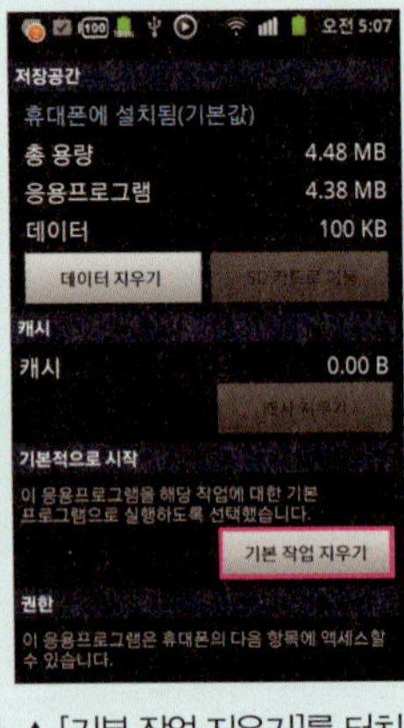

▲ [기본 작업 지우기]를 터치

돌핀 브라우저 HD를 설치했을 때 설명한 것처럼 동일한 기능을 수행하는 또 다른 어플이 설치된 경우, 어느 것을 사용할 것인지 묻는 화면이 나타나게 됩니다. 기본값으로 사용할 어플을 지정한 후, 다시 원래대로 다른 어플을 선택할 수 있게 하려면 기기의 환경 설정 메뉴에서 [응용 프로그램]-[응용 프로그램 관리]의 순으로 들어가 Go 런처 EX를 찾아 [기본 작업 지우기] 버튼을 터치합니다.

02 Go 런처 EX의 홈 화면이 나타납니다. 일반적인 홈 화면과 마찬가지로 좌우로 드래그하여 다른 페이지로 이동할 수 있으며 두 손가락을 바깥쪽에서 안쪽으로 드래그하면 페이지 편집 화면이 나타나게 됩니다. 편집 화면에서 원하는 페이지를 터치하면 곧바로 해당 페이지로 이동할 수 있으며 각 페이지 우측 상단의 X 표를 터치하면 페이지를 삭제할 수 있습니다. 또한 맨 뒤에 + 표시가 있는 페이지를 터치하면 페이지를 추가할 수도 있습니다.

03 기기의 [뒤로 가기] 버튼이나 특정 페이지를 터치하여 다시 원래의 홈 화면으로 돌아와 기기의 [메뉴] 버튼을 누르면 여러 메뉴 아이콘들이 나타납니다. 먼저 위젯을 추가하기 위해 [스크린에 추가]를 선택하고 [스크린에 추가]창이 나타나면 [위젯]을 터치합니다.

홈 화면의 바탕 영역을 길게 터치해도 [스크린에 추가] 창을 열 수 있습니다.

04 위젯 목록이 나타나면 원하는 위젯을 터치합니다. 기본적으로 포함되어 있는 [검색] 위젯을 터치해보았습니다. 홈 화면에 해당 위젯이 추가되어 나타납니다.

 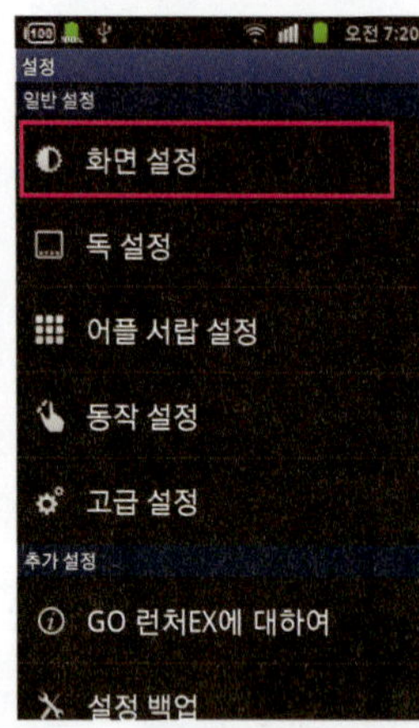

05 다시 기기의 [메뉴] 버튼을 누르고 [설정]을 선택하면 Go 런처의 다양한 설정을 위한 설정 화면이 나타납니다. [화면 설정]을 터치합니다.

[메뉴] 버튼을 눌렀을 때 나타나는 [시스템 설정]은 기본 홈 화면의 [환경 설정]에 해당합니다. Go 런처에 대한 환경을 설정하려면 [설정]을 선택합니다.

06 홈 화면 형태에 대한 여러 설정 항목들이 나타납니다. 한글로 간단한 설명이 나타나므로 쉽게 이해할 수 있을 것입니다. Transition effect는 홈 화면에서 페이지를 드래그하여 페이지가 전환될 때의 효과를 선택할 수 있습니다. 원하는 항목을 선택하고 홈 화면으로 돌아가 직접 독특한 효과를 체험해보기 바랍니다.

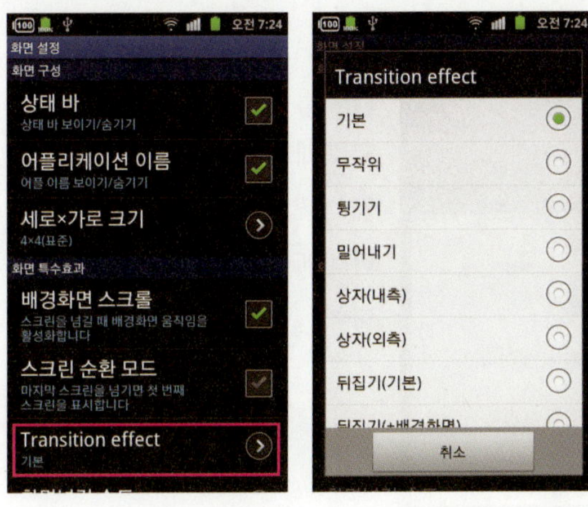

07 설정 메뉴에서 [독 설정]을 터치하면 독의 스타일이나 독의 배경, 개수 등을 지정할 수 있습니다. 역시 기본적인 홈 런처에서는 볼 수 없는 독특한 기능입니다. 기본적으로 독 개수는 '3'으로 지정되어 있습니다. 이것은 독에 포함할 수 있는 아이콘 개수를 의미하는 것이 아니라 화면에 표시되는 독의 개수를 의미합니다. 독을 드래그하면 다른 독 아이콘들이 나타나게 됩니다.

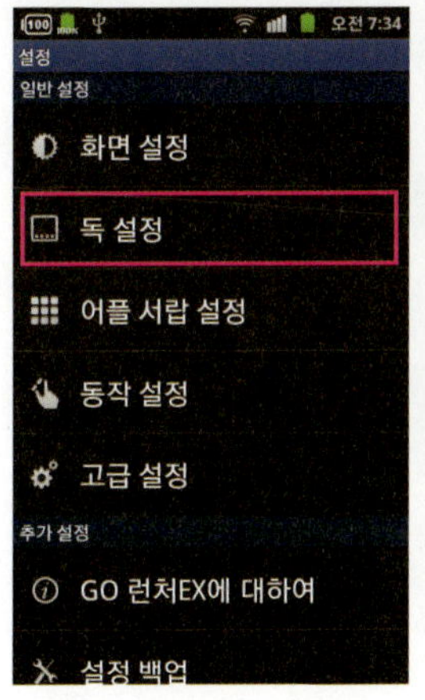 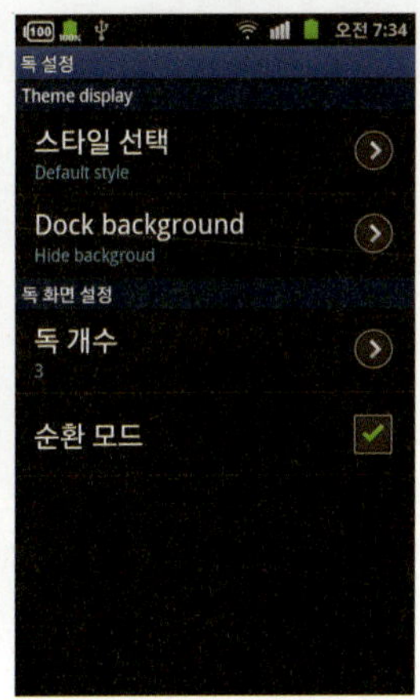

홈 화면의 어느 페이지로 이동하더라도 동일하게 나타나는 고정 영역을 의미합니다. 따라서 자주 사용하는 어플을 독에 등록해 놓으면 어느 곳에서나 한 번에 실행할 수 있으므로 편리합니다.

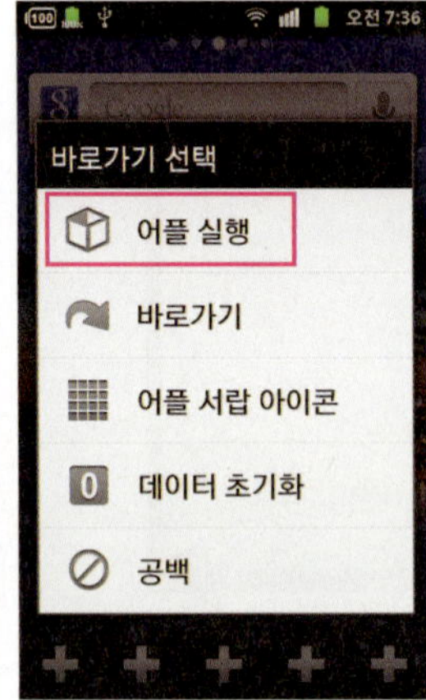

08 홈 화면에서 독을 가로 방향으로 드래그하고 '+' 표시의 아이콘을 터치하면 [바로가기] 선택 화면이 나타납니다. 독에 추가할 어플을 지정하려면 [어플 실행]을 터치합니다.

▲ '갤러리' 터치

▲ 독에 등록된 '갤러리' 어플 아이콘

09 어플 목록이 나타납니다. 원하는 어플을 터치하면 해당 어플 아이콘이 독에 등록되어 어느 페이지에서든 간단히 실행할 수 있습니다.

10 원하는 어플 아이콘을 홈 화면에 등록하려면 독의 첫 번째 페이지에 있는 [어플 서랍] 아이콘을 터치하여 어플 서랍을 열고 어플 아이콘을 길게 터치하여 아이콘들이 'X'표가 붙은 채로 흔들거리면 화면 하단의 [데스크 탑으로 이동]이라고 표시된 부분으로 드래그합니다.

Smart Tip 어플 서랍에서 어플 삭제하기

어플 서랍에서 아이콘을 길게 터치했을 때 아이콘 위에 나타나는 'X' 부분을 터치하면 어플을 삭제할 수 있습니다. 아이폰과 같은 방식으로 편리하게 어플을 삭제할 수 있는 것입니다.

11 홈 화면의 페이지들이 편집 형태로 나타납니다. 아이콘이 등록될 페이지로 드래그한 다음 손을 떼면 해당 페이지에 아이콘이 등록됩니다.

12 홈 화면에 등록된 아이콘을 길게 터치한 다음, 드래그하면 원하는 곳으로 이동시킬 수 있으며 다음과 같이 추가로 메뉴가 나타납니다. [아이콘]을 선택하면 아이콘을 변경할 수 있으며 [삭제]를 선택하면 아이콘을 삭제할 수 있으며 [설치 제거]를 선택하면 어플을 삭제할 수 있습니다. [이름 수정]을 선택하면 이름 수정을 위한 화면이 나타나 원하는 이름으로 변경할 수 있습니다. 어플 이름이 길면 뒷부분이 잘리게 되어 미관상 좋지 않으므로 간략하게 변경해줌으로써 더욱 깔끔한 홈 화면을 만들 수 있습니다.

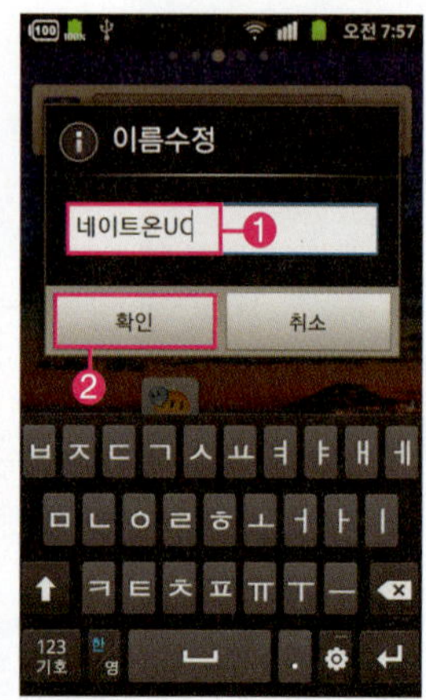

Smart Tip **간단하게 아이콘 삭제하기**

홈 화면의 아이콘은 메뉴를 사용하지 않고 길게 터치한 상태에서 곧바로 화면 하단의 휴지통 모양의 아이콘 위로 드래그하여 삭제할 수도 있습니다.

13 Go 런처는 다양한 테마를 통해 간단하게 전체적인 분위기를 바꿀 수 있습니다. [메뉴] 버튼을 누르고 [Themes]를 선택합니다. [나의 테마] 화면이 나타납니다. 목록에 [Download]라고 표시된 테마는 유료 테마들이므로 Go 런처의 모든 테마 목록을 보기 위해 [테마 다운로드]를 터치합니다.

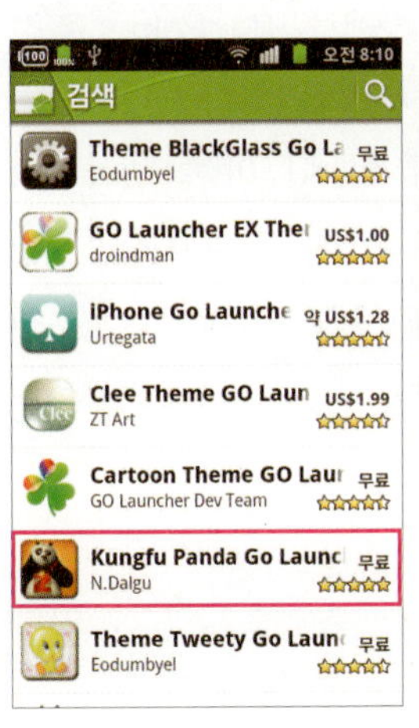

14 마켓을 통해 Go 런처 테마 목록이 나타납니다. 무료 테마 중 하나를 선택하여 설치합니다.

15 다시 [나의 테마] 화면을 열어보면 설치된 테마가 나타납니다. 테마를 터치하고 메뉴에서 [적용]을 선택합니다. 잠시 후, 해당 테마가 적용된 홈 화면이 나타나게 됩니다. 배경 화면은 물론, 아이콘들까지 멋지게 바뀌는 것을 볼 수 있습니다.

아이폰처럼 폼 나게 폴더 만들기

홈 화면에 폴더를 만들고 비슷한 성격의 어플 아이콘들을 모아 두면 여러 페이지로 이동하지 않아도 다수의 어플을 간단하게 선택해 실행할 수 있습니다. 런처에서 만든 폴더는 다소 딱딱한 모습을 보여주지만 SiMi Folder 어플을 사용하면 아이폰 홈 화면의 폴더처럼 멋지게 꾸밀 수 있으며 편리하게 사용할 수 있습니다.

▲ 마켓의 'SiMi Folder Widget'

▲ 위젯을 선택

01 마켓에서 'SiMi Folder'로 검색하면 'SiMi Folder Widget'이 목록에 나타납니다. 이것을 받아 설치하고 홈 화면을 길게 터치하여 위젯 목록에서 'SiMi Folder 1x1'을 선택합니다.

02 폴더 선택 화면이 나타나면 Settings를 터치한 다음 폴더를 추가하기 위해 Add Folder를 터치합니다.

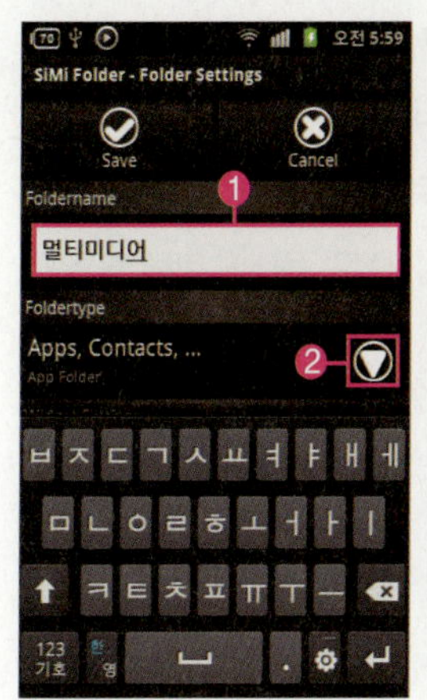

03 폴더 설정을 위한 화면이 나타납니다. 먼저 Foldername 란에 폴더에 담을 어플 종류에 따라 적절한 폴더 이름을 입력하고 Foldertype의 [Apps, Contacts] 부분을 터치한 다음, 폴더 타입 선택 화면에서 [App Folder]를 선택합니다.

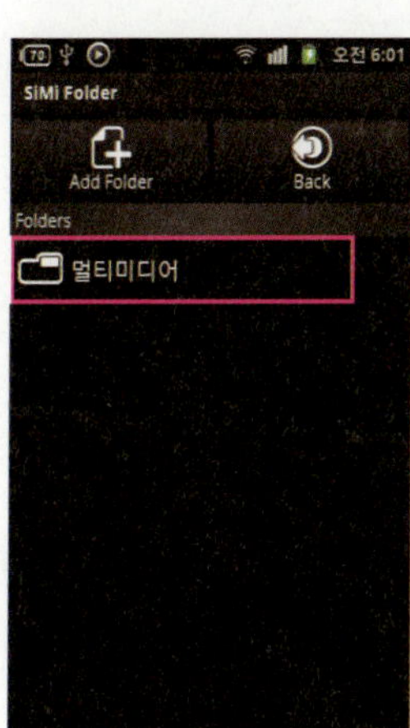
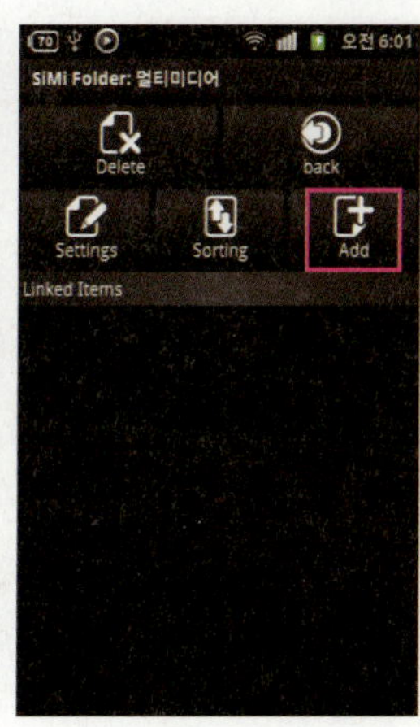

04 상단의 [Save] 버튼을 터치하면 이전 단계로 되돌아가며 지정한 이름을 가진 폴더가 생성되어 나타납니다. 이것을 터치하여 폴더 설정 화면이 나타나면 폴더에 담을 어플을 추가하기 위해 Add 버튼을 터치합니다.

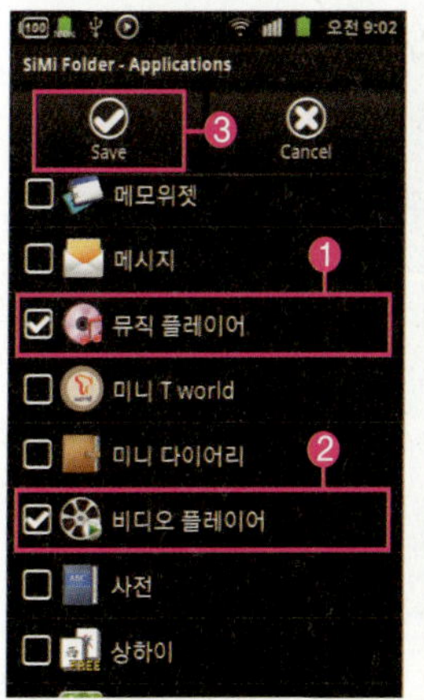
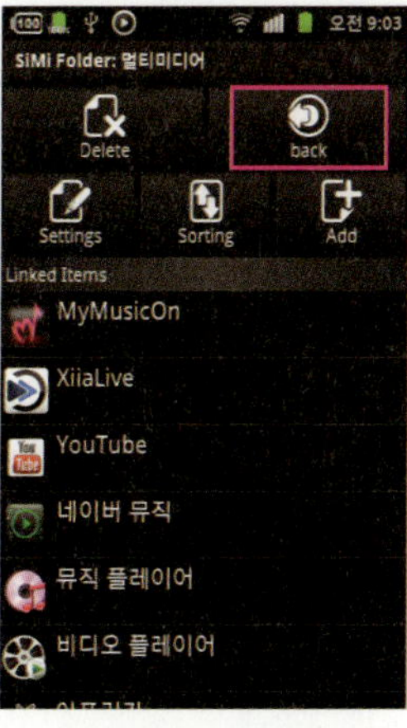

05 폰에 설치된 어플 목록이 나타납니다. 폴더에 등록할 어플들을 터치하여 선택한 다음, Save 버튼을 터치하면 선택된 어플들만 목록에 나타납니다. Back 버튼을 터치합니다.

06 기기의 [홈] 버튼을 누르면 홈 화면에 지정한 폴더 이름의 아이콘이 나타나며 이것을 터치하면 폴더에 등록한 어플 목록이 나타납니다. 등록한 어플이 많을 경우 가로로 드래그하여 다른 어플을 볼 수 있습니다. 런처를 통해 만든 일반적인 폴더에 비해 훨씬 멋진 모습을 보여줍니다.

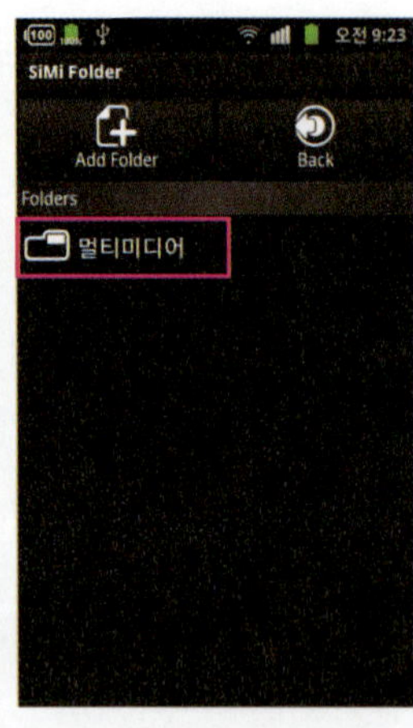

07 기본적인 상태가 마음에 들지 않는다면 다시 설정을 통해 적절히 바꿔주면 됩니다. 메인 메뉴(Go 런처를 설치했을 경우 '어플 서랍')에서 [SiMi Folder] 아이콘을 터치하여 실행하고 [Folders]와 앞에서 만들어둔 폴더를 차례로 터치합니다.

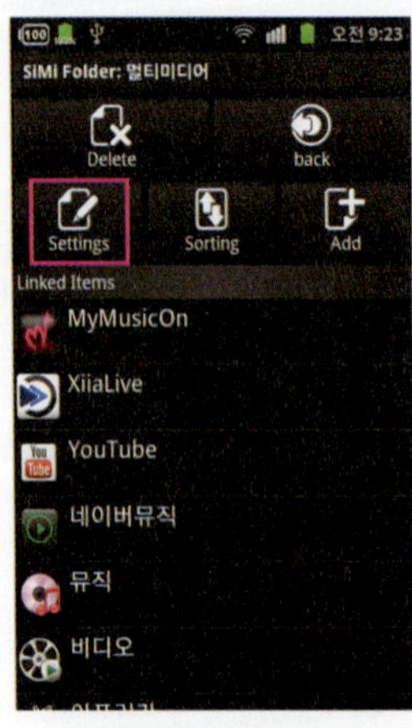

08 Settings를 터치하여 폴더 설정 화면이 나타나면 Widget Settings를 터치합니다.

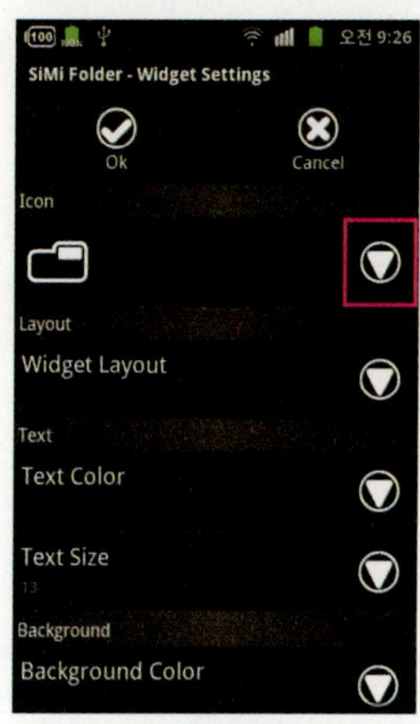
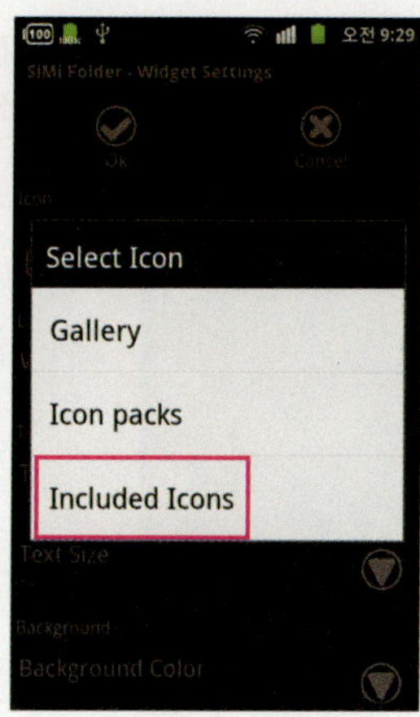

09 위젯 설정을 위한 여러 항목들이 나타납니다. Icon 항목을 선택하면 아이콘 선택 창이 나타납니다. Gallery나 Icon packs를 선택하면 더욱 멋진 아이콘을 지정할 수 있지만 적절한 아이콘이 없다면 Included Icons를 터치합니다.

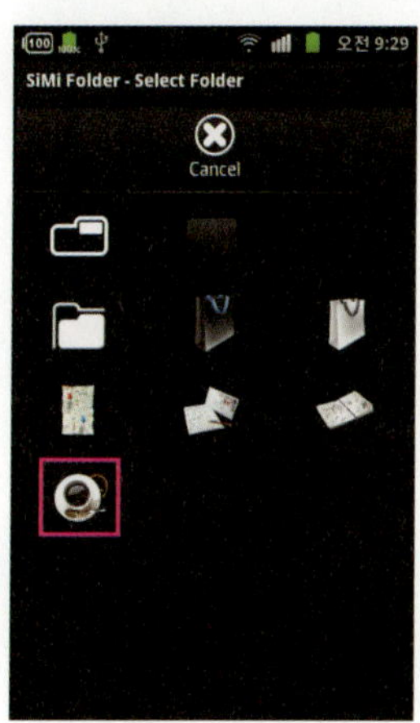
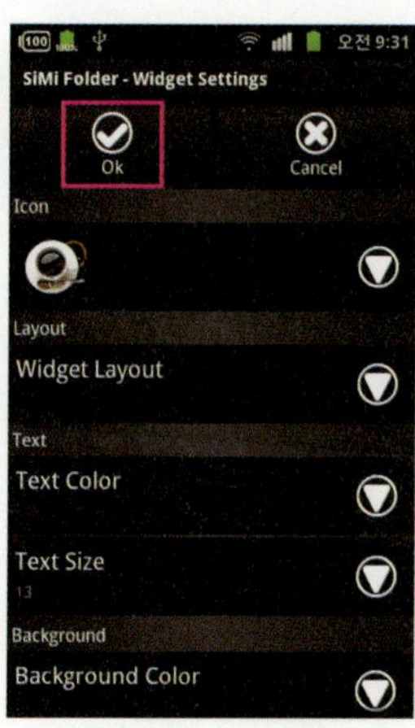

10 기본 아이콘이 단순하므로 마음에 드는 것 하나를 터치하여 지정하고 다시 위젯 설정화면이 나타나면 OK 버튼을 터치합니다.

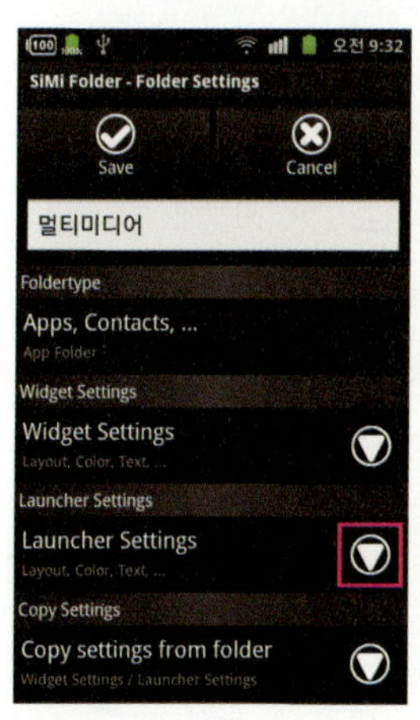
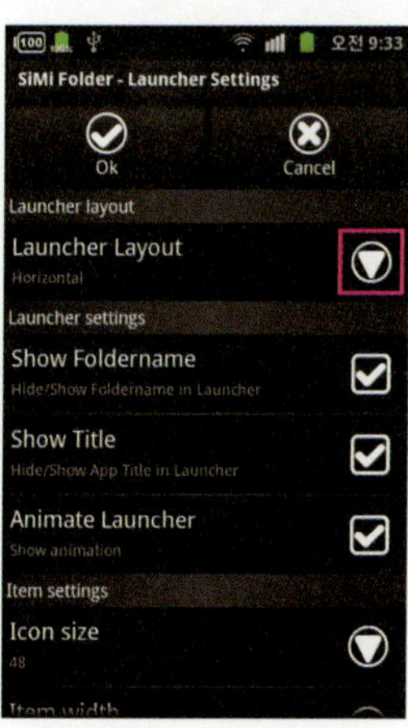

11 폴더 설정화면으로 되돌아옵니다. 이번에는 Launcher Settings를 터치하고 런처 설정 화면이 나타나면 Launcher Layout을 터치합니다.

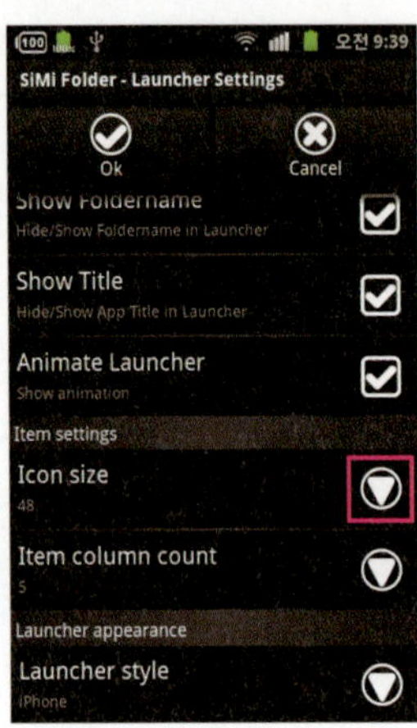

12 기본적으로 폴더내의 어플 아이콘들은 가로로 나타나므로 세로로 나타나게 하기 위해 Vertical을 터치하고 아이콘 크기를 설정하기 위해 Icon Size를 터치합니다.

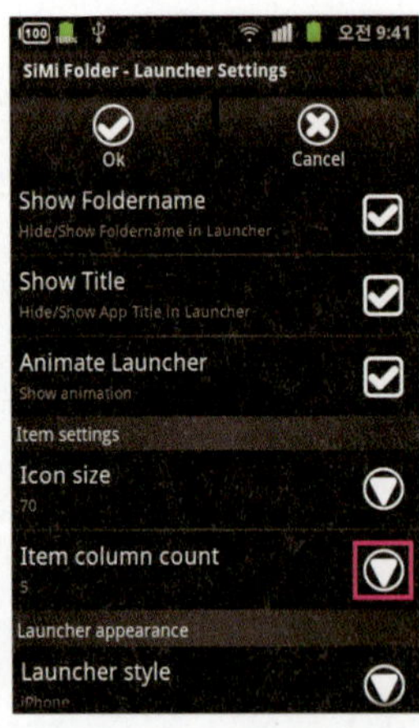

13 아이콘 크기를 '70'으로 변경하고 OK 버튼을 터치한 다음, Item column count를 터치합니다.

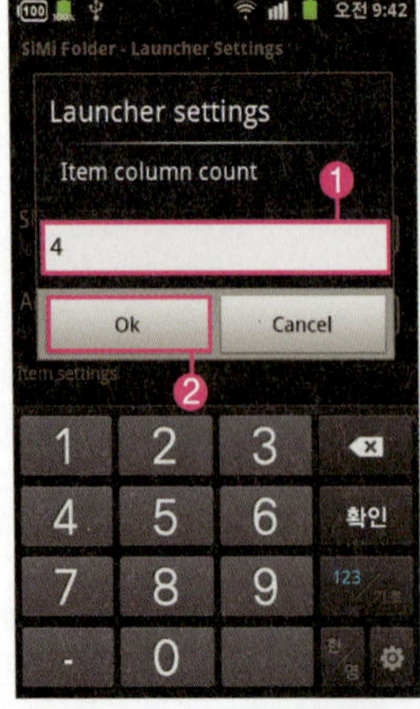
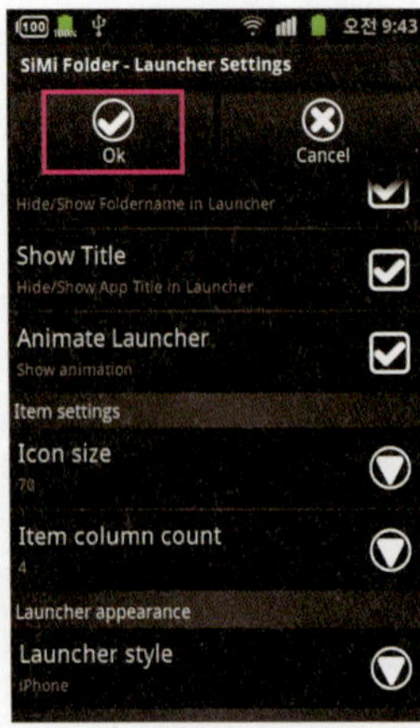

14 일반적인 홈 화면의 아이콘처럼 가로로 4개가 나타나도록 '4'로 변경하고 OK 버튼을 터치합니다. 이어서 런처 설정을 마치기 위해 OK 버튼을 터치합니다.

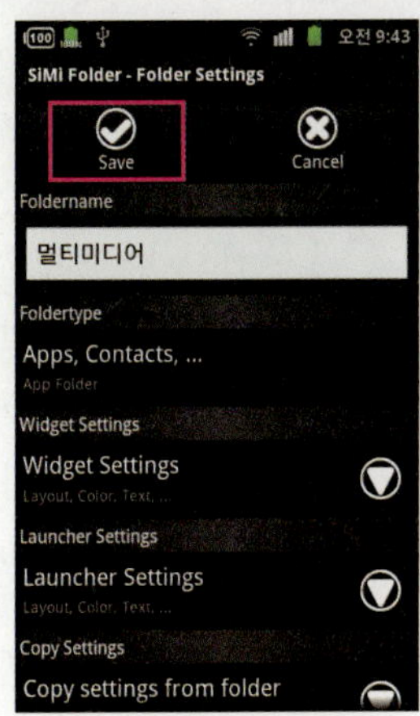

15 폴더 설정 화면으로 되돌아옵니다. 설정을 저장하기 위해 Save 버튼을 터치하고 기기의 [홈] 버튼을 눌러 홈 화면을 보면 폴더 아이콘이 변경되어 있는 것을 볼 수 있습니다. 폴더 아이콘을 터치합니다.

16 아이폰 홈의 폴더처럼 폴더 내의 아이콘들이 나타나게 됩니다. 마음에 들지 않는다면 다시 설정 화면을 통해 아이콘의 크기나 컬럼 수 등을 변경해주도록 합니다. 직접 어플 아이콘을 폴더 안으로 드래그하여 등록할 수 없고 설정 화면에서 선택해주어야 하는 점이 다소 번거롭지만 깔끔하게 폴더를 구성할 수 있다는 점에서 추천할 만한 어플입니다.

드롭박스 사용하기

인터넷 웹하드 서비스를 이용하면 부족한 저장 공간에 대한 고민을 해결할 수 있습니다. 컴퓨터와 폰에서 모두 접속할 수 있으므로 컴퓨터에서 올려놓은 파일을 폰에서 다운받아 사용하거나 그 반대의 경우도 가능합니다. 먼저 드롭박스에 대해 살펴보겠습니다.

01 마켓에서 'dropbox'로 검색해서 설치한 다음, 메인 메뉴에서 DropBox 아이콘을 터치하여 실행합니다. 회원으로 가입해야 사용할 수 있으므로 [I'm new to Dropbox] 버튼을 터치하고 이름과 성, 이메일 주소, 비밀번호 등을 입력하고 [Register for Dropbox] 버튼을 터치합니다. 비밀번호는 확인을 위해 같은 것으로 두 번 입력해줘야 합니다.

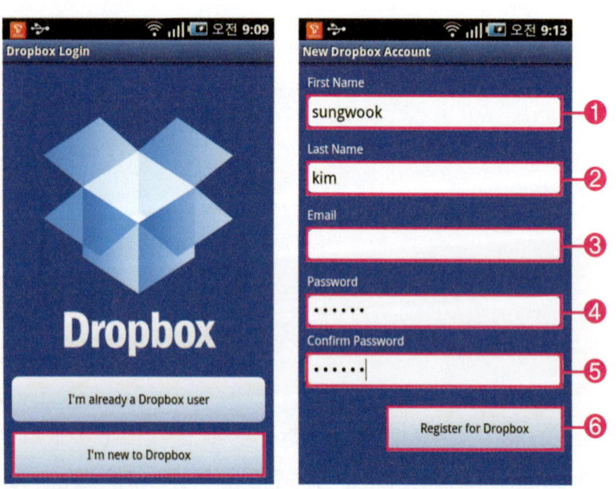

02 잠시 후, 계정이 생성되었다는 메시지가 나타나면 아무 버튼이나 터치하여 진행합니다. 계정의 루트 폴더가 나타납니다. 기본적으로 두 개의 폴더가 생성되어 있습니다. 기기의 [메뉴] 버튼을 누르고 [New]를 터치합니다. 무엇을 만들 것인지 선택할 수 있는 메뉴가 나타납니다. 새로운 폴더를 만들기 위해 [Folder]를 터치합니다.

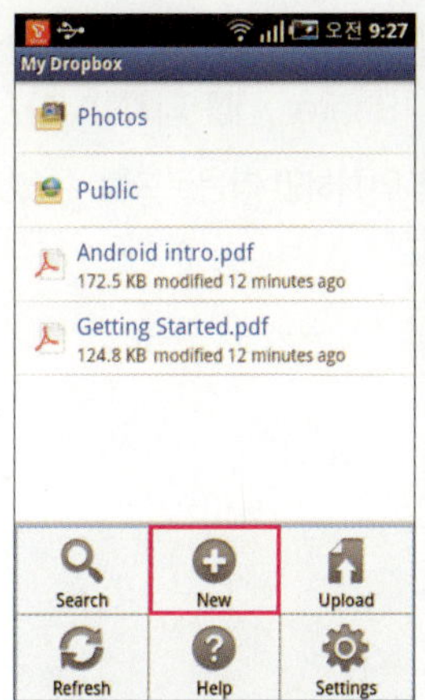

03 폴더의 이름을 입력할 차례입니다. 업로드할 파일의 성격에 맞게 적절한 이름을 입력하고 [Create] 버튼을 터치합니다. 이어서 새로 만든 폴더를 터치해 폴더 안으로 들어가 기기의 [메뉴] 버튼을 누르고 [Upload]를 터치합니다.

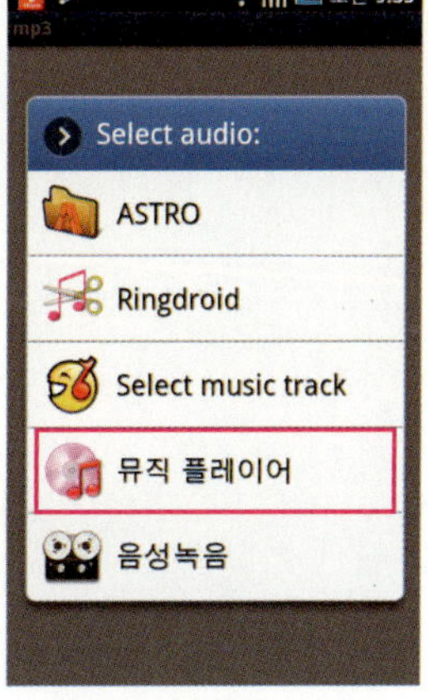

04 어떤 종류의 파일을 업로드할 것인지 묻습니다. mp3 파일을 업로드하려면 [Audio]를 터치합니다. mp3 파일 재생을 위한 여러 어플이 설치되어 있는 경우, 어떤 어플을 통해 열 것인지 선택할 수 있는 메뉴가 나타납니다. 기본 음악 재생 어플인 [뮤직 플레이어]를 선택해보겠습니다.

05 뮤직 플레이어가 실행됩니다. 업로드할 mp3 파일을 터치하고 잠시 기다리면 업로드된 파일이 나타납니다. 파일을 길게 터치하여 몇 가지 메뉴가 나타나면 [Share…]를 터치합니다. [Open]을 터치하면 해당 파일을 재생할 수 있으며 [Download]를 터치하면 다운로드할 수 있고 [Delete]를 터치하면 파일을 삭제할 수 있습니다.

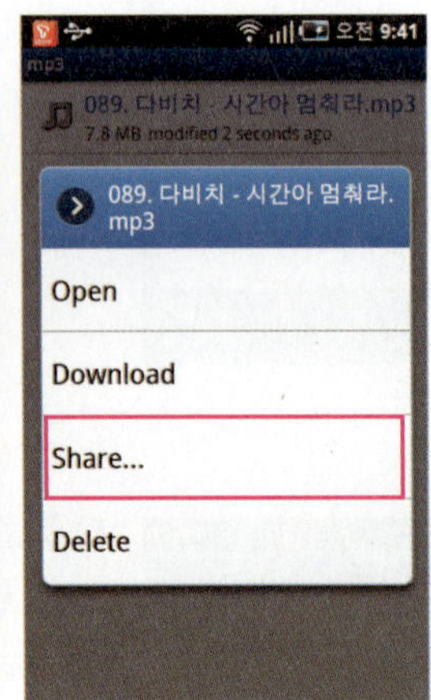

06 해당 파일을 다른 사람과 공유할 수 있는 수단이 나타납니다. Share a link는 파일에 대한 주소를, Share this file은 직접 파일을 다른 사람에게 보낼 수 있습니다. Copy a link는 파일에 대한 주소를 복사하므로 이메일이나 문자 메시지 등에서 붙여넣기를 통해 알려줄 수 있습니다.

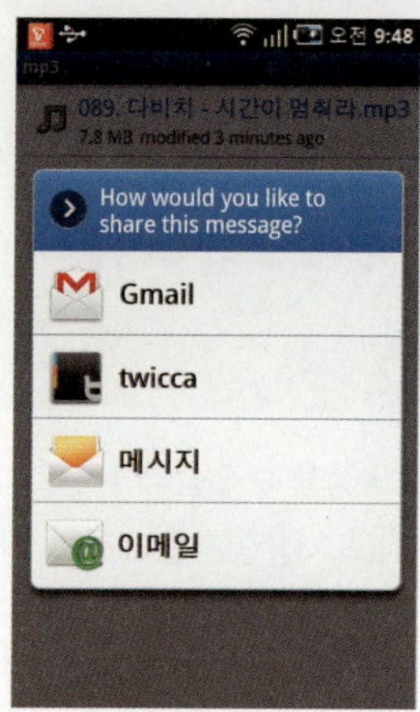

07 Share a link를 터치했을 때 나타나는 메뉴입니다. 어떤 방법으로 파일에 대한 주소를 알려줄 것인지 선택할 수 있습니다.

Smart Tip 컴퓨터에서 드롭박스 사용하기

드롭박스는 https://www.dropbox.com에 접속하면 컴퓨터에서 사용할 수 있는 드롭박스 프로그램을 다운로드할 수 있습니다. 따라서 컴퓨터를 통해 드롭박스에 접속해 파일을 올려놓고 필요할 때마다 폰에서 다운로드해가며 사용할 수도 있습니다.

N 드라이브 사용하기

네이버에서 제공하는 N 드라이버도 훌륭한 저장 공간으로 사용할 수 있습니다. 단일 파일당 4G Byte까지의 파일을 올릴 수 있으며 총 30G Byte의 저장 공간을 제공합니다. 또한 PC를 통한 파일 전송도 가능합니다.

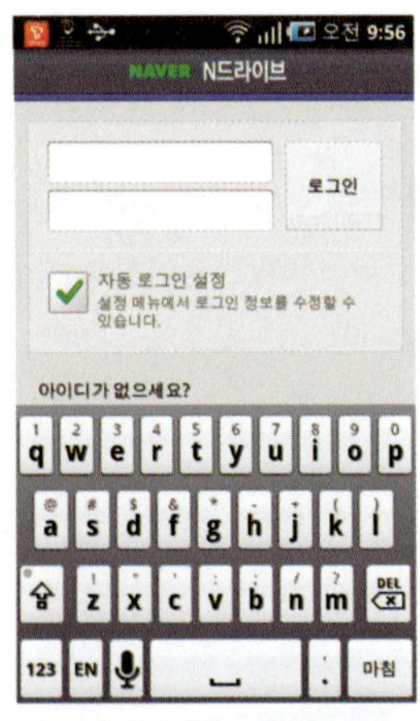

01 마켓에서 'N드라이브'를 검색하여 설치하고 메인 메뉴에서 [N드라이브] 아이콘을 터치해 실행합니다. 먼저 로그인 화면이 나타납니다. 자신의 네이버 아이디와 비밀 번호를 입력하고 [로그인] 버튼을 터치하여 N 드라이브에 접속합니다. 기본적으로 두 개의 폴더가 생성되어 있습니다. [내 그림]을 터치합니다.

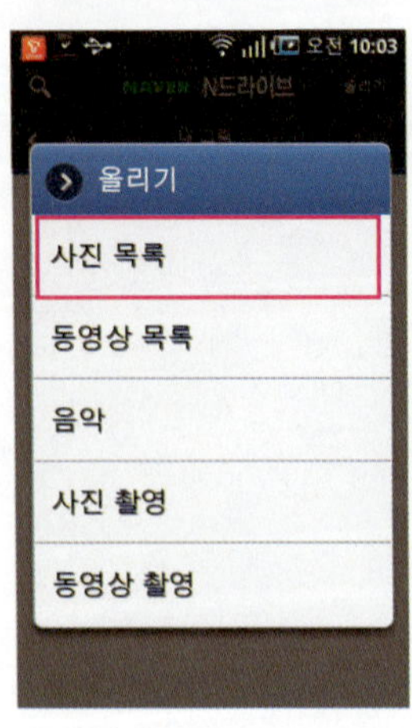

02 우측 상단에 있는 [올리기] 버튼을 터치하면 파일 유형 선택 메뉴가 나타납니다. [사진 목록]을 터치하면 아스트로 파일 관리자가 설치되어 있는 경우 그림과 같은 선택 메뉴가 나타납니다. 기본 갤러리를 선택하기 위해 [갤러리]를 터치합니다. 아스트로 파일 관리자를 비롯해 다른 그림 뷰어(Viewer) 프로그램이 설치되어 있지 않다면 곧 바로 기본 갤러리가 나타날 것입니다.

 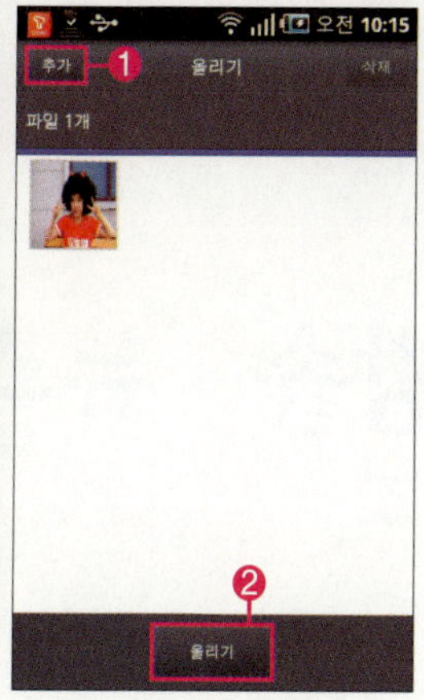

03 갤러리에서 올리고자 하는 파일을 터치합니다. 터치한 사진이 목록에 나타납니다. 좌측 상단의 [추가] 버튼을 터치하면 파일을 추가할 수 있습니다. 아래에 있는 [올리기] 버튼을 터치합니다.

04 파일이 전송되고 N 드라이브에 등록됩니다. 등록된 파일을 터치하면 파일의 내용이 나타납니다. 아래에 나타나는 여러 버튼을 통해 다른 사람과 공유하거나 내려받기, 삭제 등의 작업을 수행 할 수 있습니다.

> **Smart Tip** 컴퓨터에서 N 드라이브 접속하기
>
> 컴퓨터에서 네이버에 접속하고 N 드라이브에 들어가면 폴더를 생성하거나 네이버 오피스를 통해 곧 바로 새로운 문서를 만들 수도 있습니다. 또한 N 드라이브 탐색기를 다운받아 설치하면 일일이 웹브라우저를 통해 네이버에 접속하지 않아도 편리하게 N 드라이브의 파일들을 관리할 수 있습니다.

Part 3 방송 · 뉴스 어플

편리한 모바일 웹서핑을 위한 어플을 비롯하여 라디오 방송 청취나
뉴스 기사 구독 및 동영상 시청을 위한 여러 어플에 대해 살펴봅니다.
국내는 물론 해외 뉴스도 분야별로 손쉽고 빠르게 접할 수 있으며
증권 정보도 간편하면서도 다양하게 파악할 수 있게 될 것입니다.

분야별로 편리하게 즐기는 모바일 웹 서핑

모바일 웹이 분야별로 잘 정리되어 있어 주소를 몰라도 포털사이트를 비롯해 뉴스, 금융, 음악, 동영상, 만화, 맛집, 카페 등에 쉽게 접속할 수 있습니다. 편리한 모바일 인터넷을 위한 필수 어플로서 '아이스타트'로 검색하면 '모바일 웹의 시작'이라는 제목으로 검색 결과가 나타납니다.

01 아이스타트를 실행하면 다양한 분류의 아이콘이 나타납니다. 좌/우로 드래그하여 페이지를 이동할 수 있으며 각 아이콘은 안드로이드 폰의 홈 화면이나 메인 메뉴의 아이콘처럼 길게 터치한 다음 드래그하여 위치를 이동시킬 수도 있습니다.

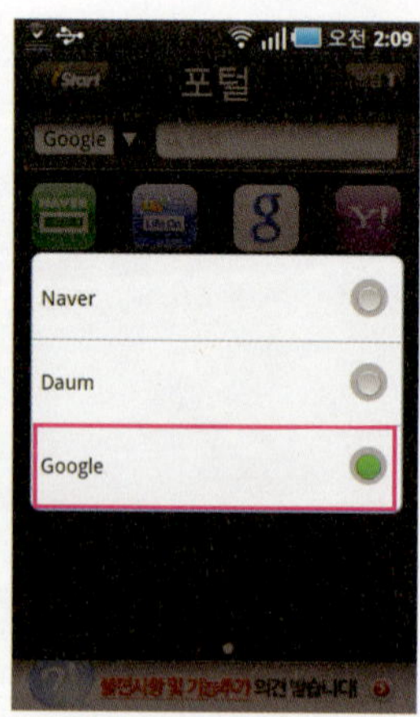

02 아이콘을 터치하면 해당 분류에 속한 웹 목록이 나타납니다. 검색을 위한 기본 포털 웹 사이트를 지정하려면 상단 좌측에 있는 목록 버튼을 터치합니다. 세 군데 웹 중에서 선택할 수 있습니다.

▲ [포털] 아이콘을 터치한 경우 나타나는 웹 목록

03 검색창을 터치하면 별도의 검색창이 나타나며 검색어를 입력하고 검색 버튼을 터치합니다. 지정된 웹 사이트를 통해 검색 결과가 나타납니다.

04 여러 분류를 통해 많은 웹들이 포함되어 있으므로 복잡해 보입니다. 따라서 자주 가는 웹은 마이웹에 추가해 놓는 것이 편리합니다. 마이웹은 일종의 즐겨찾기처럼 사용자가 따로 모아 놓은 페이지를 가리킵니다. 분류 중에서 하나를 터치해 웹 목록이 나타나도록 합니다.

05 아이콘을 길게 터치하여 화면 하단에 나타나는 ★표 부분으로 드래그합니다. 이렇게 드래그한 아이콘은 마이웹에 추가됩니다.

06 화면을 우측으로 드래그하면 가장 좌측 페이지인 마이웹 페이지가 나타납니다. 앞에서 추가해 놓은 아이콘이 나타나는 것을 볼 수 있습니다. 마이웹은 메인 페이지나 웹 페이지 어느 곳에서든 가장 좌측 페이지에 자리하고 있습니다.

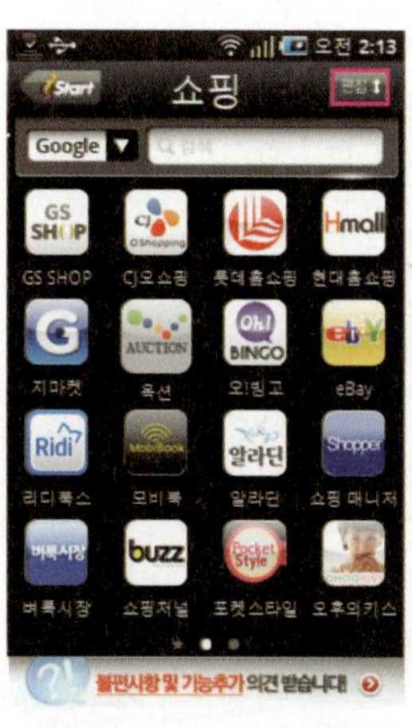

07 또 다른 방법으로 마이웹에 아이콘을 추가할 수 있습니다. 다시 웹 아이콘들이 있는 페이지로 돌아가서 화면 우측 상단에 있는 [편집] 버튼을 터치하면 아이콘들이 출렁거리며 나타납니다. 마이웹에 추가할 아이콘을 가볍게 한번 터치합니다. 터치한 아이콘은 잠시 사라졌다가 나타납니다.

08 화면 우측 상단의 [완료] 버튼을 터치한 다음 마이웹 페이지를 보면 터치한 아이콘들이 추가되어 있는 것을 볼 수 있습니다. 마이웹에 추가된 아이콘은 길게 터치한 다음, 화면 아래에 나타나는 휴지통 아이콘으로 드래그하여 삭제할 수 있습니다.

여러 라디오 방송국 청취를 하나로!
통합 인터넷 라디오

'R2Player'는 다이얼을 돌리듯이 여러 라디오 방송을 간편하게 전환해가면서 청취할 수 있는 무료 어플입니다. KBS FM을 비롯하여 극동방송, 교통방송, 평화방송 외 여러 라디오 방송을 청취할 수 있습니다. 데이터 사용량을 감안하여 가급적 Wi-Fi로 연결된 상태에서 사용하는 것이 좋습니다.

01 다운로드와 설치가 완료되면 메뉴에서 R2Player 아이콘을 터치합니다. 채널 선택 화면이 나타납니다. 채널은 여러 방법으로 선택할 수 있습니다. 편리한 방법을 사용하면 됩니다.

• 채널 눈금을 드래그합니다.
• 방송국 이름 좌우측의 화살표를 터치합니다.
• 다이얼 바깥 부분을 드래그합니다.

02 원하는 채널을 선택했다면 방송국 이름이나 프로그램 제목 우측의 화살표, 또는 다이얼 중앙을 터치합니다. 선택된 방송 청취 화면이 나타납니다. 하단의 메뉴를 통해 사연을 등록하거나 선택한 방송의 편성표, 현재 프로그램의 선곡표 등을 볼 수 있으며 트위터에 접속할 수도 있습니다.

▲ 현재 프로그램의 선곡표도 볼 수 있습니다.

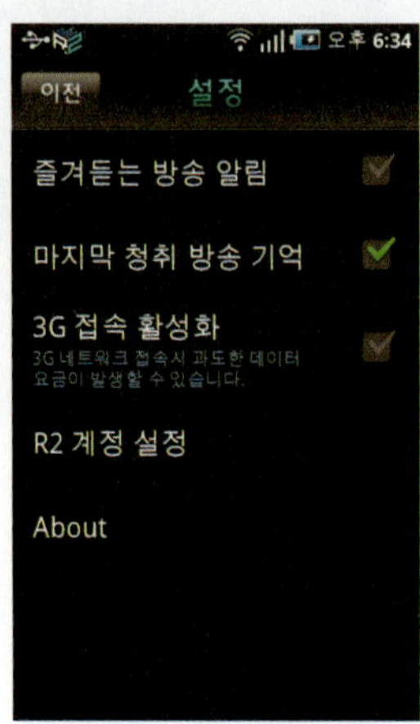

03 화면 우측 상단의 [설정] 버튼을 터치하면 추가 옵션을 설정할 수 있습니다. 3G 접속 상태에서 방송이 청취되지 않도록 하려면 [3G 접속 활성화] 옵션을 꺼두면 됩니다. 또한 채널 선택 화면이나 방송 청취 화면에서 기기의 메뉴 버튼을 누르면 [종료] 버튼이 나타나므로 편리하게 완전히 종료할 수 있습니다.

연합뉴스로 보는 최신 뉴스

'연합 뉴스' 어플은 실시간 속보를 비롯해 정치, 경제, 사회, 문화, 연예, 스포츠 등 다양한 분야별 최신 뉴스를 간편하게 볼 수 있습니다.

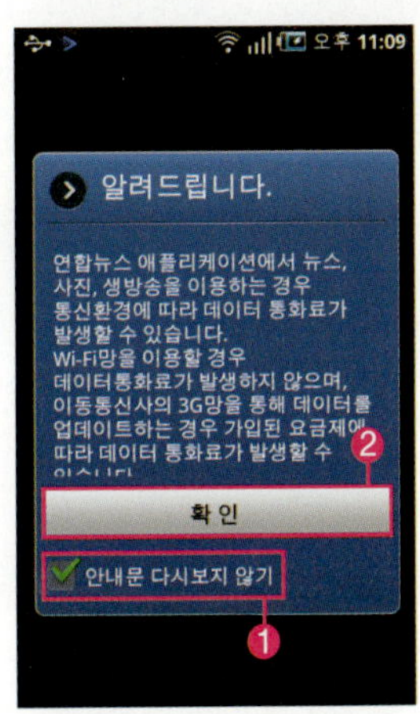

01 메인 메뉴에서 연합뉴스 아이콘을 터치합니다. 어플을 처음 실행하면 3G 망을 이용해 접속하는 경우 데이터 통화료가 발생할 수 있다는 안내문이 나타납니다. [안내문 다시 보지 않기]를 터치하여 체크 표시가 나타나도록 하고 [확인] 버튼을 터치합니다.

▲ 기사 목록을 터치

▲ 세부 기사가 나타납니다.

02 기본적으로 뉴스〉헤드라인 목록이 나타나게 됩니다. 목록을 터치하면 세부 기사를 볼 수 있습니다. 상단 우측의 화살표 버튼을 터치하여 같은 분류의 다른 기사로 바로바로 이동할 수 있습니다.

03 메인 화면에서 [사진] 탭을 터치하면 사진 목록이 나타납니다. 사진을 터치하면 해당 사진이 크게 나타나고 [캡션] 버튼을 터치해 기사도 함께 볼 수 있습니다.

▲ 사진 목록을 터치

▲ 사진과 기사를 함께 볼 수 있습니다.

04 사진 기사 화면 아래에서 가장 좌측에 있는 스크랩 버튼을 터치하면 해당 기사가 스크랩 되고 스크랩된 기사는 메인 화면에서 스크랩 탭을 터치해 볼 수 있습니다.

▲ 스크랩 탭을 터치

▲ 스크랩된 기사를 볼 수 있습니다.

생생한 뉴스도 동영상으로 보자

'ytn' 어플은 이름에서 알 수 있듯이 24시간 뉴스 방송으로 유명한 YTN 방송을 시청할 수 있는 어플로서 동영상 방송은 물론 다양한 기사도 살펴볼 수 있습니다. 전파를 통해 수신되는 DMB와 달리 장소에 대한 제약이 없고 화질도 좋은 편입니다.

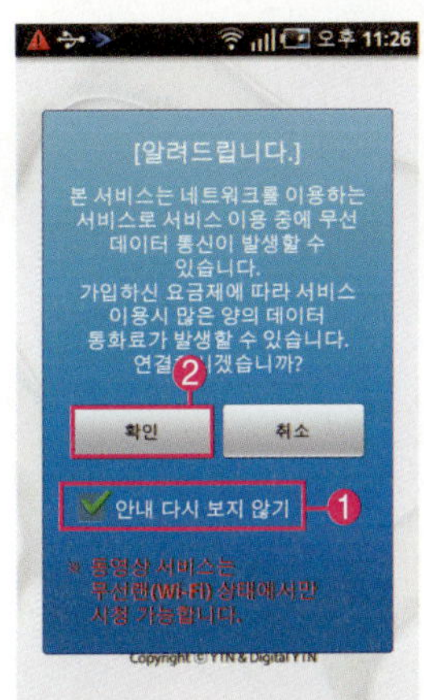

01 어플이 설치되면 메인 메뉴에서 YTN 아이콘을 터치합니다. 3G 접속 시 데이터 통화료가 발생할 수 있다는 안내문이 나타납니다. [안내 다시 보지 않기] 옵션을 터치하여 체크 표시가 나타나도록 하고 [확인] 버튼을 터치합니다. 동영상은 Wi-Fi 상태에서만 시청할 수 있다는 안내문도 보입니다.

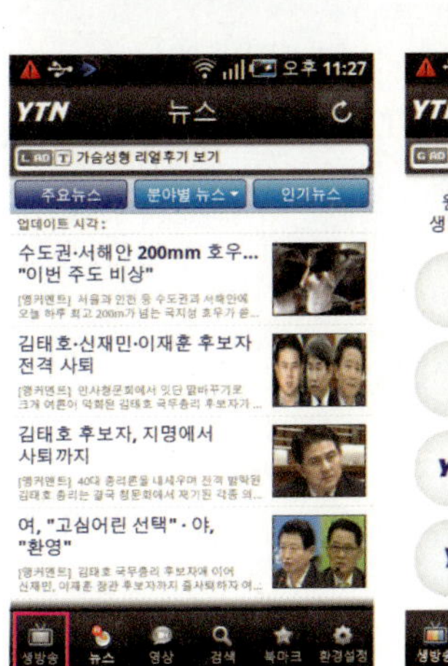

02 연합뉴스 어플과 유사하게 각 분야별로 기사를 터치해 살펴볼 수 있으며 [생방송] 아이콘을 터치하면 YTN 산하 여러 방송국 목록이 나타납니다. YTN 생방송 및 YTN DMB 생방송은 DMB를 지원하지 않는 폰에서 더욱 유용하게 사용될 것입니다.

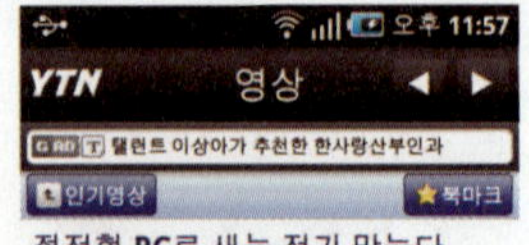

03 [영상] 탭을 터치하면 인기 영상을 비롯해 YTN만의 독특한 돌발 영상도 시청할 수 있습니다. 폰을 가로로 돌리면 더욱 큰 영상으로 시청할 수 있습니다.

BBC와 NewYork Times로 세상의 흐름도 한 눈에!

'bbc news'는 너무나도 유명한 영국 방송사인 BBC의 뉴스를 볼 수 있는 어플입니다. 같은 이름으로 여러 어플이 검색되는데 개발자 이름이 Jim Blackler로 표시된 것을 받으시는 것이 좋습니다. 'Newyork times'는 뉴욕 타임즈를 손쉽게 구독할 수 있는 어플입니다.

01 BBC News 어플을 실행하면 헤드라인이 먼저 나타납니다. 기사 목록을 터치해 상세 기사 내용을 볼 수 있습니다. 기사 본문에서는 멀티 터치도 지원하므로 손가락으로 확대/축소해 볼 수 있습니다.

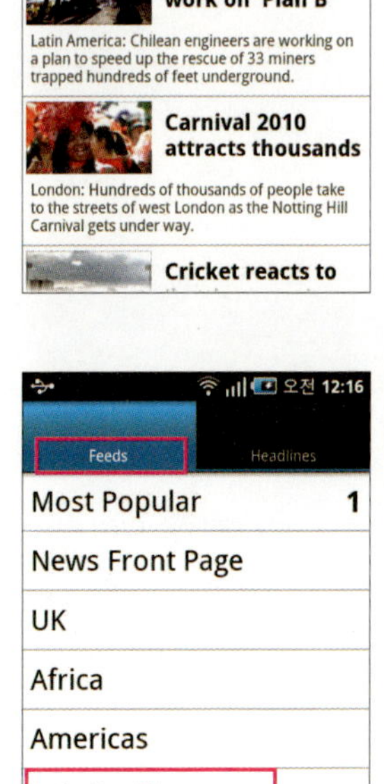

02 상단의 Feeds 탭을 터치하면 지역별, 분류별로 기사를 볼 수 있습니다.

▲ Asia-Pacific 분류에 있는 한국 관련 기사

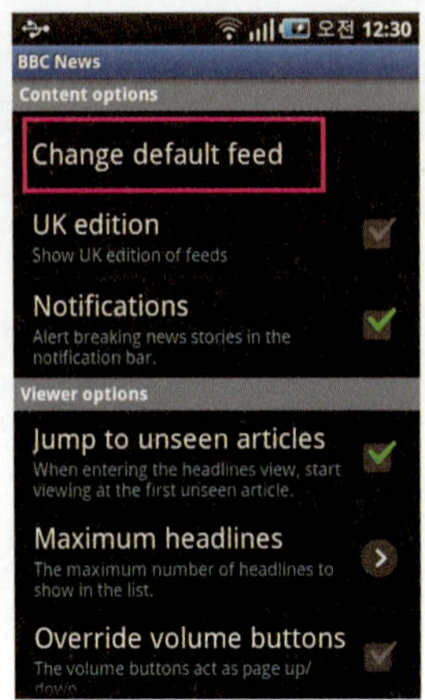

03 기기의 [메뉴] 버튼을 누르고 [Preferences]를 선택합니다. 환경 설정 옵션들이 나타나면 Change default feed를 터치합니다.

04 기본적으로 나타날 지역이나 분류를 선택할 수 있습니다. 아시아/태평양 지역 뉴스를 먼저 접하고 싶다면 Asia-Pacific을 터치합니다.

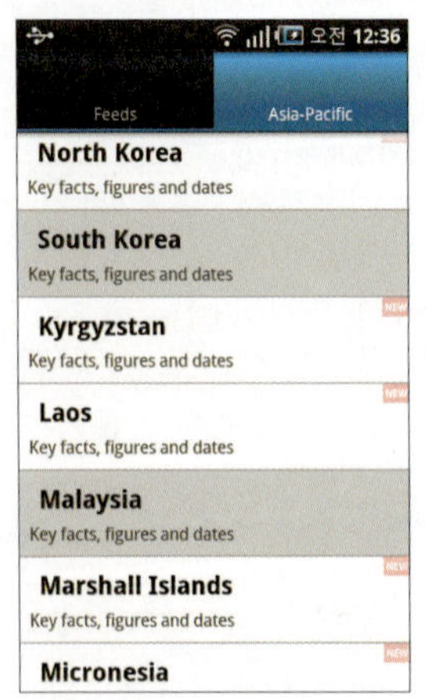

05 기기의 [뒤로 가기] 버튼을 누른 후, 상단 우측을 보면 탭에 Asia-Pacific이 기본적으로 지정되어 있는 것을 볼 수 있습니다. 또한 이 지역에 속한 각 나라별로 목록이 만들어져 보다 쉽게 원하는 기사를 볼 수 있습니다.

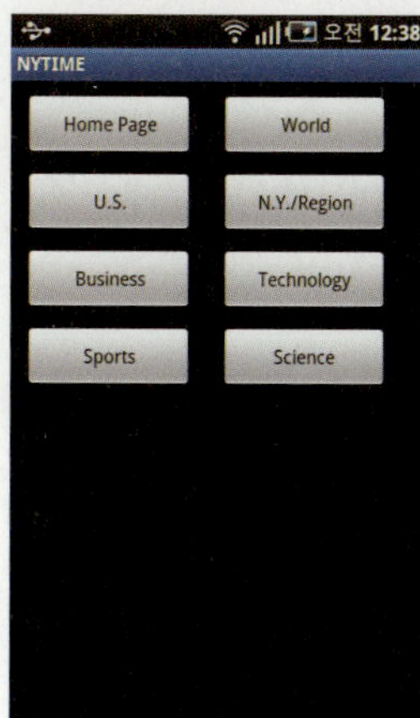

06 NewYork Times 어플을 설치한 후, 메인 메뉴에서 NYTIME 아이콘을 터치합니다. 초기화면에 홈페이지를 비롯해 여러 분류에 대한 버튼들이 나타납니다. 원하는 버튼을 터치하면 세부 분류가 나타나고 다시 원하는 분류를 선택하면 기사 목록이 나타납니다.

07 목록을 터치하면 인터넷 브라우저를 통해 뉴욕 타임즈 홈페이지의 해당 기사 페이지에 접속됩니다. 기기의 [뒤로 가기] 버튼을 눌러 다시 기사 목록으로 되돌아올 수 있습니다.

정평있는 최신 IT 기사 Engadget 구독하기

'engadget'은 휴대폰, 카메라, 노트북, 게임 등을 비롯한 다양한 IT 정보를 제공하는 Engadget 사이트를 쉽게 이용할 수 있는 어플입니다.

01 어플 설치가 완료되면 메인 메뉴에서 Engadget 아이콘을 터치합니다. 엔가젯 어플이 실행되면 engadget, imobile, engadgetHD 등의 분류를 통해 원하는 기사를 볼 수 있습니다. 일단 engadget을 터치합니다. 기사가 나타나면 우측 상단에 있는 ▼ 버튼을 터치합니다.

02 다른 분류 항목이 나타나므로 언제든 쉽게 해당 분류로 이동할 수 있습니다.

03 하단의 Videos를 터치하면 동영상 기사 목록이 나타납니다. 원하는 기사를 터치하면 동영상 재생 어플을 통해 해당 동영상이 재생됩니다.

▲ 동영상 기사 목록　　　▲ 동영상 재생

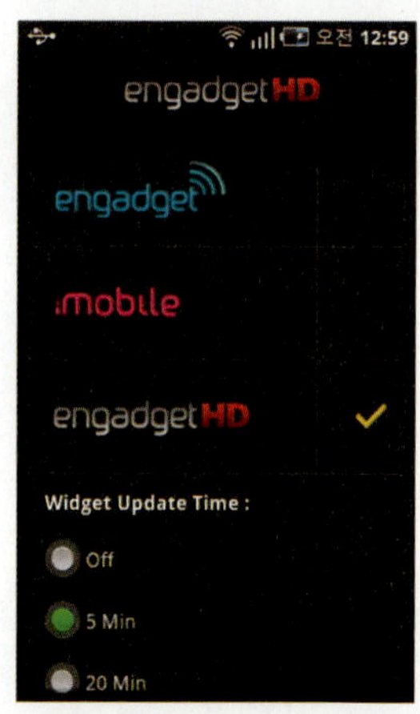

04 기기의 [뒤로 가기] 버튼을 누르면 다시 어플로 돌아올 수 있습니다. 기기의 [메뉴] 버튼을 누르고 [Settings]를 터치하면 Engadget을 실행했을 때 기본적으로 나타날 분류와 위젯에 기사가 업데이트되는 시간 간격을 설정할 수 있습니다.

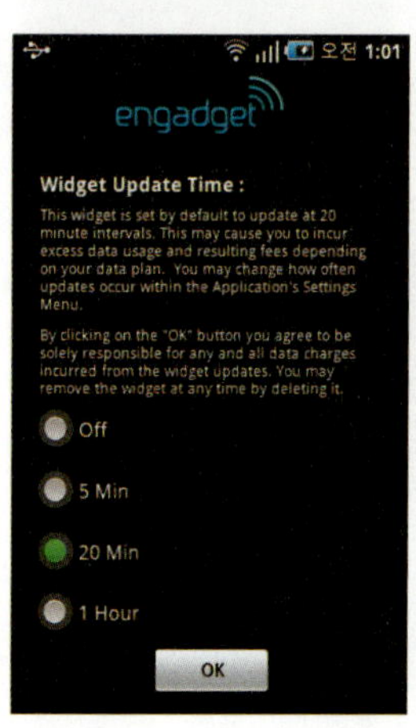

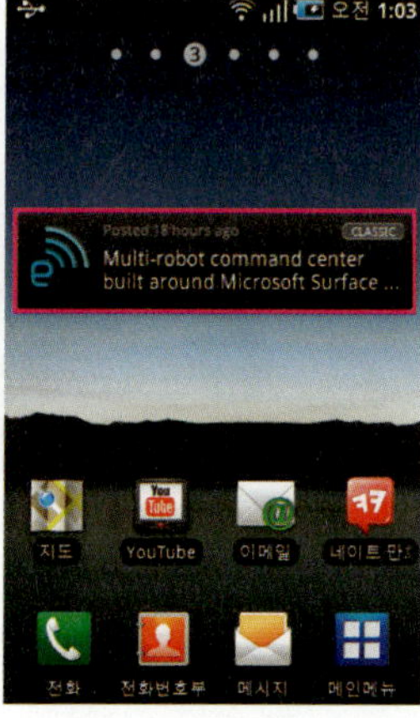

05 홈 화면의 바탕 영역을 길게 터치하고 [위젯]을 선택한 다음, 목록에서 Engadget을 터치하면 그림과 같이 엔가젯 위젯에 뉴스가 업데이트되는 시간 간격에 대한 옵션이 나타납니다. 원하는 시간과 OK 버튼을 차례로 터치합니다. 홈 화면에 엔가젯 위젯이 나타납니다. 위젯을 터치하면 엔가젯 어플을 통해 상세한 기사 내용을 볼 수 있습니다.

생생한 증권 정보
– 증권통

'증권통'은 관심 종목의 실시간 주가를 확인할 수 있는 어플로서 분봉, 일봉, 주봉, 월봉, 년봉 차트 기능과 가로보기 및 확대/축소 기능도 지원합니다.

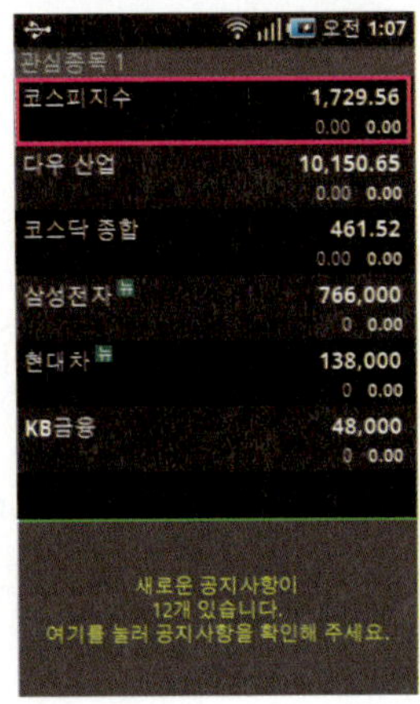

01 어플이 설치되면 메인 메뉴에서 '증권통' 아이콘을 터치하여 어플을 실행합니다. 상단에 표시되는 오늘의 코스피 지수를 터치합니다.

02 날짜별 지수 변동 상황을 그래프로 볼 수 있습니다. 좌우로 드래그하여 다른 날짜의 지수로 볼 수 있으며 멀티 터치를 지원하므로 두 손가락으로 확대/축소해서 더욱 상세하게 살펴볼 수도 있습니다.

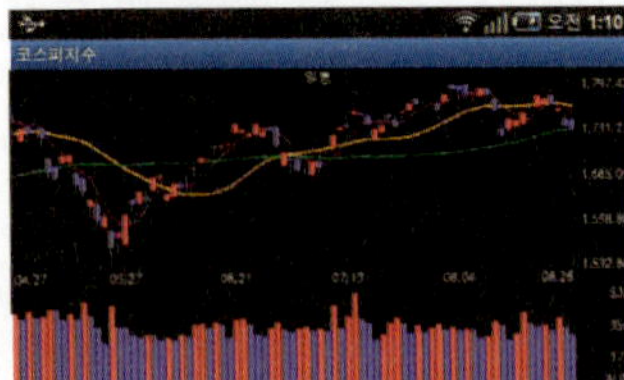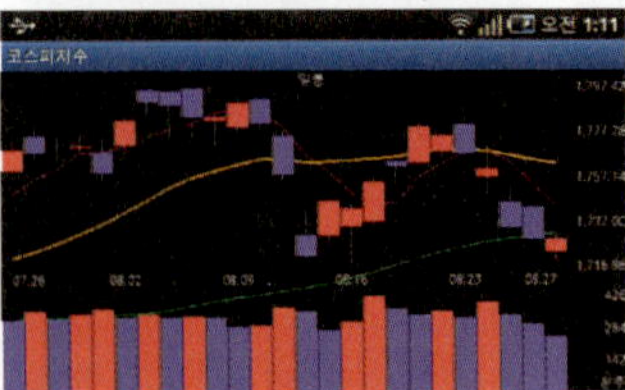

▲ 확대 보기

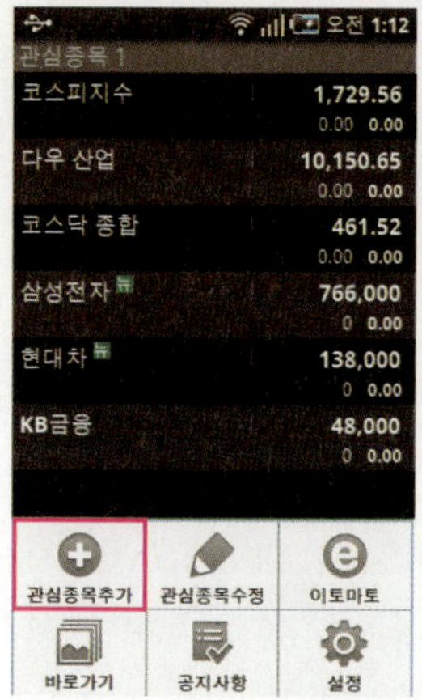 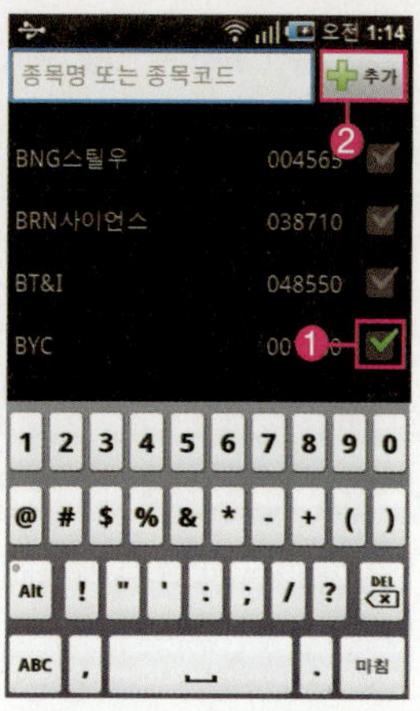

03 코스피 지수 아래에는 기본적으로 몇 개의 종목이 관심 종목으로 나타납니다. 기기의 [메뉴] 버튼을 누르고 [관심종목추가]를 터치하여 키보드가 나타나면 종목명이나 종목 코드를 입력한 다음, 우측의 [추가] 버튼을 터치합니다. 아래에 나타나는 목록에서 원하는 종목을 터치해 선택하여 추가해도 됩니다.

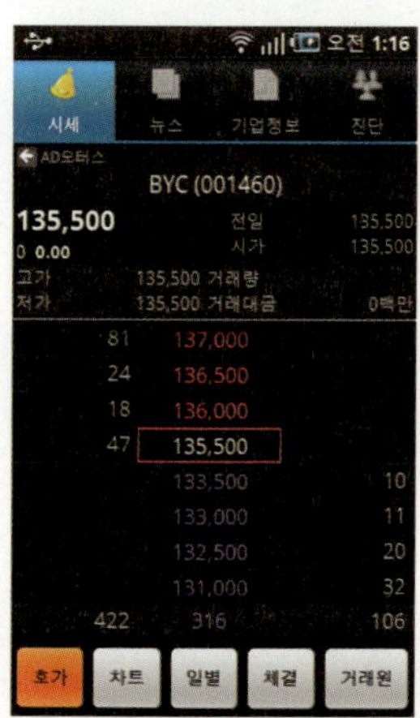 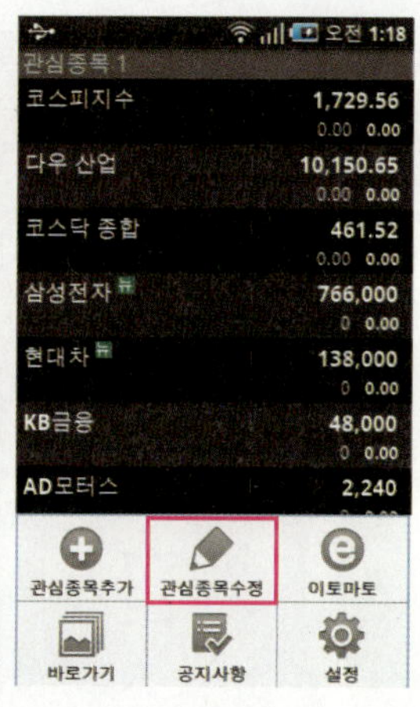

04 추가한 종목이 관심 종목 목록에 나타납니다. 터치하면 해당 종목에 대한 상세한 정보를 볼 수 있습니다. 관심 종목 목록을 수정하려면 기기의 [메뉴] 버튼을 누른 후 [관심종목수정]을 터치합니다.

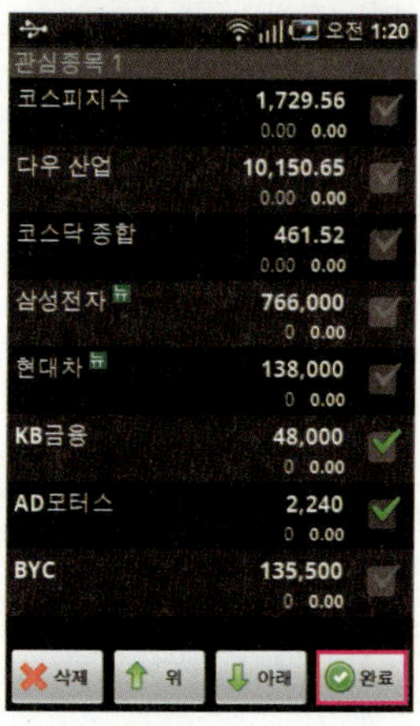

05 원하는 종목을 터치하여 선택한 다음, 아래에 있는 버튼들로 선택된 종목을 삭제하거나 위, 아래로 이동시킬 수 있습니다. 수정 작업을 마치려면 [완료] 버튼을 터치합니다.

Part 4

지도 · 교통 · 증강현실 어플

스마트 폰만 있으면 전국 지도는 물론 다양한 교통수단을 이용한 경로 안내까지 상세하게 파악할 수 있습니다. 또한 버스나 지하철과 관련된 모든 정보도 살펴보고 카메라를 통해 보이는 실제 사물과 사물에 대한 정보도 함께 볼 수 있는 증강 현실 어플에 대해서도 익혀보도록 합니다.

지도와 주소까지 표시되는 생생한 나침반

나침반 어플은 상당히 많지만 '3D Compass(ar compass)'는 나침반과 함께 GPS 를 통해 현재 위치를 지도로 보여주고 주소까지 표시해줍니다. 또한 현재 화면에 나타 나는 상황을 카메라로 촬영하여 이미지 파일로 저장하고 공유할 수도 있습니다.

01 어플이 설치되면 메인 메뉴에서 3D Compass를 터치하여 실행합니다. 최초로 실행한 경우, 버전에 대한 안내문이 나타나면 기기의 [뒤로 가기] 버튼을 한 번 누릅 니다. 잠시 후 나침반과 지도가 함께 표시됩니다. 아래에 는 현재 위치에 대한 주소까지 나타납니다.

02 화면 우측의 카메라 모양 아이콘을 터치하면 현재 화면이 저장되고 아래에 저장 경로가 표시 됩니다. 우측의 Share 버튼을 통해 곧바로 이메일이나 트위터로 전송할 수 있으며 Delete 버튼 으로 삭제할 수 있습니다. 현재 화면에서 빠져나가려면 Close 버튼을 터치합니다.

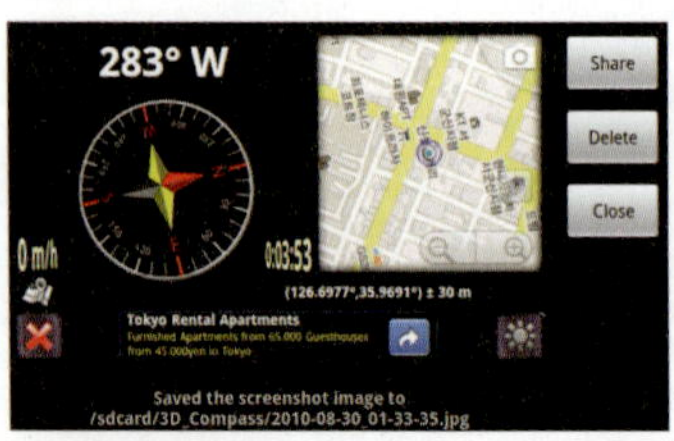

▲ 저장된 이미지

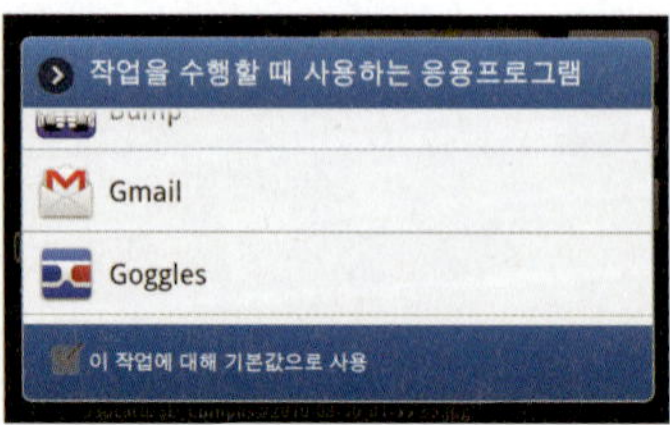

▲ Share 옵션 선택

Smart Tip 카메라를 지원하는 깔끔한 나침반

좀 더 간단하면서도 깔끔한 나침반을 원한다면 마켓에 서 'Smart Compass'를 검색하면 됩니다. 카메라를 통해 보이는 실제 상황과 함께 나침반을 볼 수 있습니 다. 카메라로 앞면을 보여주는 것일 뿐 실제로 촬영되는 상태는 아닙니다.

우리집도 찍혔다! 로드뷰로 무장한 Daum 지도

다음 지도도 네이버 지도와 마찬가지로 여러 형태로 볼 수 있으며 간편하게 멀티 터치로 확대/축소할 수 있습니다. 또한 길 찾기도 가능합니다. 중복된 기능도 많지만 다음 지도의 백미는 무엇보다 로드뷰입니다.

01 설치가 완료되면 메인 메뉴에서 [Daum 지도] 아이콘을 터치합니다. 다음 지도가 실행됩니다. 현재 교통 상황이 궁금하다면 메뉴 버튼을 누르고 [실시간 교통]을 터치합니다.

02 현재 보이는 지도상의 실시간 교통 상황이 나타납니다. 녹색은 원활, 빨간색으로 갈수록 정체 상태라고 아래에 설명되어 있습니다. 새벽 시간임에도 정체 구간이 제법 되는군요. 어쨌든 교통 방송의 실시간 교통 정보를 듣지 않아도 될 정도입니다.

03 실시간 교통 상황이 표시되지 않도록 하려면 다시 메뉴를 열고 [실시간 교통 끄기]를 터치하면 됩니다. 다음 지도의 하이라이트라고 할 수 있는 로드뷰를 보겠습니다. 로드뷰란 직접 카메라로 촬영한 사진을 지도에 적용한 것입니다. 따라서 위성사진보다 더욱 상세하고 생생합니다. 지도 화면 우측 상단에서 감시 카메라 모양을 하고 있는 로드뷰 아이콘을 터치합니다.

04 도로에 파란선이 표시되고 카메라가 도로 위에 나타납니다. 파란선이 표시되는 도로가 로드뷰로 볼 수 있는 구간입니다. 로드뷰 보기를 터치하면 해당 지점의 실제 사진이 나타납니다. 단순히 사진으로 보는 것이 아니라 화살표를 터치하면 화살표가 가리키는 방향으로 이동하므로 상세하게 탐색할 수 있습니다.

▲ 사거리에 도착

▲ 우측으로 진행합니다.

05 화면을 드래그하면 반대 방향으로 진행할 수도 있습니다. 또한 로드뷰가 지원되는 사거리에 도달하면 화면을 드래그하여 좌, 또는 우측으로 진행할 수도 있습니다.

▲ 드래그로 빠르게 이동할 수 있습니다.

06 로드뷰를 마치려면 [닫기] 버튼을 터치합니다. 다시 일반적인 지도 화면으로 돌아갑니다. 로드뷰 아이콘을 길게 터치한 후 원하는 곳으로 드래그하면 빠르게 다른 로드뷰 지역으로 이동할 수 있습니다.

네이버 지도로
길도 찾아보자

'네이버 지도' 어플은 일반지도 및 위성사진 등을 통한 지도는 물론 길 찾기 기능을 통해 출발지점과 도착 지점에 대한 경로도 파악할 수 있습니다. 대중교통을 이용하는 경우 어느 지점에서 무엇으로 갈아타야 하는지, 갈아타기 위해 걸어야하는 거리까지 상세히 알려줍니다.

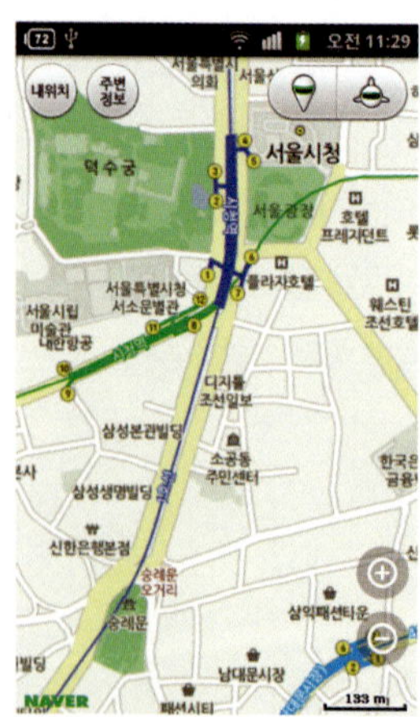

01 설치가 완료되면 메뉴에서 [네이버 지도]를 터치합니다. 어플이 실행되고 현재 위치 정보를 사용하겠다는 창이 뜨면 [동의] 버튼을 터치한 후, 화면을 드래그하여 보고자하는 지역으로 이동합니다. 역시 멀티터치를 지원하므로 손가락으로 간편하게 확대/축소할 수 있습니다.

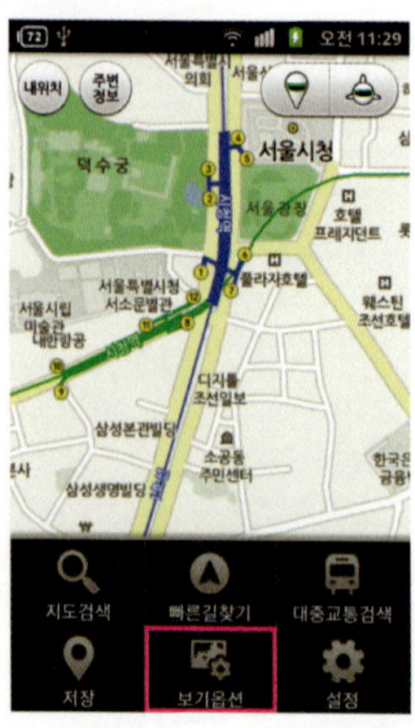

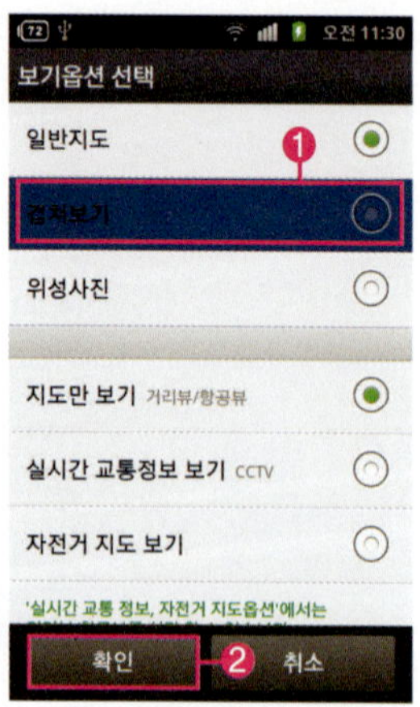

02 다른 형식의 지도를 보기 위해 기기의 [메뉴] 버튼을 눌러 메뉴를 열고 [보기옵션]을 터치합니다. 보기 옵션이 나타나면 일반지도와 위성사진이 모두 나타나도록 [겹쳐보기]와 [확인] 버튼을 차례로 터치합니다.

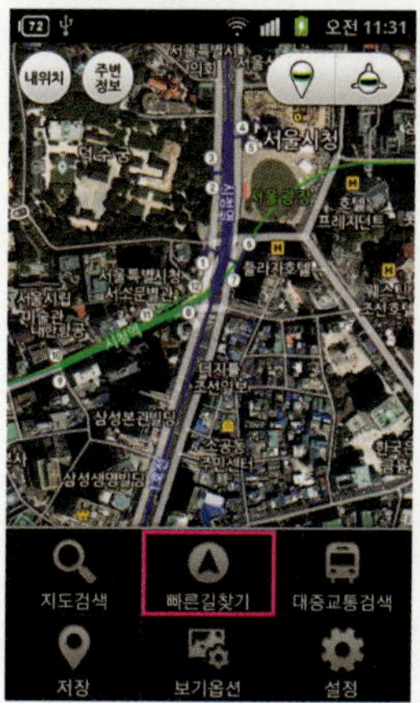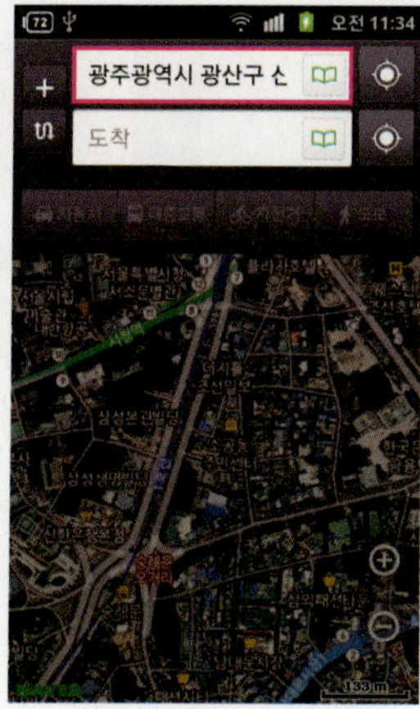

03 생생한 위성사진과 함께 지도가 나타납니다. 내비게이션처럼 두 지점 사이의 경로를 찾아보겠습니다. 메뉴를 열고 [빠른길 찾기]를 터치하여 두 개의 입력창이 나타나면 위에 있는 입력창을 터치합니다.

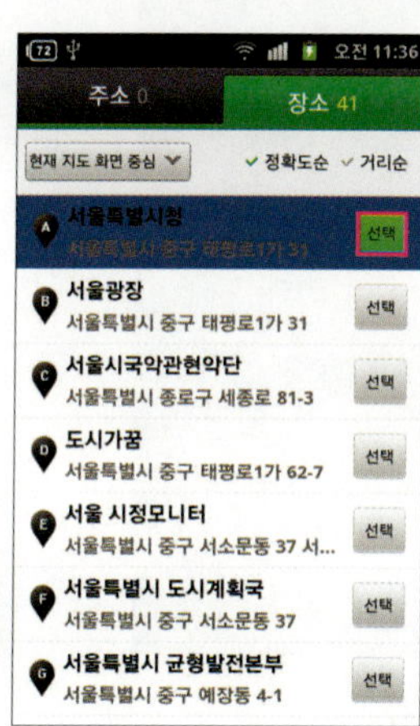

04 출발지점을 입력하고 [검색]을 터치합니다. 문자를 입력하다보면 유사한 지점의 목록이 나타나므로 터치하여 선택해주어도 됩니다. 입력한 문자가 포함된 여러 지명과 건물 등의 이름이 나타납니다. 원하는 것의 [선택] 버튼을 터치합니다.

05 다시 입력창으로 돌아옵니다. 출발지점은 입력되었으므로 이번에는 도착지점을 입력하기 위해 아래에 있는 입력창을 터치한 후 도착지점의 이름을 입력하고 [검색]을 터치합니다.

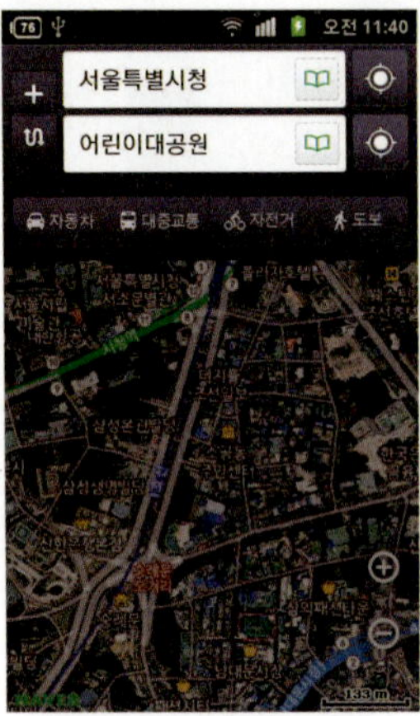

06 입력한 문자가 포함된 여러 지명이나 건물 들이 나타납니다. 원하는 도착지점의 [선택] 버튼을 터치하면 출발 지점과 도착 지점이 모두 지정되어 나타납니다.

▲ 자동차 길찾기 결과

▲ 세부 경로

07 [자동차]를 터치하면 총 거리와 소요 시간, 택시비 등이 표시되며 각 지점 우측에 표시된 〉 부분을 터치하면 지도를 통해 세부 경로가 표시됩니다.

▲ 대중교통 길찾기 결과

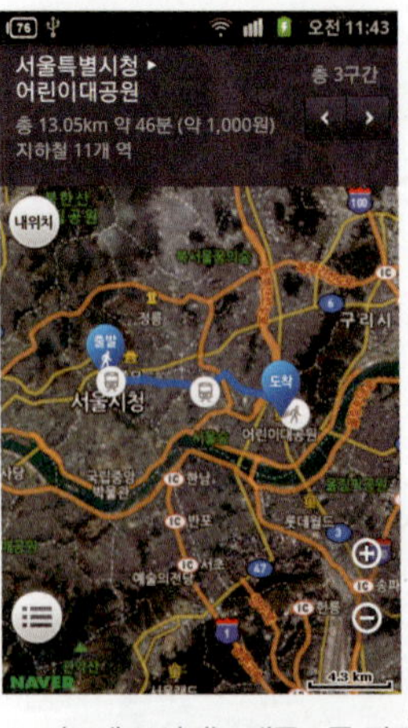

▲ 지도에 표시되는 대중교통 경로

08 [대중교통]을 터치했다면 다음과 같이 목록 형태의 결과가 나타납니다. 역시 특정 지점 우측의 〉를 터치하면 해당 지점을 기준으로 지도에 경로가 표시됩니다.

네이버 지도의 거리뷰

다음 지도의 로드뷰처럼 네이버 지도로 '거리뷰'라는 이름으로 실사를 통해 생생한 거리 사진 지도를 제공합니다. 화면 상단의 거리뷰 아이콘을 터치하고 지도상에 파란색으로 표시되는 부분 중에서 원하는 곳으로 드래그한 다음, 다시 지역명 부분을 터치하면 해당 부분의 거리뷰가 나타나게 됩니다. 거리뷰 화면에서도 드래그로 방향을 전환할 수 있으며 화살표를 터치하면 해당 방향으로 진행할 수 있습니다.

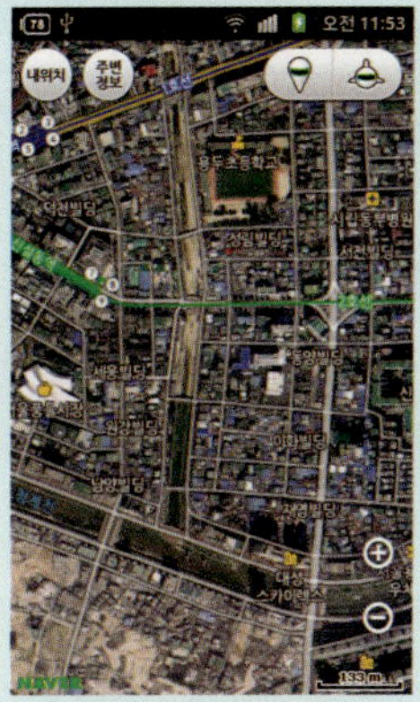
▲ 거리뷰 아이콘 터치

▲ 거리뷰 화면

▲ 드래그로 방향 전환

▲ 드래그 후 지역명 터치

전국 주요 도시의 버스 정보 확인하기

'전국 버스' 어플은 주요 도시의 노선 및 정류소에 대한 정보를 비롯하여 버스 도착 정보까지 제공해주는 편리한 어플입니다. 자주 보는 도착 정보는 위젯을 통해 더욱 간편하게 확인할 수 있습니다.

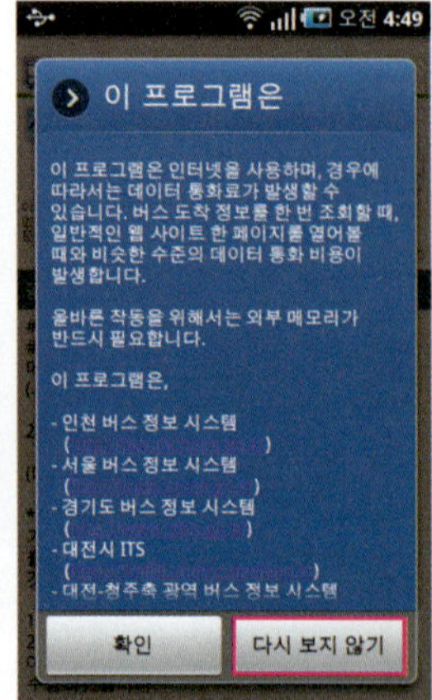

01 어플이 설치되면 메인 메뉴에서 [전국 버스] 아이콘을 터치합니다. 인터넷을 통해 정보가 제공되므로 데이터 사용에 따른 비용이 발생할 수 있다는 안내와 현재 서비스되고 있는 지역에 대한 안내가 나타납니다. [다시 보지 않기] 버튼을 터치합니다.

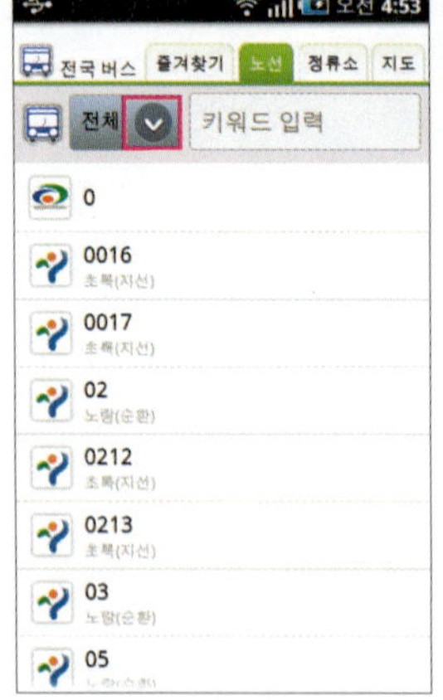

02 노선 검색을 위해 [노선] 탭을 터치하고 좌측 상단의 [전체]라고 표시되어 있는 부분의 우측에 있는 ∨ 버튼을 터치합니다.

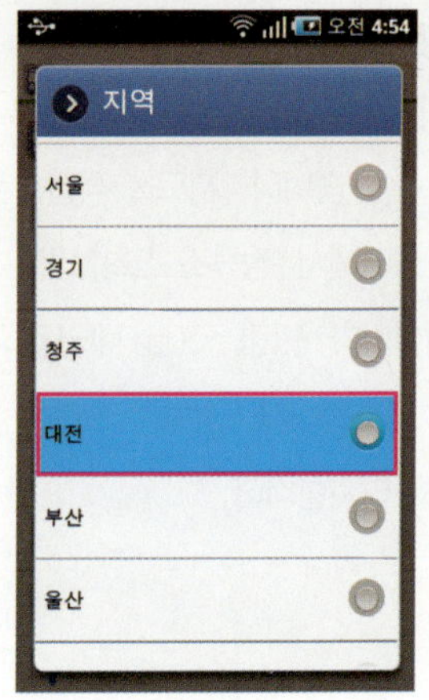 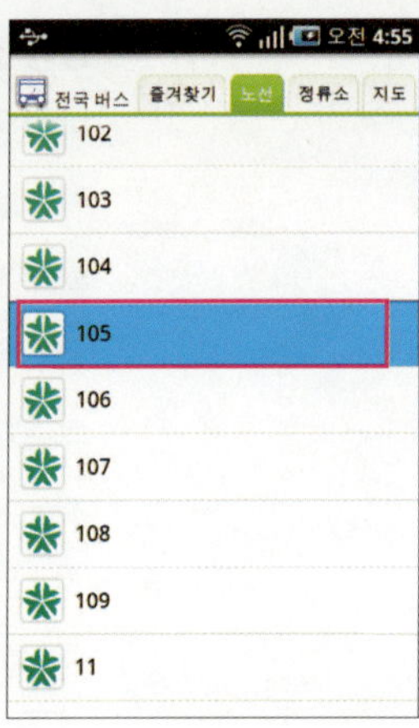

03 지역 선택 메뉴가 나타납니다. 원하는 지역을 터치한 다음 노선 정보를 보려는 노선 번호를 터치합니다.

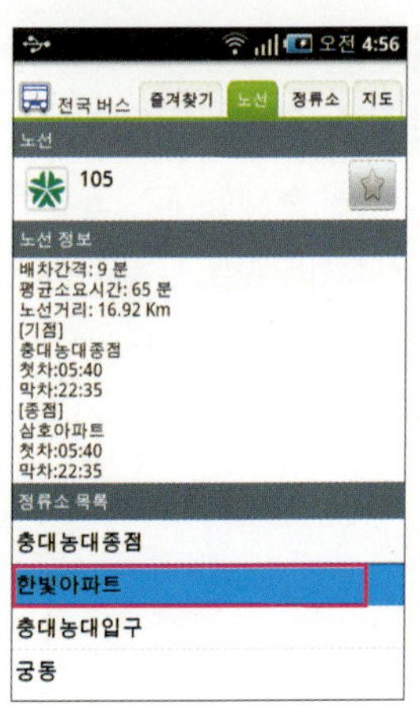 

04 해당 노선에 대한 정보가 나타납니다. 정류소 목록 중 하나를 터치하면 해당 정류소 주변의 정보가 지도와 함께 나타납니다.

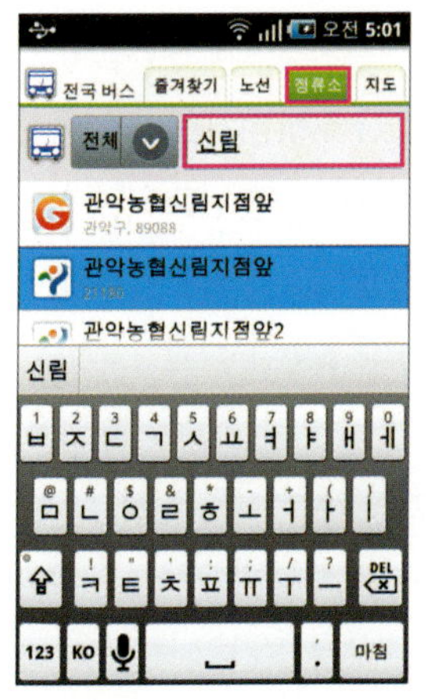 

05 정류소 이름으로 정류소를 찾아 정보를 확인할 수도 있습니다. 상단의 [정류소] 탭을 터치하고 입력창에 정류소 이름을 입력합니다. 입력된 문자에 따라 아래 검색 결과 목록이 나타나면 원하는 것을 터치합니다. 선택한 정류소를 경유하는 노선 목록과 버스 도착 예정시간이 나타납니다.

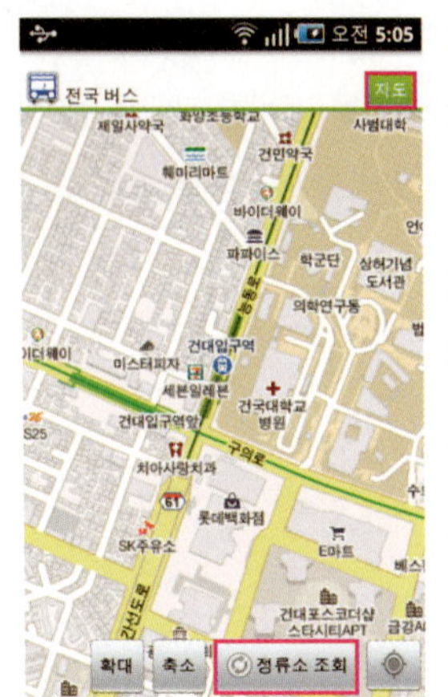

06 상단의 [지도] 탭을 터치하면 특정 지역 범위내의 정류소 정보를 확인할 수 있습니다. 지도를 적절히 확대한 상태에서 [정류소 조회] 버튼을 터치합니다. 반경 500m 내의 정류소가 표시됩니다. 정보를 보려는 정류소를 터치합니다.

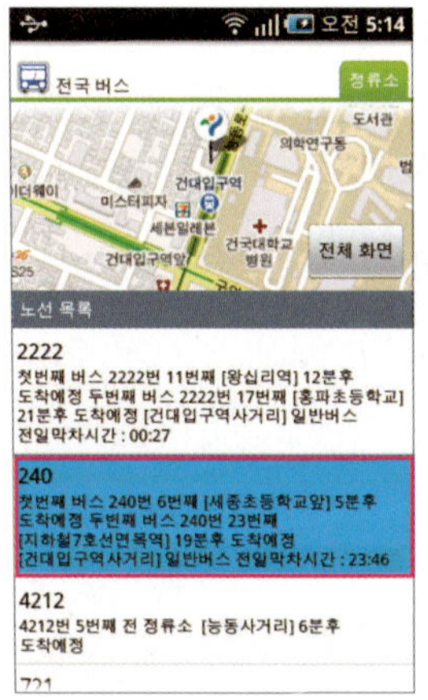
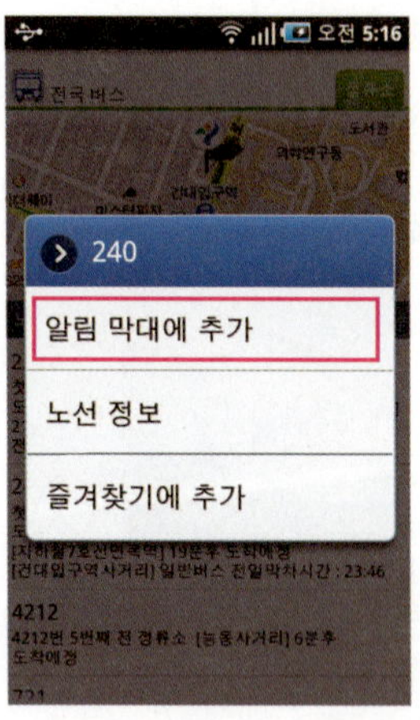

07 해당 정류소에 대한 지도와 함께 노선 목록, 도착 시간 등 자세한 정보를 확인할 수 있습니다. 노선 목록에서 자주 이용하는 노선을 길게 터치하여 해당 노선에 대한 창이 나타나면 [알림 막대에 추가]를 터치합니다.

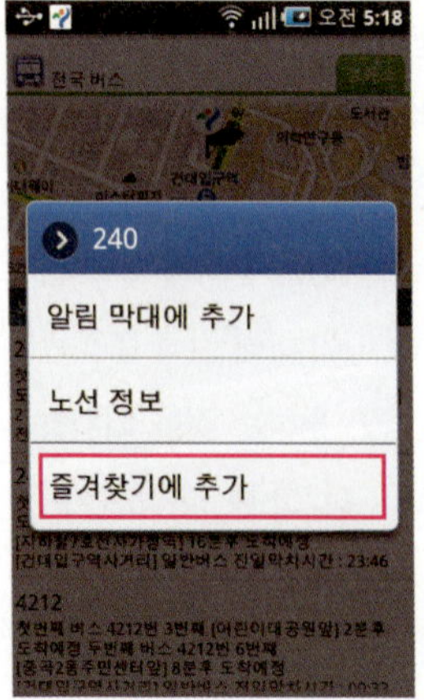
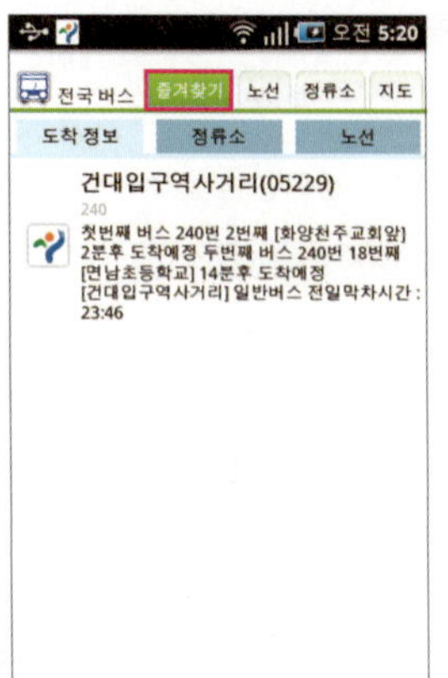

08 다시 노선 목록에서 자주 이용하는 노선을 길게 터치한 다음 [즐겨찾기에 추가]를 터치합니다. 기기의 [뒤로 가기] 버튼을 터치하여 메인 화면으로 돌아가서 [즐겨찾기] 탭에 등록된 즐겨 찾기를 터치하면 곧바로 선택한 정류소에, 지정한 노선 버스가 언제 도착하는지 알 수 있습니다.

09 앞에서 도착 정보를 알림 막대에 추가하였습니다. 따라서 더욱 간편하게 해당 노선버스가 언제 오는지 알 수 있습니다. 상태 표시줄을 아래로 드래그하여 알림창을 통해 정보가 표시되면 이것을 터치합니다. 도착 정보 알림 창이 팝업됩니다. 상태 표시줄에서 도착 정보를 제거하려면 [알림 막대에서 제거] 버튼을 터치하면 됩니다.

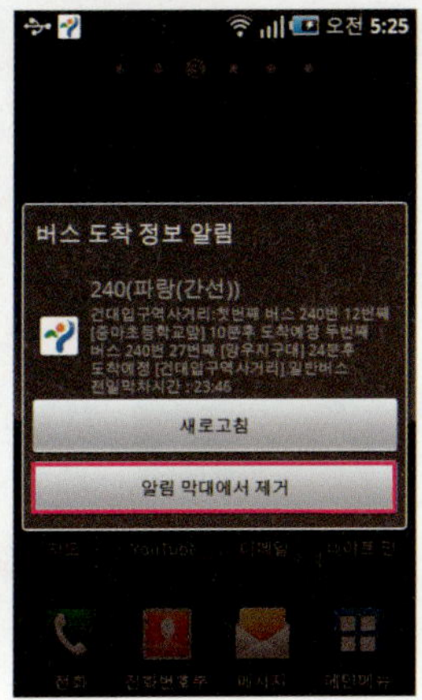

10 앞에서 도착 정보를 즐겨찾기에 추가했었죠? 홈 화면에서 바탕 영역을 길게 터치하고 [위젯]을 선택합니다. 위젯 목록이 나타나면 [즐겨찾는 도착 정보]를 터치합니다. 위젯이 추가되고 여기에 즐겨찾기에 추가한 도착 정보가 표시되는 것을 볼 수 있습니다. 위젯을 터치하면 정보가 실시간으로 갱신됩니다.

노선 및 도착시간까지 시내버스의 정보를 한 눈에!

'서울버스' 어플은 서울 지역의 버스 노선 정보 및 도착 시간을 간편하게 조회할 수 있습니다. 역시 무료 어플입니다.

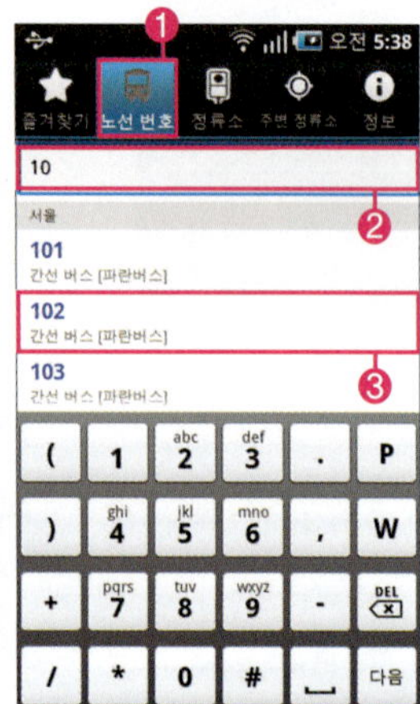

01 설치가 완료되면 메인 메뉴에서 SeoulBus를 터치합니다. 어플이 실행되면 [노선 번호] 탭을 터치합니다. 검색란에 노선 번호를 입력하면 입력한 문자가 포함된 노선 번호 목록이 나타납니다. 원하는 노선을 터치합니다.

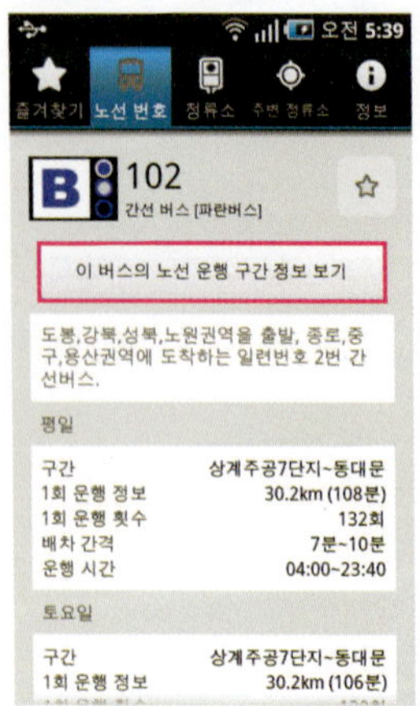

02 해당 노선에 대한 기본 정보가 나타납니다. [이 버스의 노선 운행 구간 정보 보기] 버튼을 터치하면 노선의 정류소 목록이 나타납니다. 정류소 중 한 곳을 터치합니다.

03 해당 정류소에 대한 각 노선버스의 도착 정보를 볼 수 있습니다. 정류소 이름 아래에 있는 세 개의 아이콘 중에서 가장 좌측의 아이콘을 터치하면 주변의 정류소가 표시되며 터치하면 정류소 이름과 번호를 볼 수 있습니다. 상단의 다른 탭을 통해서 정류소 번호로 정류소를 검색하거나 주변 정류소 위치 등을 볼 수도 있습니다.

지하철 도착 시간도
실시간으로 확인한다

'지하철 도착 정보' 어플은 원하는 지하철역의 열차 도착시간을 실시간으로 확인할 수 있으며 상세한 출구 정보도 제공합니다. 수도권을 비롯하여 부산, 대구, 광주, 대전 지역 등을 지원합니다.

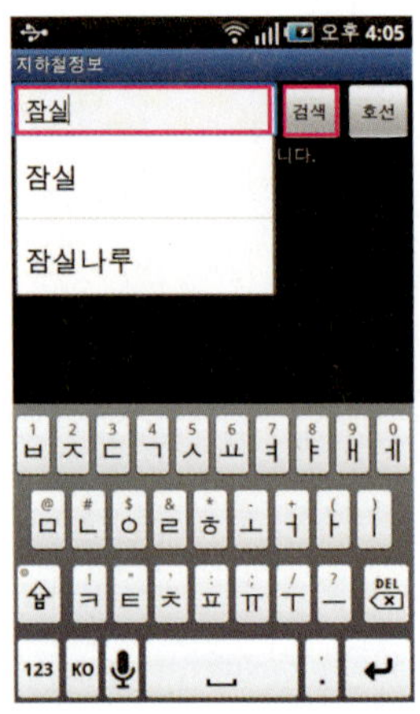

01 어플이 설치되면 메인 메뉴에서 [지하철 정보] 아이콘을 터치합니다. 상단에 나타나는 검색창을 터치하고 도착 정보를 보고자 하는 역명을 입력하고 [검색] 버튼을 터치합니다. 입력한 문자를 포함하고 있는 여러 역이 있을 경우 검색 창 아래에 나타나는 목록 중에서 선택해도 됩니다.

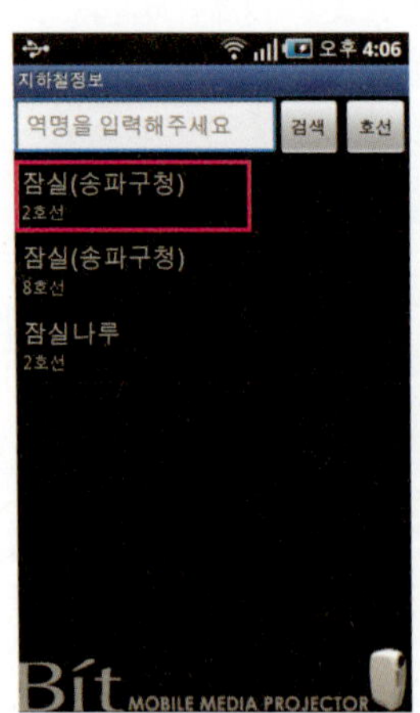

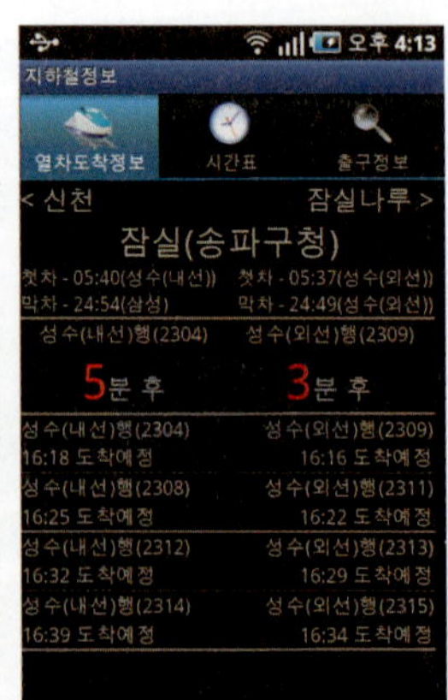

02 검색 결과가 나타납니다. 원하는 호선의 정확한 역명을 터치하면 선택한 역의 열차 도착 정보가 나타납니다. 상단의 인근역 이름을 터치하면 해당 역에 대한 도착 정보를 곧바로 볼 수 있습니다.

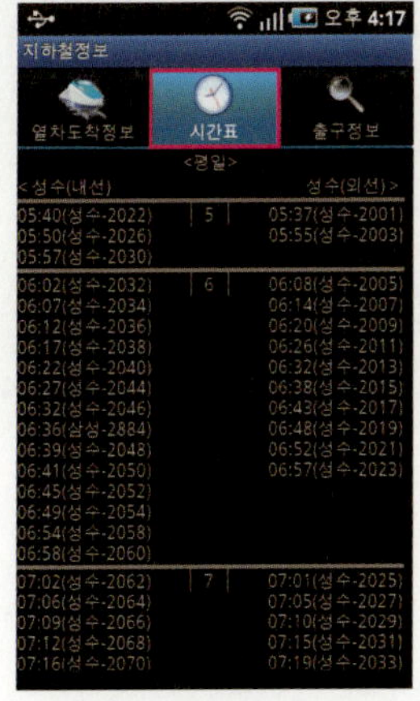

▲ 시간표

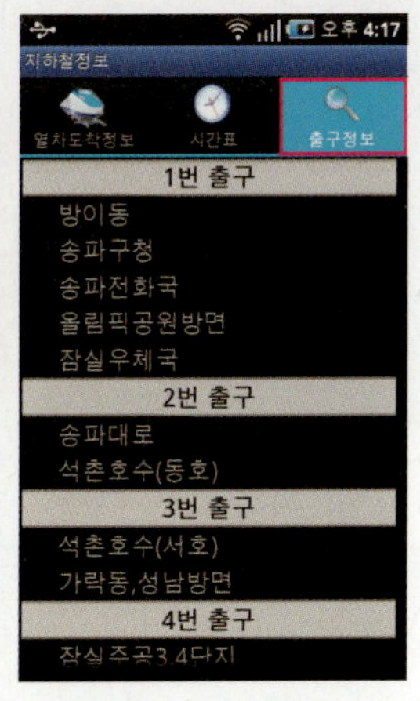

▲ 출구정보

03 [시간표]를 터치하면 해당 호선의 시간표를 볼 수 있으며 [출구정보]를 터치하면 선택한 역의 출구에 대한 상세한 정보를 볼 수 있습니다.

▲ 검색 화면에서 나타나는 메뉴

▲ 노선도

04 기기의 [뒤로 가기] 버튼을 눌러 검색 화면으로 돌아가 기기의 [메뉴] 버튼을 누르면 노선도 전체를 보거나 지역을 변경할 수도 있습니다.

▲ 호선 선택

▲ 해당 호선의 전체 역명이 나타납니다.

05 검색 창 우측의 [호선]을 터치하면 현재 선택한 지역의 호선을 선택할 수 있으며 선택한 호선의 전체 역명을 볼 수 있습니다. 역명을 터치하면 해당 역의 열차 도착 정보가 나타납니다.

전국 고속버스 요금 및 시간표 확인하기

'hibus' 어플은 어플전국 고속버스의 구간 별 요금과 시간표를 일목요연하게 볼 수 있습니다. 지역별 터미널을 선택할 수 있으며 일부이기는 하지만 시외버스 정보도 확인할 수 있습니다.

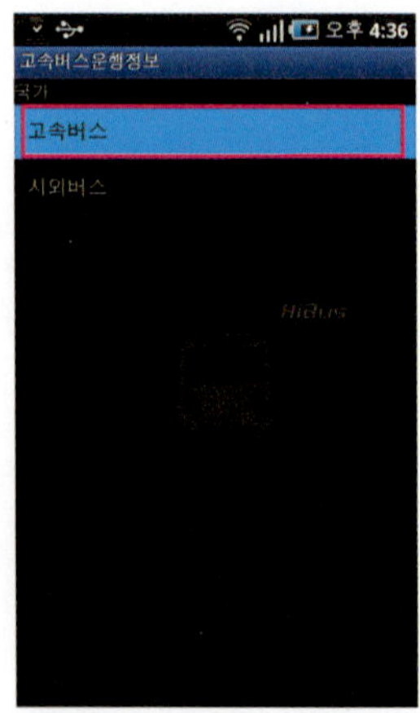

01 어플이 설치되면 메인 메뉴에서 [고속버스 운행정보] 아이콘을 터치합니다. 어플이 실행되면 [고속버스]를 터치합니다.

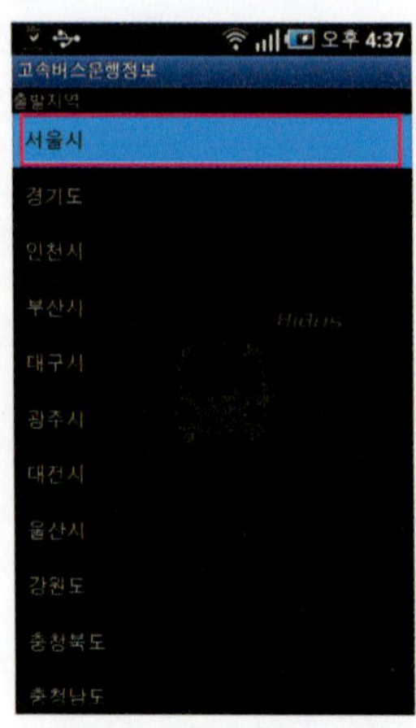

▲ 출발지역 선택

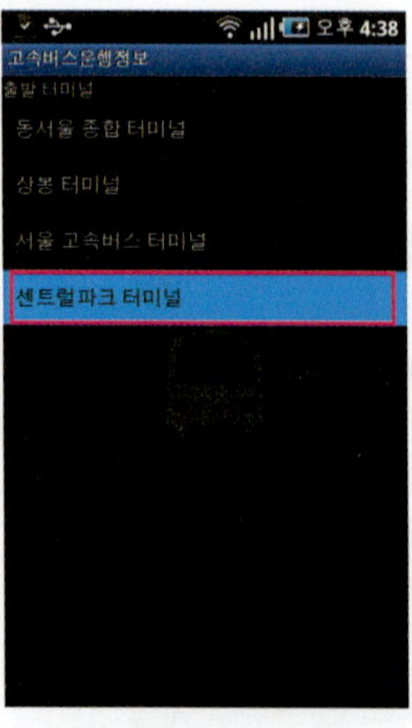

▲ 터미널 선택

02 출발 지역과 출발 터미널을 차례로 터치합니다.

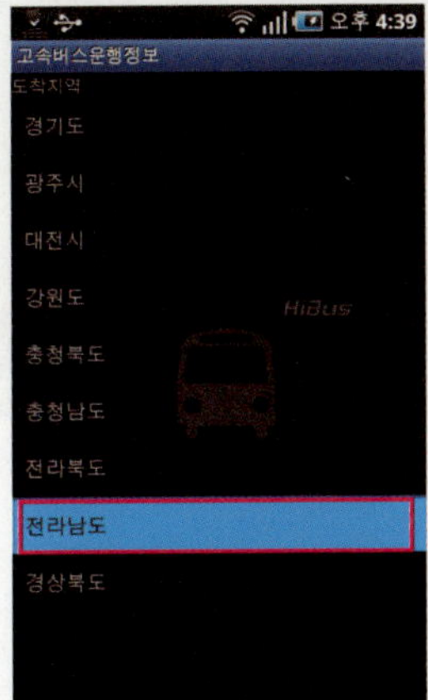

03 도착 지역과 목적지를 차례로 터치합니다.

▲ 도착 지역 선택

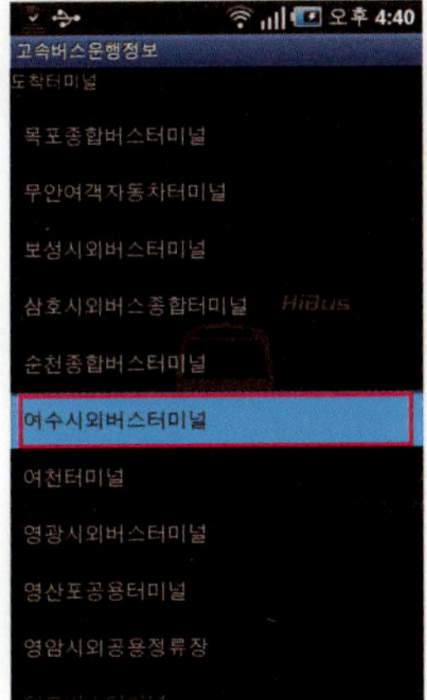

▲ 목적지 선택

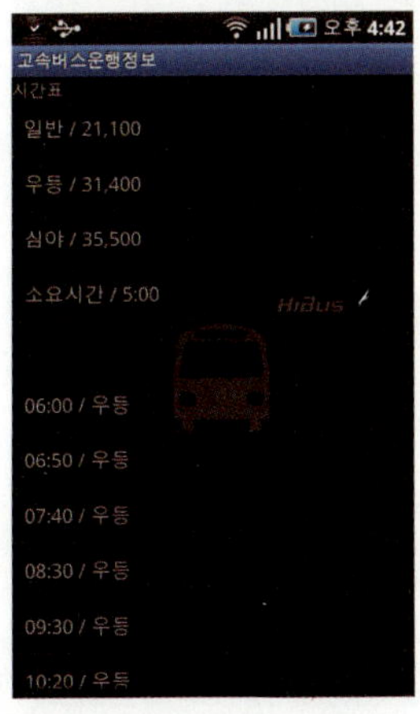

04 선택한 지역으로 이용할 경우의 요금표와 시간표가 나타납니다.

실제 상황과 주변 정보가 함께!
증강 현실 속으로 가자

카메라를 향하면 실제 상황과 카메라에 나타나는 사물의 다양한 정보가 함께 뜹니다. 길을 가다가 카메라를 대기만 하면 원하는 테마별로 사물이 검색되고 자세한 정보까지 볼 수 있습니다. 이러한 증강 현실 어플은 여러 가지가 있지만 여기에서는 '오브제'를 살펴보겠습니다. 오브제는 '사물'이라는 뜻의 프랑스어입니다.

01 어플이 설치되면 위치 설정이 필요하다는 메시지가 나타납니다. [확인] 버튼을 터치하고 환결 설정 메뉴의 GPS 위성 사용 옵션이 나타나면 터치하여 체크 표시가 나타나도록 합니다.

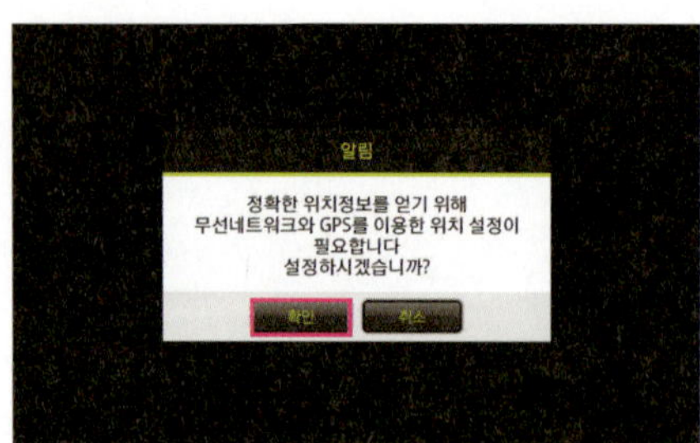

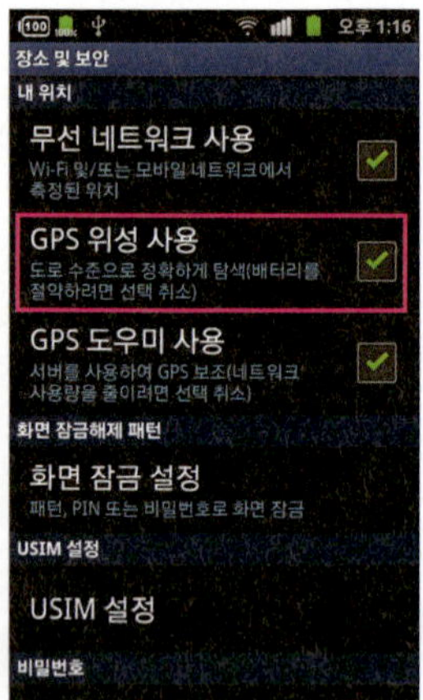

02 기기의 [뒤로가기] 버튼을 누르면 오브제 메인 화면이 나타나 증강 현실로 볼 수 있는 각 사물을 선택할 수 있습니다. [Place]를 터치하고 폰으로 정면을 향해 보면 카메라를 통해 사물이 보이는 것은 물론, 주변에 대한 각종 정보가 함께 나타납니다. 오브제가 증강 현실 어플이기 때문입니다. (그림에서는 실제 사물이 표시되지 않았습니다.)

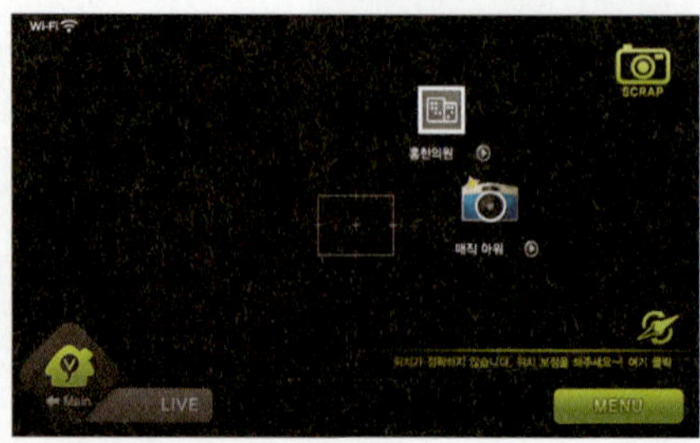

 증강현실이란?

눈으로 보는 현실 세계에 가상 물체를 겹쳐서 보여주는 기술을 말합니다. Augmented Reality 라고 하며 혼합 현실(Mixed Reality)이라고 부르기도 합니다.

03 사물의 이름 중 하나를 터치하면 상세 정보가 나타나며 글을 입력하거나 관심 오브제로 등록할 수 있습니다. 메인 화면에서 Home OVJET를 선택하고 로그인하면 글도 남길 수 있으며 Start를 선택하고 하늘을 향하면 별자리 정보를, People을 선택하면 주변에 글을 남긴 오브제 회원을, Product를 선택하면 QR코드를 촬영할 수 있습니다. QR 코드에 대해서는 '바코드 스캐너' 어플을 소개할 때 설명하겠습니다.

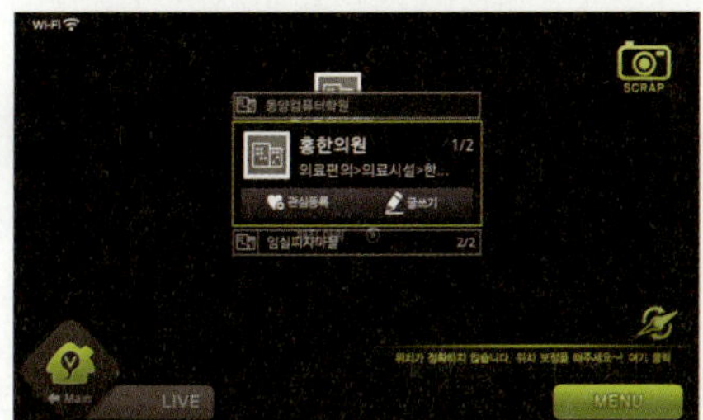
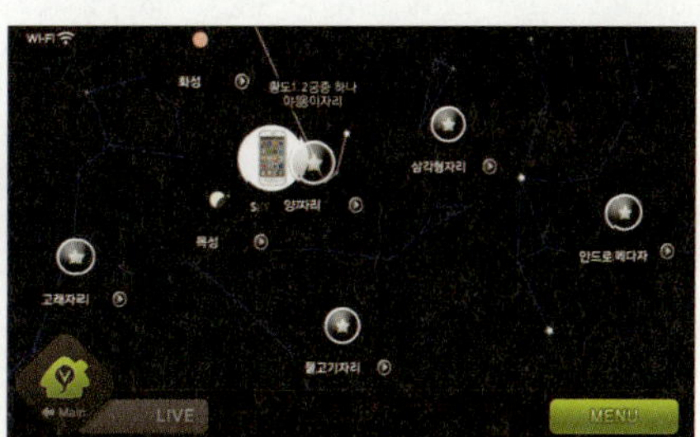

▲ 별자리 증강 현실

 또 다른 증강 현실 어플 'ArooAroo'

T 스토어에서 무료로 받을 수 있는 ArooAroo도 많이 사용되고 있는 증강 현실 어플 중 하나입니다. 회원가입은 필수이며 PLACES 버튼으로 카테고리 선택한 후, 상단의 AR 버튼을 클릭하면 선택한 카테고리에 속한 정보가 증강 현실로 나타납니다.

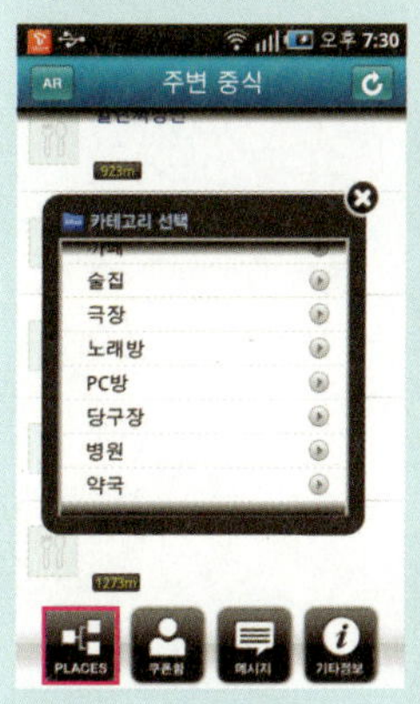

▲ 카테고리 선택

▲ 증강 현실로 보기

Part 5

생활 · 쇼핑 · 금융 어플

생활 깊숙한 곳까지 스마트 폰을 활용할 수 있는 다양한 어플들을 만나봅니다. 약국, 영화 예매, 먹거리, 로또 번호 확인, 캠핑장, 택배 조회, 각 지역별 일출 일몰 시간, 가격 비교, 레시피, 우편번호, 편의점 정보 등을 보여주는 어플을 다루어보고 스마트 폰으로 계좌 조회 및 이체에 이르기까지 거의 모든 은행 업무를 아우르는 은행 어플에 대해서도 인증서 설치 과정부터 자세히 살펴봅니다.

손전등 기능에 다양한 재미까지!

'컬러라이트' 어플은 어두운 곳에서 아주 요긴하게 쓸 수 있는 라이트 어플입니다. 색과 밝기를 변경할 수 있으며 깜박임, 문자, 스크롤 등의 효과도 지원하므로 재미있게 사용할 수 있습니다.

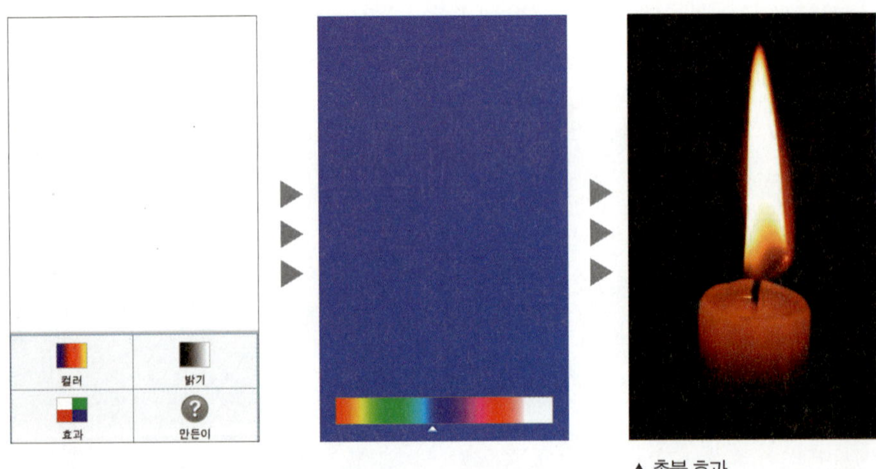

▲ 촛불 효과

01 설치가 완료되면 메인 메뉴에서 [컬러라이트] 아이콘을 터치합니다. 기본적으로 흰색 화면이 나타납니다. 이 상태로도 어두운 곳을 밝히는 용도로는 사용할 만합니다. 화면이나 메뉴 버튼을 터치하면 다음과 같은 메뉴가 나타납니다.

02 [컬러]를 터치하면 하단에 컬러바가 나타나며 드래그하여 자유롭게 원하는 색상으로 변경할 수 있습니다.

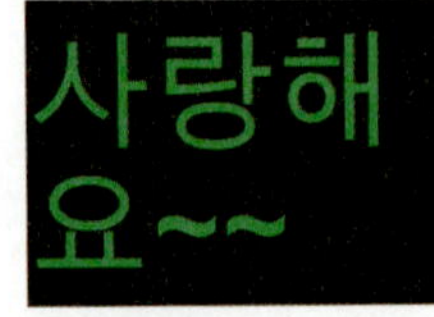

▲ 글자 효과

03 [밝기]를 터치하면 밝기를 조절할 수 있으며 [효과]를 터치하면 여러 효과 메뉴가 나타납니다. 원하는 효과를 골라 사용하면 됩니다. [글자]나 [글자 깜박임], [스크롤], [슬라이드] 등 문자를 사용하는 효과를 선택하면 원하는 문자를 입력해 사용할 수 있습니다.

현재 열려있는 약국은 어디?

'열린약국찾기'는 급히 약을 사러 갈 일 있는 경우 매우 유용한 어플로서 약국의 위치와 몇 시에 닫고 여는지, 전화번호 등을 확인할 수 있습니다.

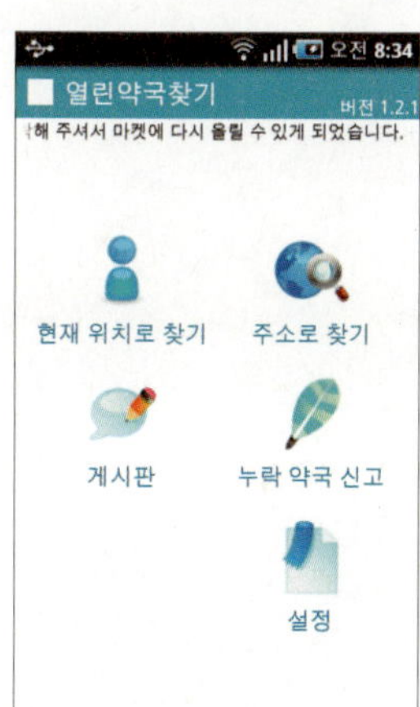

01 어플이 설치되면 메인 메뉴에서 [열린약국찾기] 아이콘을 터치합니다. 검색 메뉴가 나타납니다. 위치 정보를 통해 현재 위치를 기준으로 찾거나 주소로 찾을 수 있습니다.

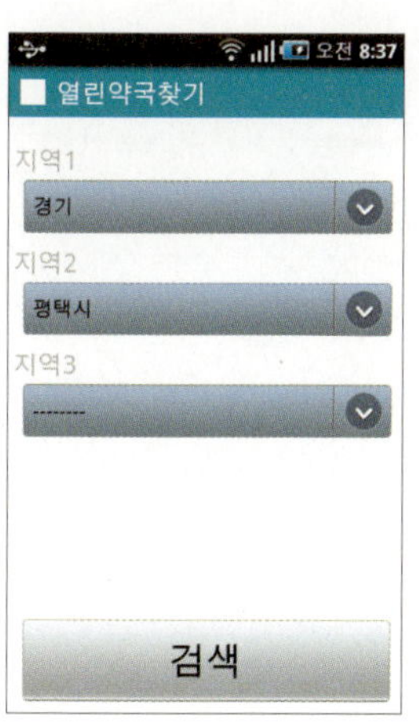

02 [주소로 찾기]를 터치하면 지역을 선택할 수 있습니다. 지역 1에서는 서울 및 광역시, 도 등을 선택하고 지역 2와 지역 3에서 세부 지역을 선택한 다음 [검색] 버튼을 터치합니다. 하위 지역을 선택하지 않은 경우 상위 지역에 포함된 모든 결과가 검색됩니다.

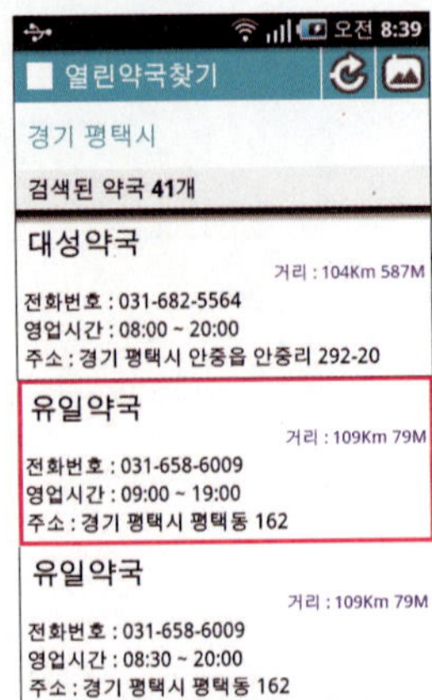

03 지정한 지역에서 현재 열려있는 약국이 목록에 나타납니다. 목록 중 하나를 터치하면 곧바로 전화나 문자를 보낼 수 있으며 지도를 통해 약국의 위치를 파악할 수도 있습니다.

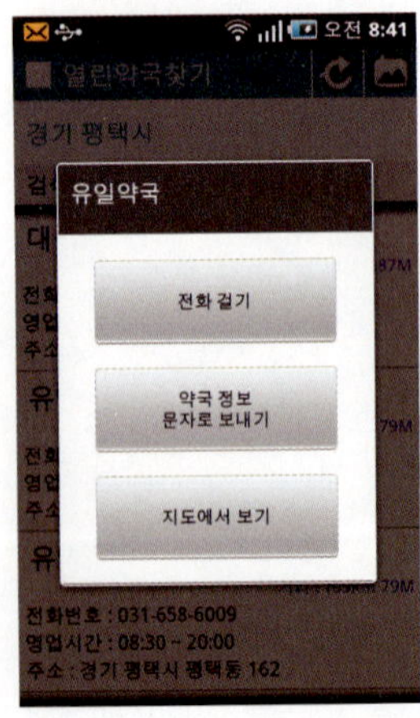

폰으로 영화 예매!
원하는 자리까지 찜해두자

'CGV' 어플을 사용하면 전국 CGV에서 상영되는 영화를 편리하게 예매할 수 있습니다. 상영관, 시간 등은 물론 좌석까지 지정할 수 있습니다. 증강 현실을 이용해 주변 극장을 검색하고 극장 주변 정보도 확인할 수 있습니다.

01 설치가 완료되면 메인 메뉴에서 [CGV] 아이콘을 터치하여 실행합니다. 메인 화면이 나타납니다. [증강 현실]을 터치하면 주변의 극장과 주변 정보를 증강 현실로 볼 수 있습니다. 예매를 위해 [빠른예매]를 터치합니다.

02 어느 조건을 우선할 것인지 선택합니다. [영화먼저]를 터치해 보겠습니다.

03 CGV 회원이라면 아이디와 비밀번호를 입력하고 [로그인] 버튼을, 회원이 아니라면 [비회원 예매]를 터치해 체크 박스가 나타나도록 하고 주민등록 번호와 이름을 입력한 후 [확인] 버튼을 터치합니다.

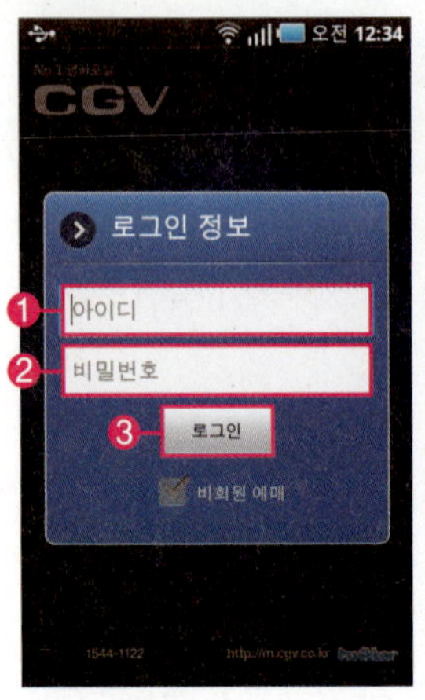

▲ 회원 로그인

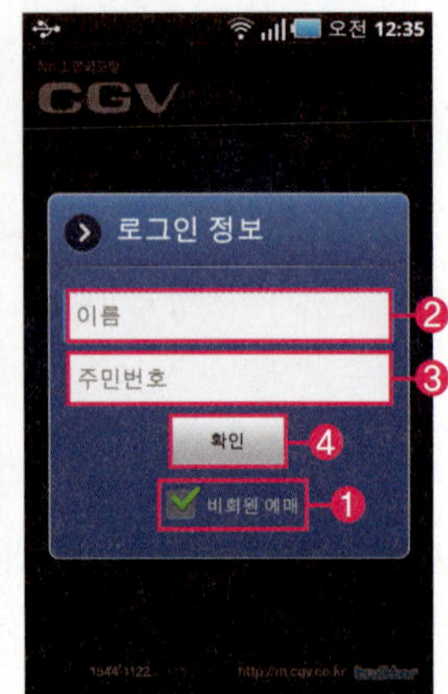

▲ 비회원 입력

04 영화 선택화면이 나타나면 보고 싶은 영화를 터치한 다음 극장을 선택합니다. 내 위치에서 가까운 극장이나 지역별 극장 중에서 자유롭게 선택합니다.

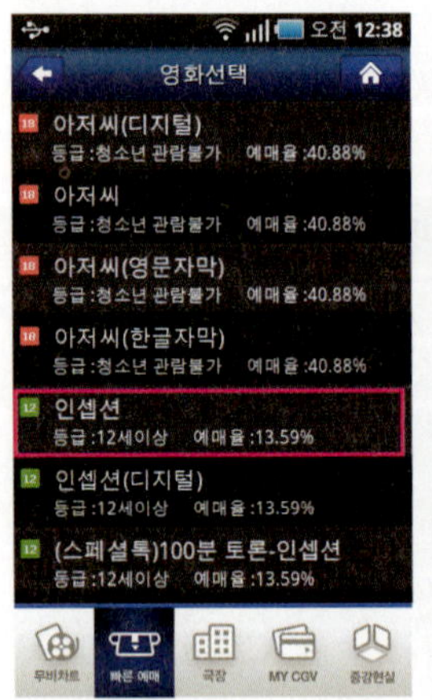

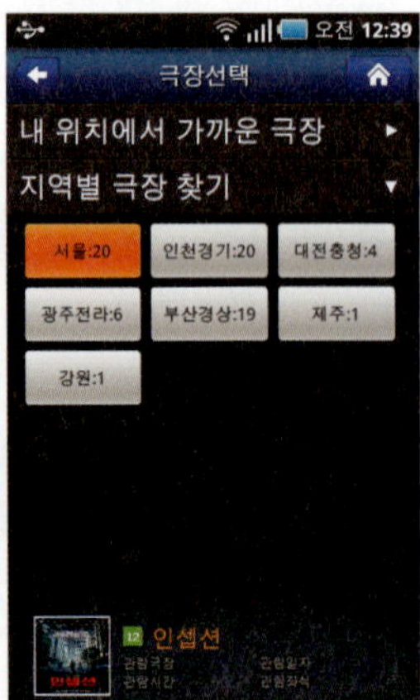

05 선택한 지역에 여러 상영관이 있을 경우, 원하는 상영관을 터치합니다. 날짜 선택 화면으로 진행됩니다. 관람하려는 날짜를 터치한 후 원하는 시간대를 선택하면 인원 선택 화면으로 진행됩니다. 그래프를 드래그하여 예약 인원수를 지정하고 [좌석 선택] 버튼을 터치합니다.

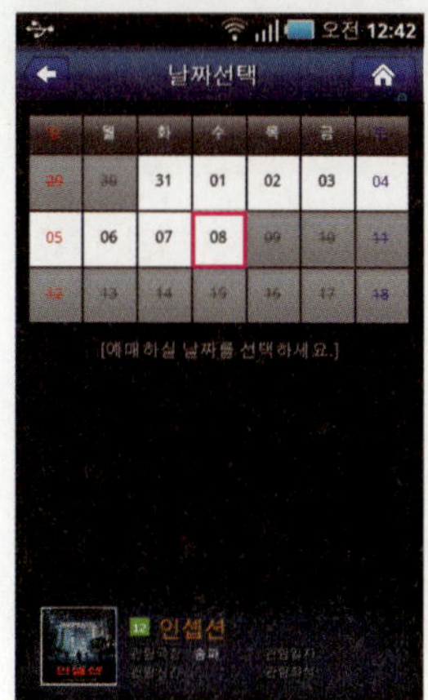
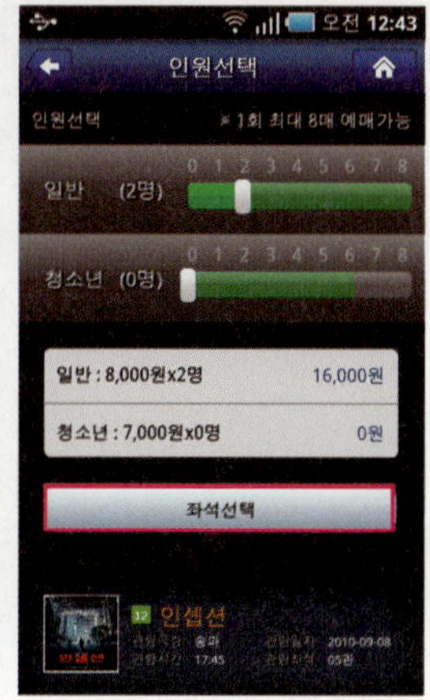

06 선택한 상영관의 좌석 상황이 나타납니다. 흰색으로 표시되는 부분이 예약할 수 있는 좌석이므로 이 중에서 원하는 좌석을 터치합니다. 선택된 좌석은 주황색으로 표시됩니다. 이어서 [선택 완료] 버튼을 터치해 예약을 마무리합니다.

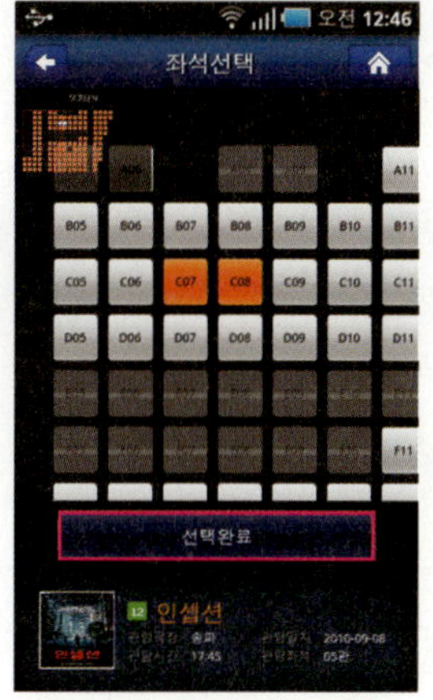

안심하고 먹을 수 있는 먹거리 찾기

'신토불이'는 다양한 농산물과 소고기에 대한 이력 조회를 통해 안전한 먹거리인지 확인할 수 있는 어플입니다. 농산물이나 쇠고기에 붙어있는 번호를 입력하거나 관리번호를 촬영하여 조회합니다.

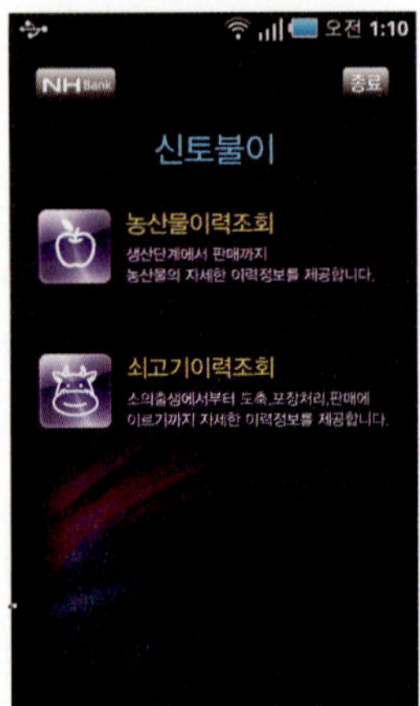

01 설치가 완료된 후 메인 메뉴에서 [신토불이] 아이콘을 터치합니다. 조회할 수 있는 두 메뉴가 나타납니다.

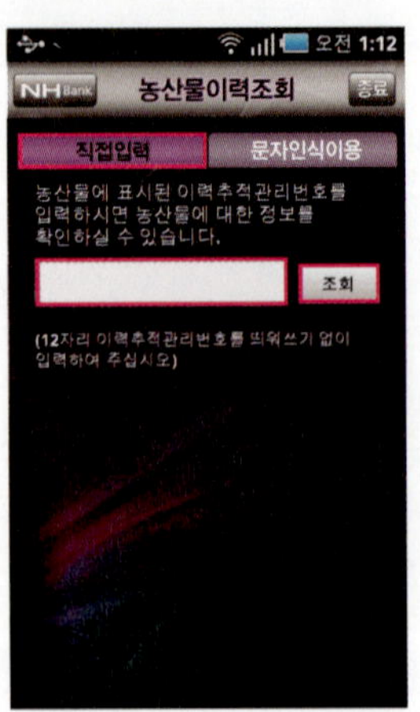

02 농산물 이력 조회를 터치하면 기본적으로 [직접 입력] 화면이 나타납니다. 농산물에 표시된 이력 추적 관리 번호를 입력하고 [조회] 버튼을 터치하여 이력을 조회할 수 있습니다.

03 상단의 [문자 인식 이용]으로 들어가 아래에 있는 [이력조회번호 인식]을 터치하면 카메라가 실행됩니다. 농산물에 붙어있는 이력 추적 번호를 촬영하면 자동으로 이력을 조회할 수 있습니다.

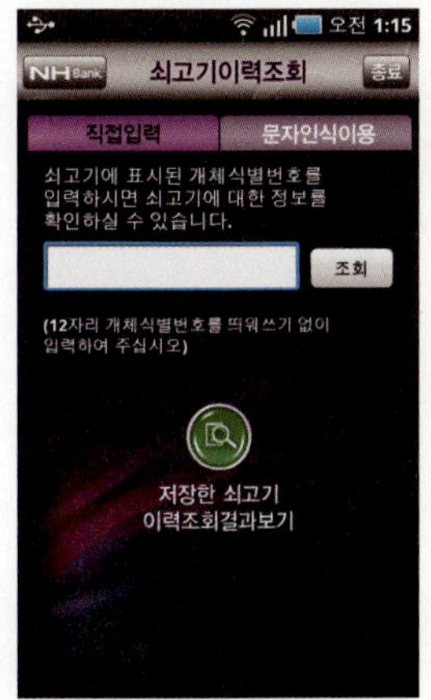

04 쇠고기 이력 조회를 선택한 경우에도 마찬가지로 개체 식별 번호를 직접 입력하거나 문자인식 기능을 통해 이력을 조회할 수 있습니다.

구하면 얻을 것이오!
이번 주 로또 번호 확인하기

'나눔로또' 어플로 각 회차에 대한 나눔로또 당첨 번호와 당첨 금액을 확인할 수 있습니다. 내가 구입한 회차와 번호를 입력하여 결과를 확인할 수도 있습니다.

01 어플이 설치되면 메인 메뉴에서 [나눔로또]를 터치합니다. 기본적으로 가장 최근 차수에 대한 당첨 결과가 나타납니다. 당첨 번호와 등수별 금액을 볼 수 있습니다.

02 지난 회차에 대한 당첨 결과도 확인할 수 있으며 내 번호에 대한 결과를 간편하게 확인하려면 화면 하단에 있는 [내로또 당첨확인] 버튼을 터치합니다.

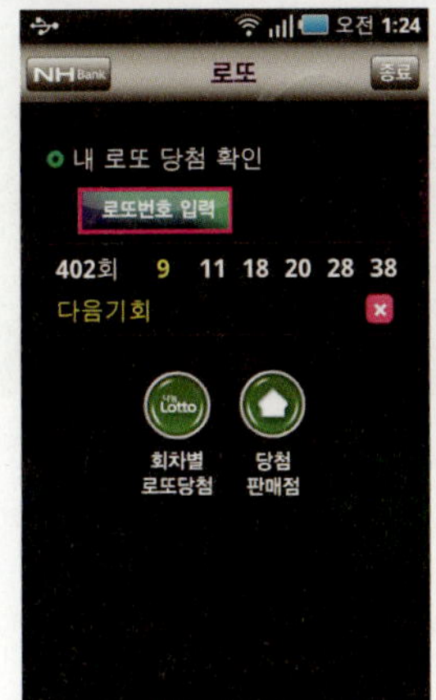
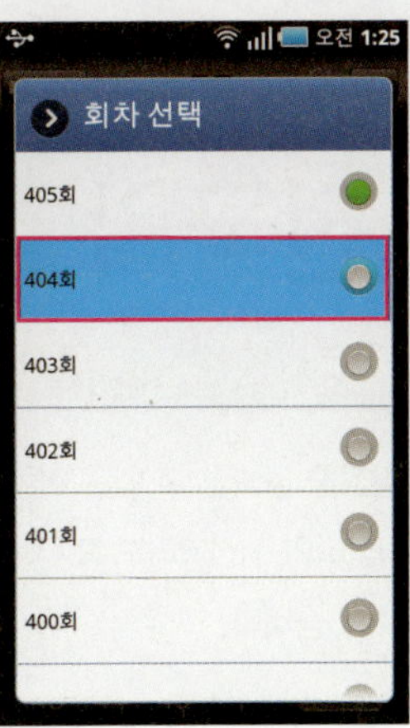

03 [로또번호 입력] 버튼을 터치한 후 회차 목록을 터치하여 해당되는 회 차를 선택합니다.

04 아래의 번호 중에서 자신의 번호를 모두 선택한 후 [등록] 버튼을 터치합니다. 터치한 번호는 자동으로 입력되어 나타납니다. 선택한 회차와 등록한 번호가 목록에 표시되면 [당첨확인] 버튼을 터치합니다. 즉시 결과를 알 수 있습니다.

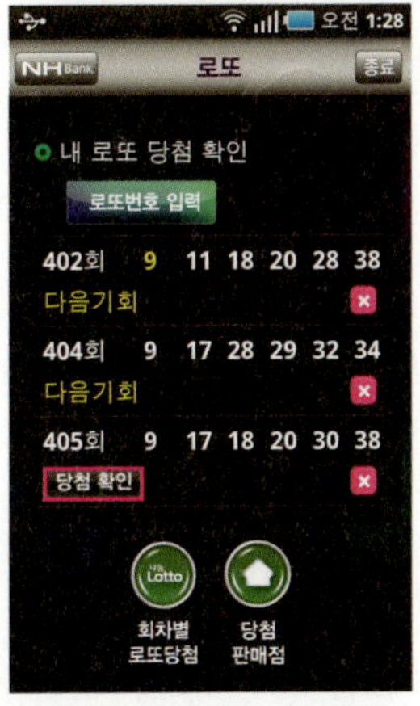

손 안에서 펼쳐지는 전국의 캠핑장 정보

'korea trip'은 지역별 캠핑장을 검색할 수 있는 어플로서 전기나 오토캠핑 등 다양한 검색 옵션을 지원하며 캠핑장과의 직선거리도 표시해줍니다. 댓글과 트위터도 지원하며 등록된 사진도 함께 볼 수 있습니다.

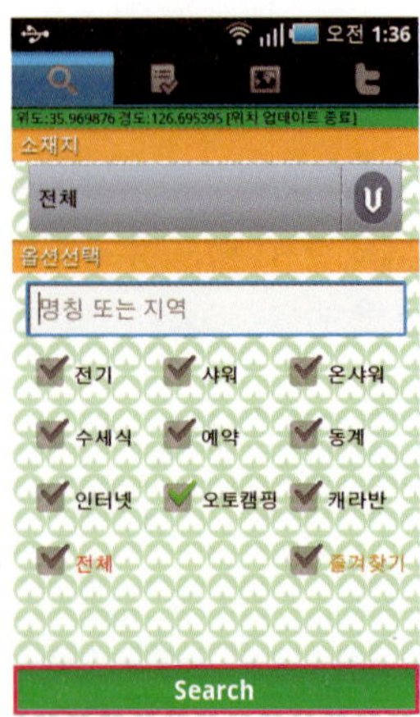

01 설치가 완료되면 메인 메뉴에서 [Korea Trip] 아이콘을 터치합니다. 전체 지역, 또는 특정 지역의 캠핑장만 선택할 수도 있습니다. 검색창에 특정 단어를 입력하거나 아래에 나타난 옵션을 선택하고 [Search] 버튼을 터치합니다.

02 전국의 오토캠핑장을 검색하니 215개가 나타나는군요. 목록 중 하나를 터치하면 선택한 캠핑장에 대한 상세한 정보가 나타납니다.

▲ 사진

▲ 지도

03 상단에 있는 탭을 통해 해당 캠핑장에 대한 댓글과 사진, 지도 등을 살펴볼 수 있습니다.

어디쯤 오고 있을까?
모든 택배 조회하기

'parcel trace'는 택배조회를 위한 어플입니다. 송장 번호를 입력하고 택배사를 선택하면 지정한 물품의 배송 상황을 편리하게 조회할 수 있습니다. 내가 주문한 물품이 어디쯤 오고 있을까요?

01 어플이 설치되면 메인 메뉴에서 [Parcel Trace] 아이콘을 터치합니다. 어플이 실행되면 조회하려는 물품의 송장 번호를 입력합니다. 제품명은 자신이 알아보기 쉽게 입력하면 됩니다. 꼭 입력할 필요는 없습니다.

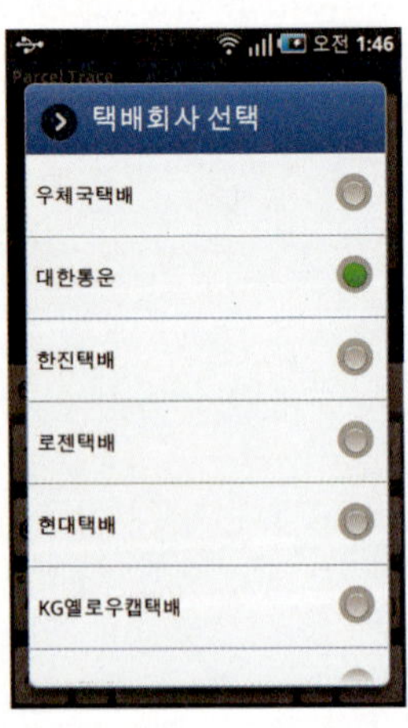

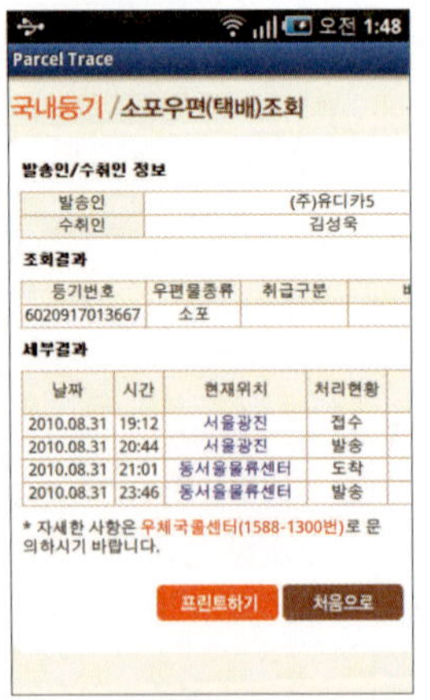

02 택배회사 이름을 터치하고 해당 물품에 대한 택배 회사를 선택한 다음, [조회] 버튼을 터치하면 현재 상황을 확인할 수 있습니다.

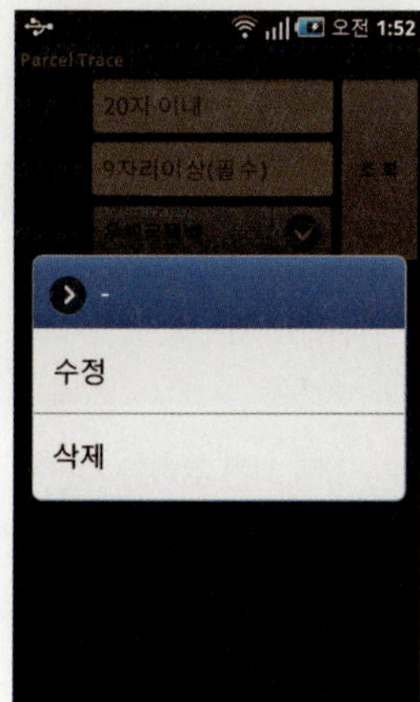

03 기기의 [뒤로 가기] 버튼을 눌러 돌아와 보면 조회한 송장번호가 목록에 등록되어 있는 것을 볼 수 있습니다. 길게 터치하면 해당 항목을 수정하거나 삭제할 수 있으며 기기의 [메뉴] 버튼을 누르면 전체 조회 목록을 삭제할 수 있습니다.

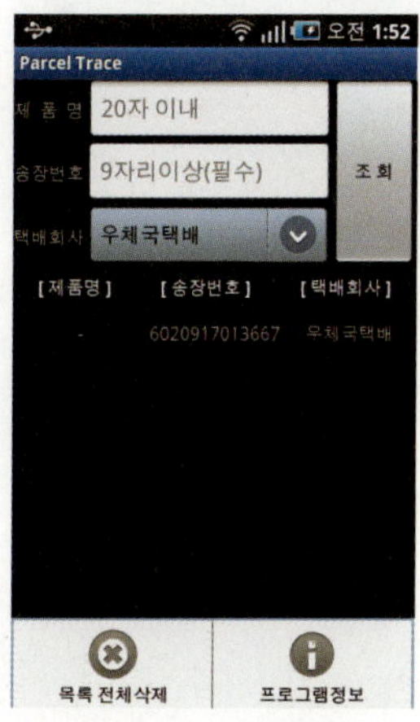

일출 시간과 일몰 시간 알아보기

'일출시간' 어플은 관광이나 생업을 위해 꼭 알아야 하는 일출, 일몰 시간 조회를 간편하게 보여줍니다. 대도시나 대표적인 장소 중에서 선택하거나 GPS를 이용해 현재 위치의 일출, 일몰 시간을 알아볼 수 있습니다.

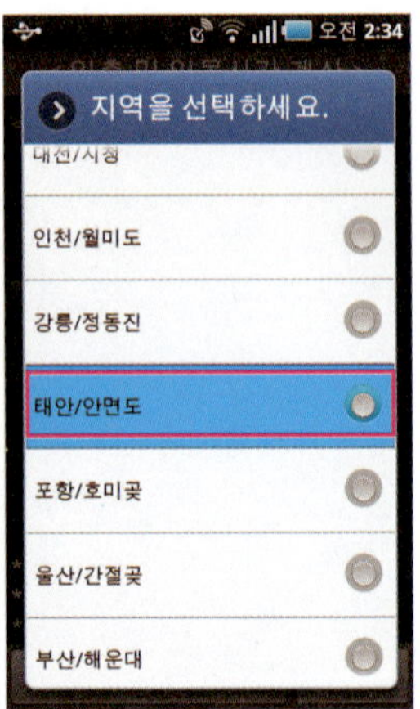

01 어플이 설치되면 메인 메뉴에서 [일출시간] 아이콘을 터치합니다. 어플이 실행되면 먼저 일출 일몰 시간을 보려는 날짜를 지정하고 지역 선택 목록을 터치하면 지역 선택 메뉴가 나타납니다. [태안/안면도]를 선택해보겠습니다.

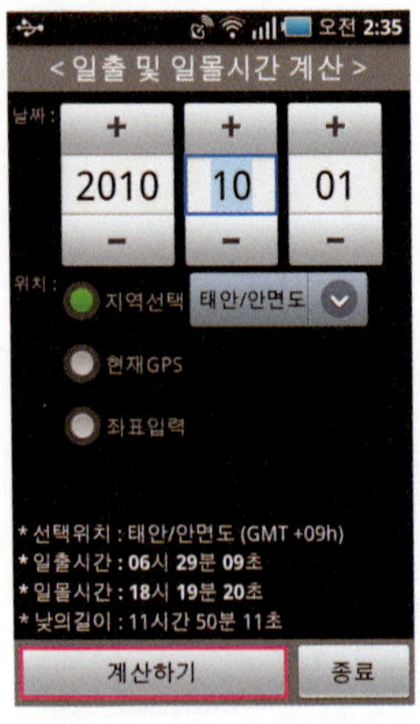

02 하단의 [계산하기] 버튼을 터치하면 일출, 일몰 시간이 아래에 나타납니다. 위치 옵션에서 [현재 GPS 위치]를 선택하면 현재 지점에 대한 경도와 위도가 표시되며 역시 [계산 결과] 버튼을 터치하여 결과를 볼 수 있습니다.

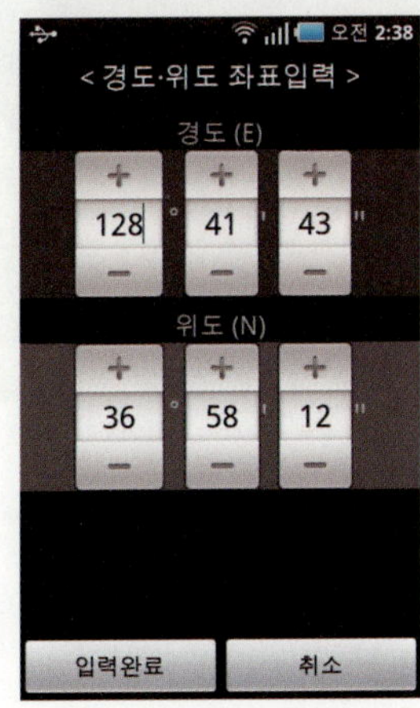

03 위치 옵션에서 [좌표 입력]을 터치하면 경도와 위도를 지정할 수 있는 화면이 나타납니다. [입력완료] 버튼을 터치한 후, 메인 화면에서 [계산 결과]를 터치하면 특정 지점의 결과도 알아볼 수 있습니다.

어디가 가장 쌀까?
스마트 폰으로 가격비교를

'오빙고'는 원하는 상품을 판매하는 여러 사이트를 찾아줌으로써 쉽게 가격을 비교할 수 있도록 해주는 어플입니다. 일부분이지만 카테고리별로 상품을 검색할 수도 있으며 오늘만 특가 페이지를 볼 수도 있습니다.

01 어플이 설치되면 메인 메뉴에서 [오빙고 쇼핑검색] 아이콘을 터치합니다. 잠시 후 오빙고 메인화면이 나타납니다. 검색 창을 터치합니다.

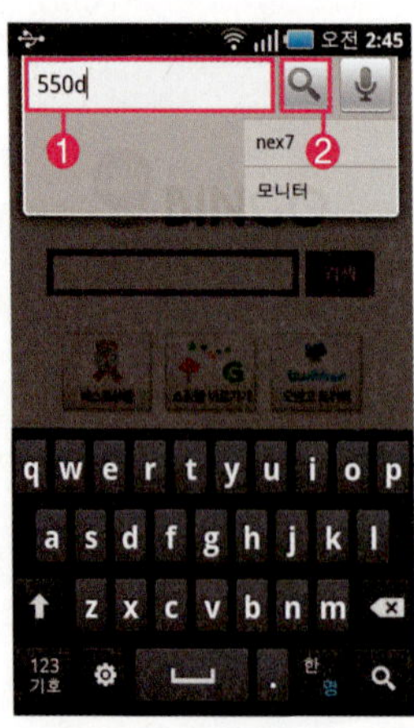

02 검색창에 가격비교를 원하는 상품명을 입력하고 [검색] 버튼을 터치하면 잠시 후 검색 결과가 나타납니다. 인기 상품 순, 낮은 가격 순, 높은 가격 순 등으로 정렬해 볼 수 있습니다. 결과 중 하나를 터치합니다.

03 해당 쇼핑몰로 이동되고 상품의 자세한 정보가 나타나며 구매
할 수도 있습니다.

04 가격비교 화면으로 돌아가 하단의 [카테고리] 버튼을 터치하면 몇 가지 카테고리별로 상품을
찾아가며 가격 비교해 볼 수도 있습니다. 또한 [메뉴] 버튼을 누르면 최근 본 상품, 오늘만 특가
등의 화면으로 이동할 수 있습니다.

▲ 카테고리 버튼

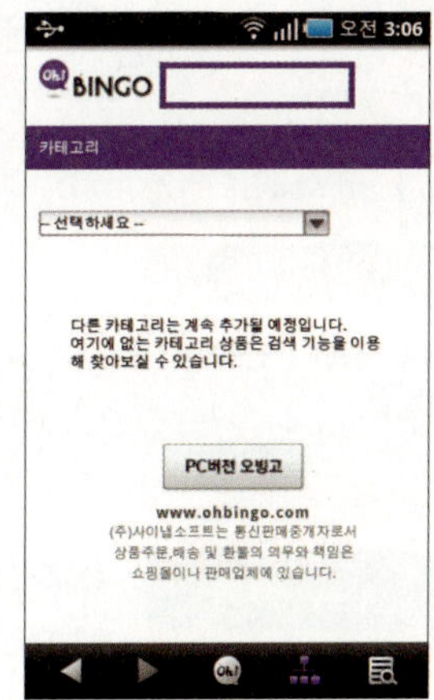

▲ 카테고리 화면

뭘 먹을까 고민 끝!
다양한 레시피가 펼쳐진다

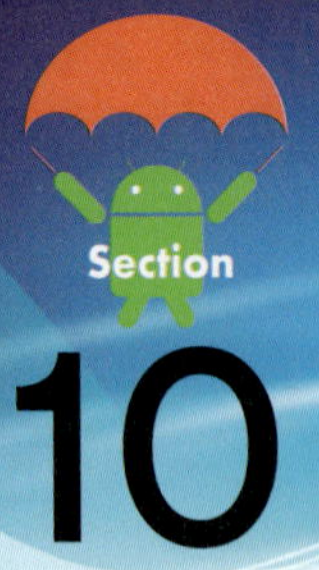

'마이 레시피'는 검색어를 입력하거나 카테고리별로 다양한 레시피를 볼 수 있습니다. 재료는 물론 완성된 요리 사진까지 생생하게 보여줍니다. T 스토어에서 무료로 받을 수 있습니다.

▲ '닭고기' 입력

▲ '닭고기'를 재료로 사용하는 레시피 목록

01 어플이 설치되면 메인 메뉴에서 [마이 레시피] 아이콘을 터치합니다. 마이 레시피 화면이 나타나면 상단의 검색창에 요리 이름이나 재료 이름을 입력하여 해당되는 레시피를 찾을 수 있습니다.

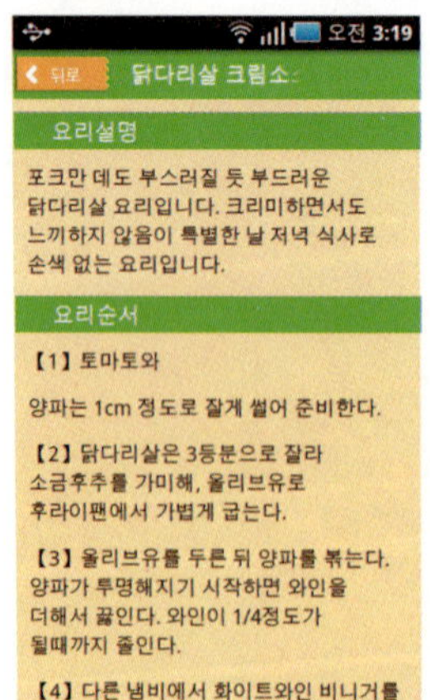

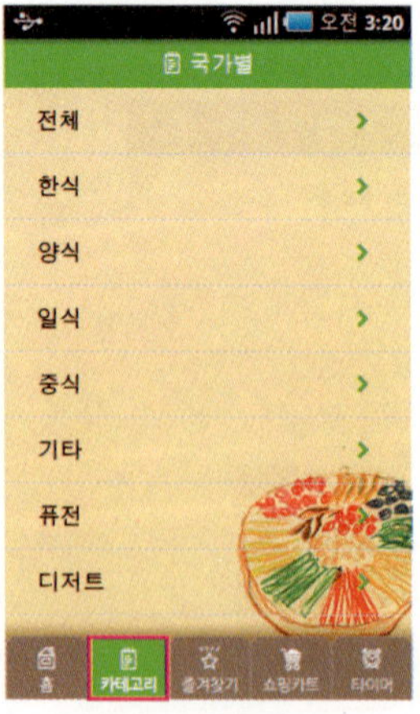

02 원하는 레시피를 터치하면 전체 재료와 요리 순서, 사진 등을 상세히 볼 수 있으며 하단의 [카테고리] 탭을 터치하면 각 카테고리 별로 다양한 레시피를 찾아 볼 수 있습니다.

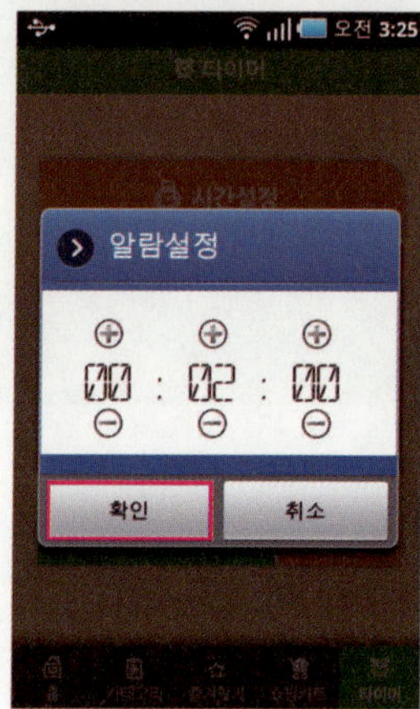

▲ 시간 설정

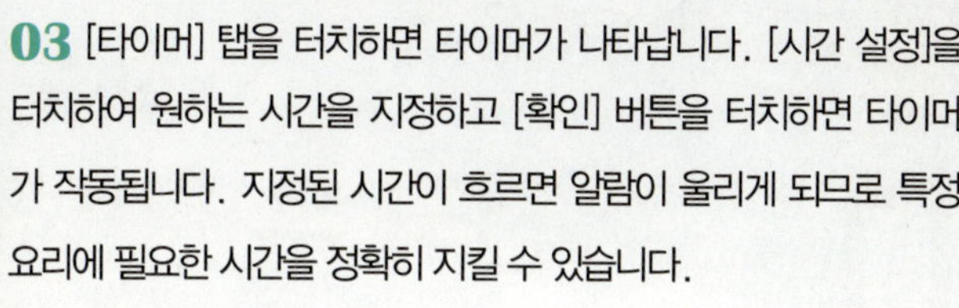

03 [타이머] 탭을 터치하면 타이머가 나타납니다. [시간 설정]을 터치하여 원하는 시간을 지정하고 [확인] 버튼을 터치하면 타이머 가 작동됩니다. 지정된 시간이 흐르면 알람이 울리게 되므로 특정 요리에 필요한 시간을 정확히 지킬 수 있습니다.

▲ 타이머가 작동됩니다.

책보다 편하다!
전국 우편번호 검색하기

'우편번호'는 간편하게 전국의 우편번호를 검색하는 어플입니다. 자주 사용하는 지역은 즐겨찾기에 등록하여 쉽게 찾아볼 수 있습니다.

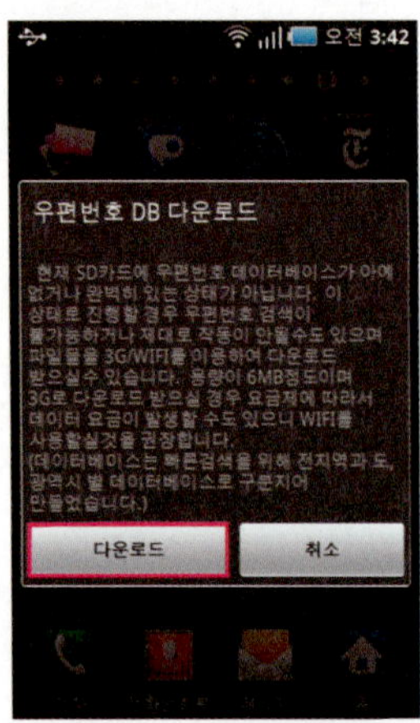

01 어플이 설치되면 메인 메뉴에서 [우편번호] 아이콘을 터치합니다. 우편 번호 DB(데이터베이스)를 다운로드해야 한다는 안내문이 나타납니다. [다운로드] 버튼을 터치합니다.

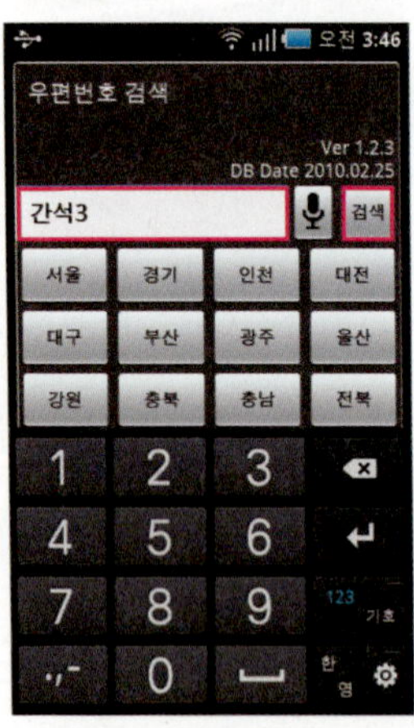

02 다운로드가 진행되며 완료되면 검색 창이 나타납니다. 검색창을 터치하여 찾고자 하는 동이나 아파트, 건물명을 입력하거나 검색창 우측의 마이크 버튼을 터치해 음성으로 입력합니다.

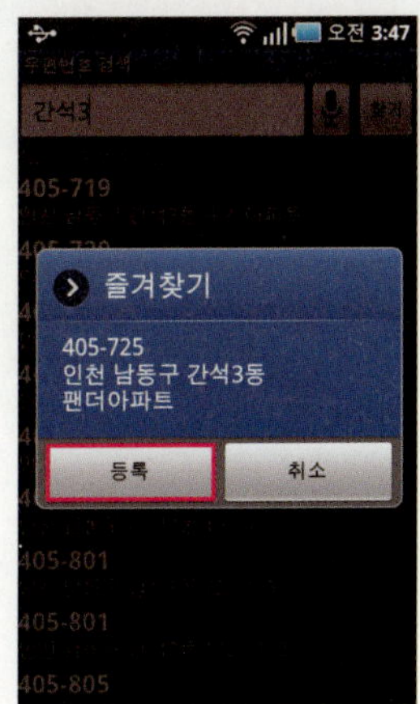

03 [검색] 버튼을 터치하면 결과가 나타납니다. 상단의 검색창을 통해 다른 지역을 계속 검색할 수 있습니다. 목록 중에서 하나를 터치하면 즐겨찾기에 등록할 수도 있습니다.

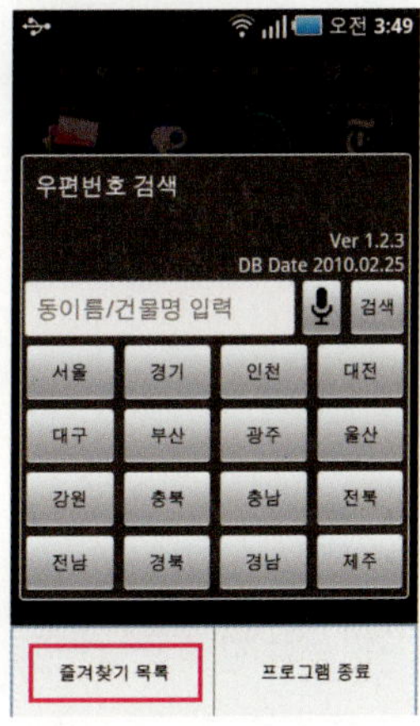

04 즐겨찾기 등록된 지역은 기기의 메뉴 버튼을 누르고 [즐겨찾기 목록]을 선택해서 볼 수 있습니다.

주변의 편의점 다 나와!
증강현실로 보는 편의점

'편의점마니아 24시'는 편의점만을 빠르고 간편하게 증강현실로 볼 수 있는 어플입니다. 검색 반경을 설정할 수 있으며 체인점별로 검색하거나 세일 정보 등도 살펴볼 수 있습니다. T 스토어에서 무료로 받을 수 있습니다.

01 어플이 설치되면 메인 메뉴에서 [편의점 마니아] 아이콘을 터치합니다. 잠시 후 카메라를 통해 주변이 나타나며 편의점이 검색됩니다. 그림은 야간에 실내에서 실행시켰기 때문에 실제 주변 모습이 보이지 않습니다.

02 기기의 [메뉴] 버튼이나 좌측의 〈 부분을 터치하면 여러 메뉴가 나타납니다. 각 메뉴는 다음과 같은 기능을 갖습니다.

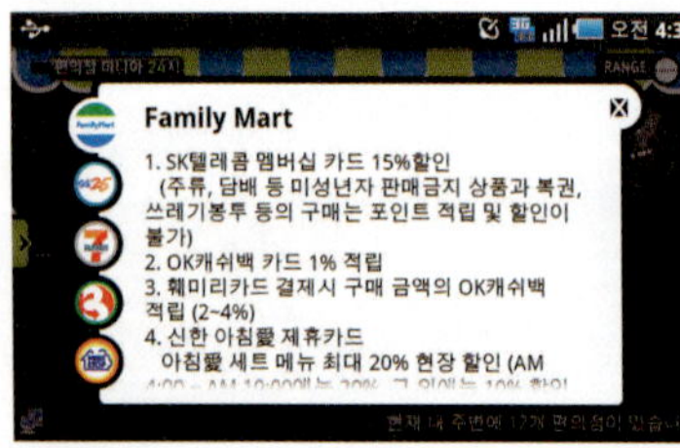
▲ SALE 메뉴

- **store** : 검색될 편의점만을 선택할 수 있습니다. 기본적으로 all이 선택되어 있어 모든 편의점이 나타납니다.
- **SALE** : 각 편의점 별로 실시하는 세일 내용을 보여줍니다.
- **RANGE** : 검색 범위를 지정할 수 있는 바가 나타납니다. 드래그하여 적절히 범위를 지정합니다.
- **MAP VIEW** : 범위내의 지역을 지도로 보여줍니다. AR VIEW로 바뀐 메뉴를 터치하면 다시 증강현실 화면으로 돌아갑니다.
- **SETTING** : 초기 화면이나 화면 자동 전환 유무 등을 설정합니다.

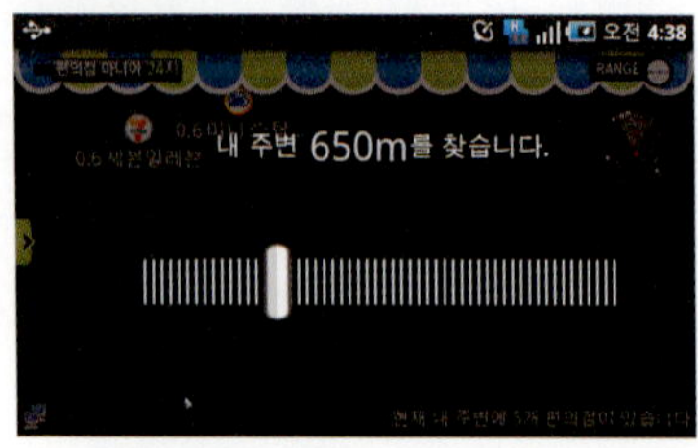
▲ RANG 메뉴

새 기록에 도전하라!
정확하게 재어주마

마켓에서 'stopwatch'로 검색하면 여러 개가 나타나는데 스톱위치가 복잡한 어플이 아닌만큼 대부분 비슷합니다. 책에서는 개발자 이름이 sportstracklive.com으로 되어 있는 것을 예로 들었습니다. 스톱위치 기능과 타이머 기능을 제공하며 색상도 임의로 변경해 사용할 수 있습니다.

01 어플이 설치되면 메인 메뉴에서 [스톱위치] 아이콘을 터치합니다. 스톱위치가 나타납니다. [시작]을 누르면 스톱위치가 작동됩니다. [랩]을 누르면 현재까지의 시간이 목록으로 추가되고 [정지]를 누르면 일시적으로 작동이 중지되며 [재설정]을 누르면 시간이 초기화됩니다.

02 타이머로 사용하려면 기기의 [메뉴] 버튼을 누르고 [타이머]를 터치합니다. [새 카운트다운]을 터치하여 타이머가 작동할 시간을 지정하고 [카운트다운 설정] 버튼을 터치합니다.

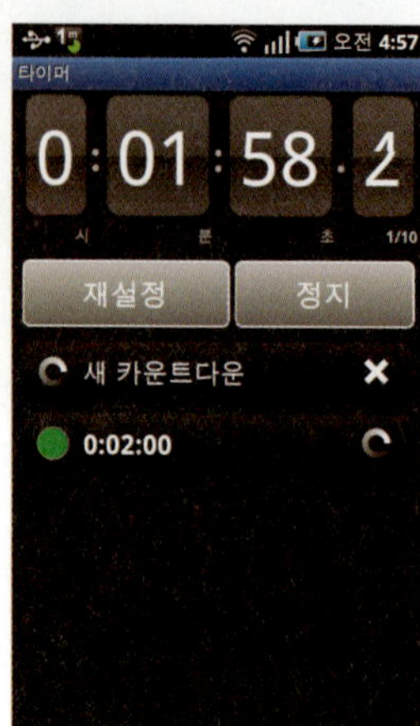

03 지정한 시간이 표시됩니다. [시작] 버튼을 누르면 타이머가 작동되며 지정된 시간이 모두 경과하면 알림이 울리게 됩니다.

04 기기의 메뉴 버튼을 누르면 다시 [스톱워치]로 전환하거나 [색상]을 변경할 수 있으며 [설정]을 선택해 알람 소리 등을 변경할 수도 있습니다. 화면을 옆으로 돌리거나 메뉴의 [전체 화면]을 터치하면 시간 표시가 가로 형태로 크게 나타납니다.

▲ 가로로 전환된 타이머

복잡한 금융 계산은 금융 계산기로 뚝딱!

'스마트 금융 계산기'는 적금을 비롯해 대출, 부동산 등 재테크 관련 계산 및 각종 금융 관련 계산을 쉽게 처리해주는 금융 계산기 어플입니다.

01 어플이 설치되면 메인 메뉴에서 [스마트금융 계산기] 아이콘을 터치합니다. 여러 메뉴가 나타납니다. 일정 목표액이 되기 위해 매월 얼마씩 저축해야 하는지 계산해보겠습니다. [매월 저축액]을 터치합니다.

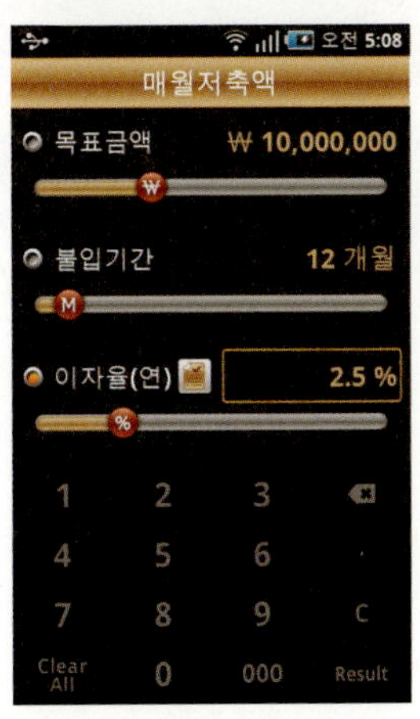

02 1년 후에 천만 원을 받으려면 매월 얼마씩 저금해야 하는지 각 항목의 바를 드래그하여 지정합니다. 이자는 연 2.5%로 설정해보았습니다. 각 항목을 터치하고 아래 숫자판에서 값을 입력해도 됩니다.

03 Result 버튼을 터치합니다. 매월 적금액이 표시됩니다.

04 기기의 [뒤로 가기] 버튼을 누르고 메인 화면으로 돌아온 후, 환율계산을 터치합니다. 계산 화면이 나타나면 좌측의 국가 목록을 드래그하여 USD가 중앙의 짙은 색상에, 우측 국가 목록을 드래그하여 KRW가 중앙의 짙은 색상에 나타나게 합니다. 달러 대비 원화를 계산하려는 것입니다.

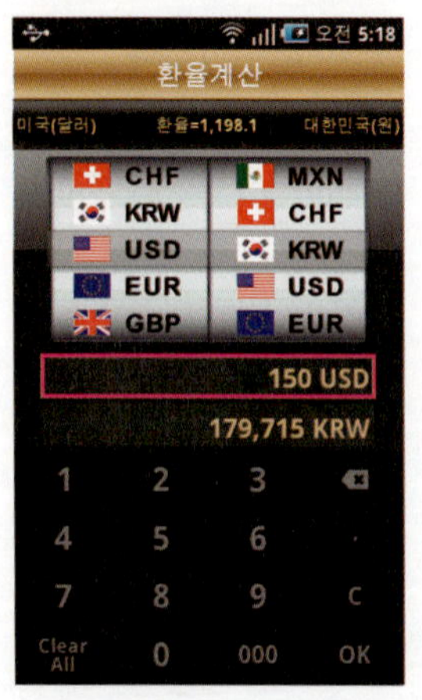

05 아래의 숫자판에서 150을 입력합니다. 150달러에 대한 원화 계산 결과가 나타납니다. 값을 초기화하려면 Clear All을 누릅니다.

계좌 조회와 이체도 척척!
스마트 폰으로 은행 업무를

대부분의 은행은 스마트 폰용 은행 어플을 제공하고 있어 간편하게 조회나 이체 등의 업무를 처리할 수 있습니다. 여러 은행 중에서 'NH 스마트 뱅킹'어플을 사용한 농협 은행의 경우를 살펴보겠습니다. 대부분 유사한 사용 방식을 가지고 있으며 마켓에서 각 은행 이름으로 검색하여 받을 수 있습니다. 공인 인증서는 미리 준비되어 있어야 합니다.

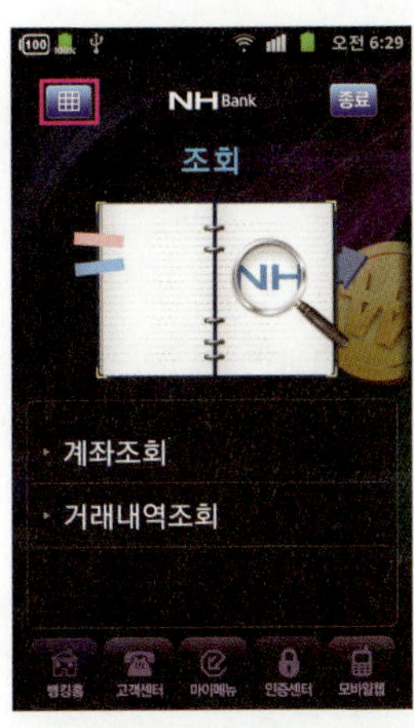

01 어플이 설치되면 메인 메뉴에서 [NH 농협] 아이콘을 터치합니다. 메인 화면에는 두 개의 조회 메뉴만 보입니다. 상단 좌측의 아이콘을 터치하여 전체 메뉴가 나타나면 [조회]를 터치합니다.

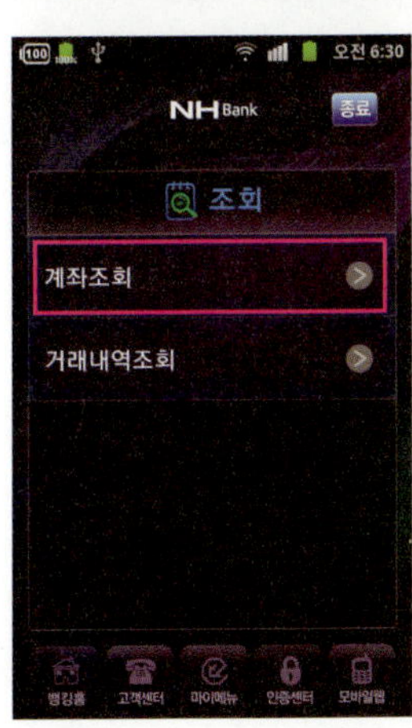

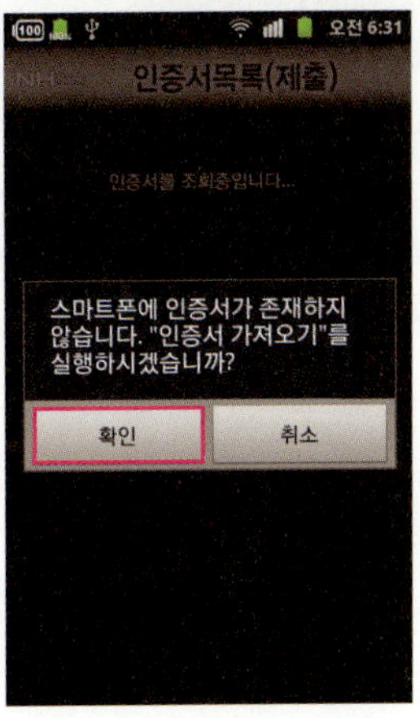

02 조회 메뉴가 나타나면 [계좌조회]를 터치합니다. 인증서가 없으므로 가져와야 한다는 메시지가 나타납니다. [확인] 버튼을 터치합니다.

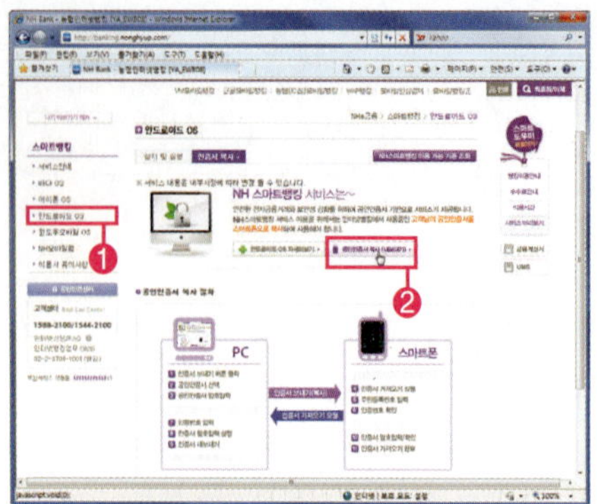

03 PC에 저장된 공인 인증서를 가져오는 절차에 대한 설명이 나타납니다. PC에서 농협 인터넷 뱅킹 사이트에 접속하고 [공인인증센터>스마트폰 인증서 복사] 메뉴에서 '안드로이드 OS>공인 인증서 복사(내보내기)'를 선택합니다.

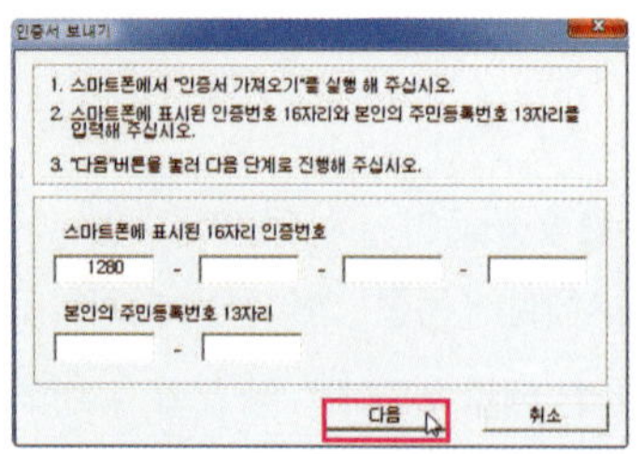

04 [인증서 선택] 창이 나타나면 PC에 설치된 공인 인증서를 선택한 다음, 폰 화면 아래에 나타난 인증번호와 주민등록번호를 차례로 입력하고 [다음] 버튼을 클릭합니다.

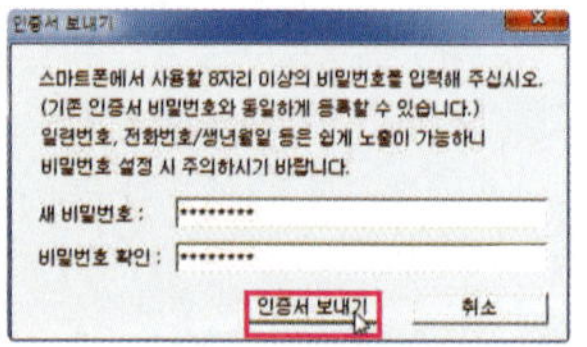

05 인증서를 전송할 것인지 묻는 창이 나타나면 [확인] 버튼을 클릭합니다. [인증서 보내기] 창이 나타나면 폰에서 사용할 비밀 번호를 지정하고 [인증서 보내기] 버튼을 클릭합니다.

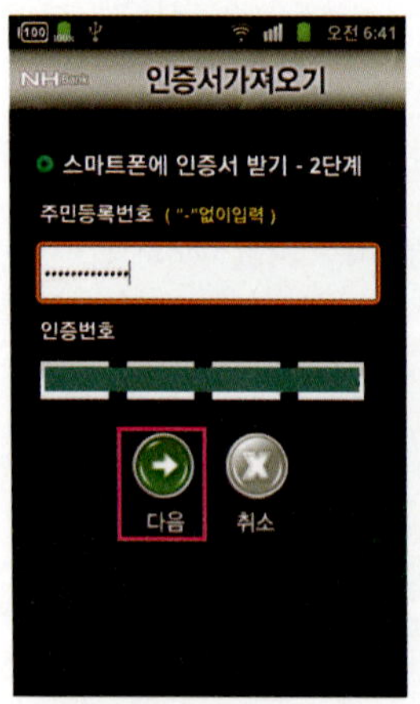
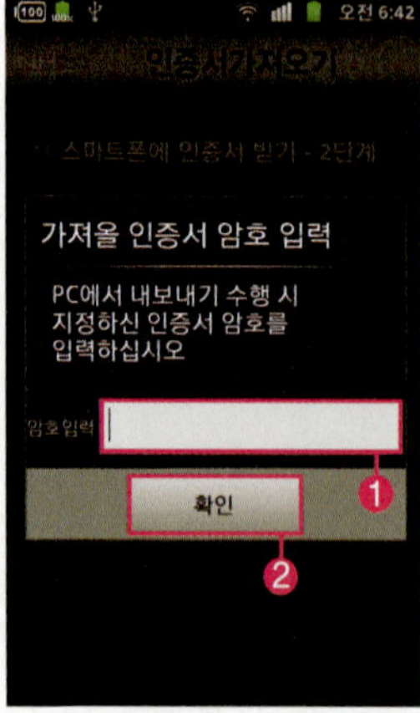

06 폰에서 [다음] 버튼을 터치하여 주민등록 번호를 입력하고 [다음] 버튼을 터치합니다. 비밀 번호 입력 화면이 나타나면 PC에서 지정했던 비밀 번호를 입력하고 [확인] 버튼을 터치합니다. 이제 조회 및 이체를 비롯한 모든 은행 업무를 폰에서 처리할 수 있습니다.

신용 카드 업무도 스마트 폰으로

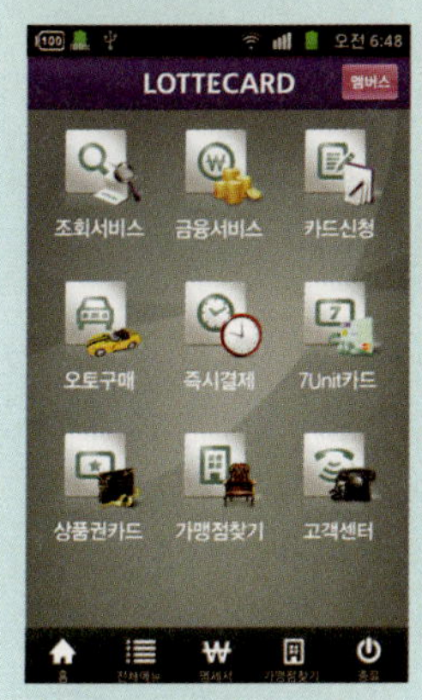

▲ 롯데카드 어플-스마트 롯데

은행 어플에서는 신용 카드 업무도 처리할 수 있지만 비은행권 카드의 경우에는 별도의 전용 어플을 설치해야 합니다. 마켓에서 카드사 이름으로 검색하면 해당 카드 전용 어플을 다운받아 사용할 수 있습니다.

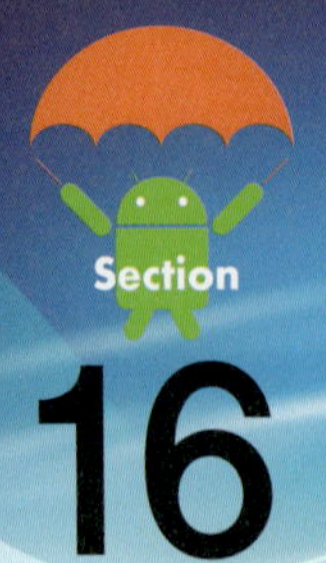

PC가 필요없는 오픈 마켓 쇼핑

옥션을 비롯한 지마켓, 11번가, 인터파크 등의 오픈 마켓도 전용 어플을 설치하면 간단히 해당 마켓의 상품을 검색하거나 구매할 수 있습니다. 화면에 보이는 정보의 한계로 다소 답답하게 느껴질 수 있으나 간단히 특정 상품을 구매할 때 유용할 것입니다.

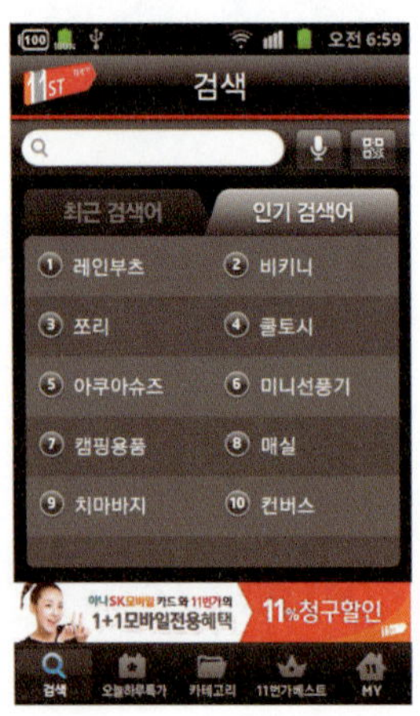

01 11번가 어플 실행화면입니다. 하단의 버튼을 통해 원하는 상품을 검색하거나 카테고리를 통해 상품을 찾을 수 있습니다.

02 '16G SDHC'라는 검색어를 입력한 검색 결과입니다. 원하는 상품을 터치하면 웹 브라우저를 통해 모바일 11번가가 나타납니다. PC에서 이용할 때와 마찬가지로 구매하거나 장바구니에 담아놓을 수 있습니다.

03 기기의 [뒤로가기] 버튼을 누르면 다시 어플로 돌아옵니다. MY 화면에서 로그인하면 –장바구니 상품을 보거나 주문 배송 조회, 쿠폰 등의 메뉴를 사용할 수 있습니다. 또한 어플리케이션 설정 메뉴를 통해 로그인 상태나 트위터와의 연동, 시작 화면 등을 설정할 수 있습니다.

Part 6

비즈니스 · 학습 어플

업무나 학습에 필수적인 여러 어플들을 익히도록 합니다. 각종 문서 파일을 열람할 수 있는 어플에 이어, QR 코드를 통해 다양한 정보를 확인하고 손 글씨를 쓰거나 외국어를 번역하고 손쉽게 단어를 암기할 수 있는 어플에 대해서도 알아볼 것입니다. 또한 영어 학습과 포스트 잇 어플, 도서관 좌석 검색을 위한 어플 등에 대해서도 다루어 볼 것입니다.

한글 문서나 오피스 파일도 척척

'한컴 오피스 한글 뷰어'는 한글 문서(hwp)를 볼 수 있는 어플이며 '씽크프리 오피스 모바일 뷰어'는 마이크로소프트 워드, 엑셀, 파워포인트 등의 오피스 문서 파일을 볼 수 있는 어플입니다. 이메일 연동기능도 있어 요긴하게 사용할 수 있습니다.

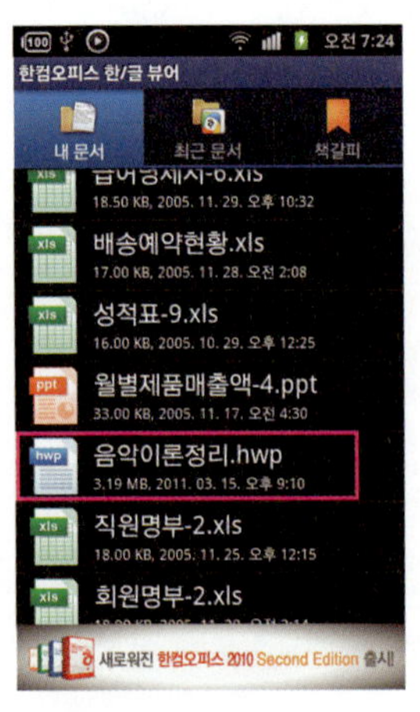

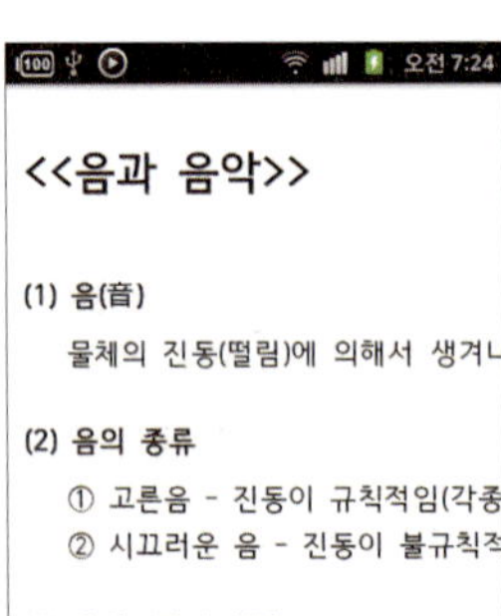

01 '한컴 오피스 한글 뷰어'가 설치된 후 [한컴 뷰어] 아이콘을 터치합니다. 사용권 계약 화면에서 [동의] 버튼을 터치하면 폰의 폴더가 나타납니다. HWP 확장자를 갖는 한글 문서를 터치하면 해당 문서를 볼 수 있으며 PDF 문서도 열 수 있습니다.

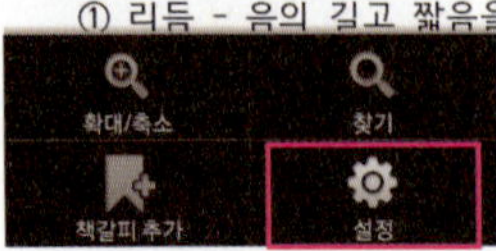

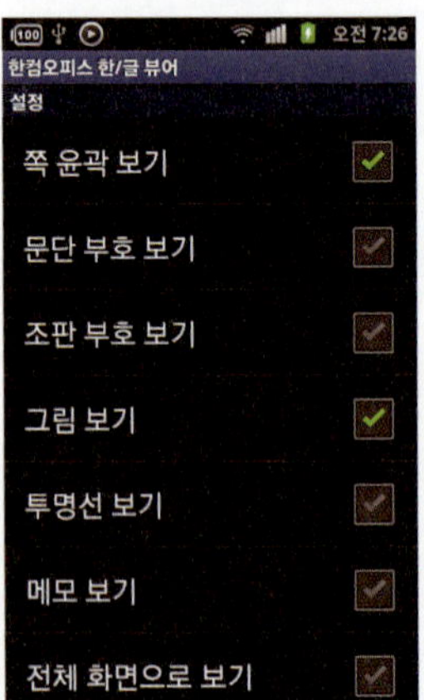

02 두 손가락으로 확대/축소도 가능하며 기기의 [메뉴] 버튼을 누르면 책갈피에 추가하거나 문서를 볼 때 적용되는 설정 화면으로 이동할 수도 있습니다.

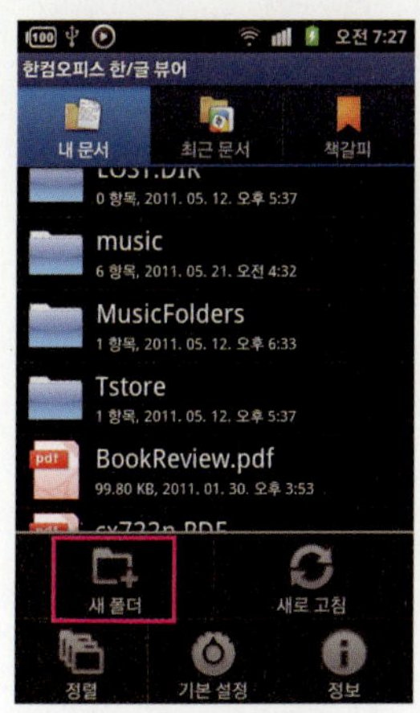 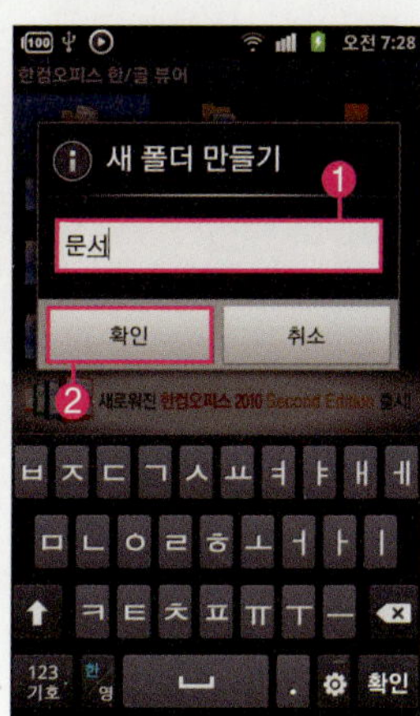

03 '한컴 뷰어'는 간단한 파일 관리 기능도 가지고 있습니다. 폴더 화면에서 기기의 [메뉴] 버튼을 누르고 [새 폴더]를 터치한 후, 적당한 이름으로 폴더를 만듭니다.

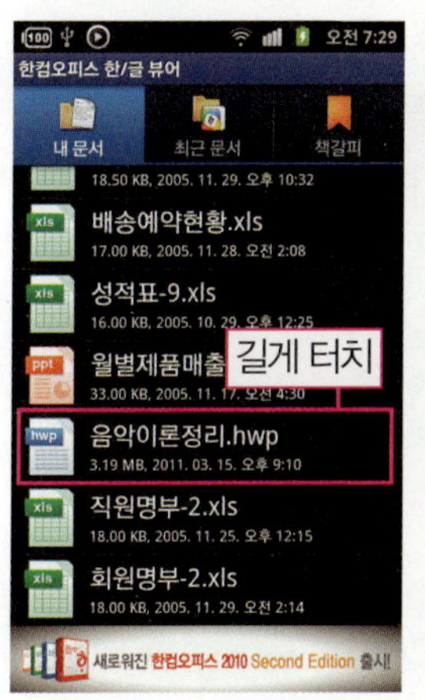 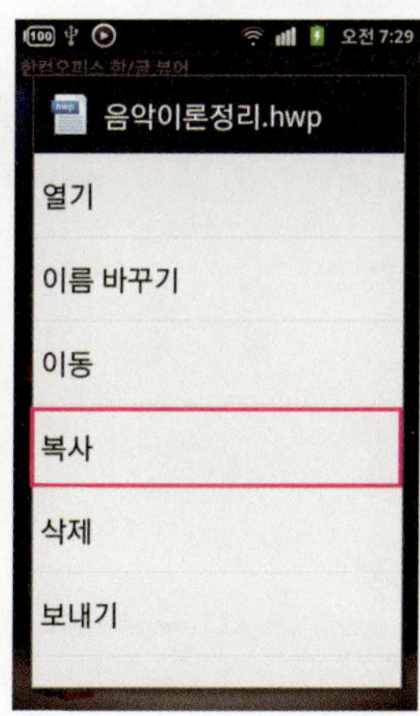

04 문서 위를 길게 터치하고 메뉴가 나타나면 [복사]를 터치합니다.

05 복사 위치를 묻는 창이 나타나면 앞에서 만들어 놓은 폴더를 터치하여 폴더 안으로 들어온 후 [선택] 버튼을 터치합니다. 폴더 화면에서 해당 폴더를 열어보면 복사해둔 파일이 나타나는 것을 볼 수 있습니다. 앞의 메뉴에서 보듯이 복사를 비롯하여 이름을 바꾸거나 이동, 삭제 등의 작업도 처리할 수 있습니다.

06 '씽크프리 오피스 모바일 뷰어'를 설치했다면 'ThinkFree Office(LITE)' 아이콘을 터치하여 어플을 실행합니다. 상단의 [내 문서] 탭을 터치하면 한컴 뷰어처럼 폰의 폴더 목록이 나타납니다. 보고자 하는 문서를 터치합니다.

▲ 엑셀 파일

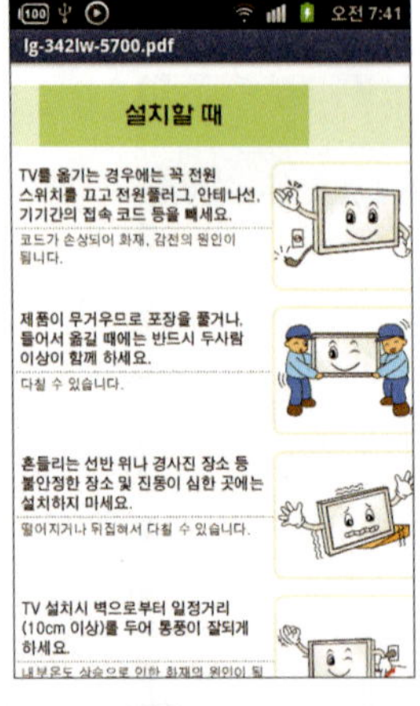

▲ PDF 파일

07 해당 문서가 열리게 됩니다. 한글 문서는 물론 엑셀 파일(XLS), 파워포인트 파일(PPT) 등의 오피스 파일과 PDF 파일까지 읽을 수 있습니다.

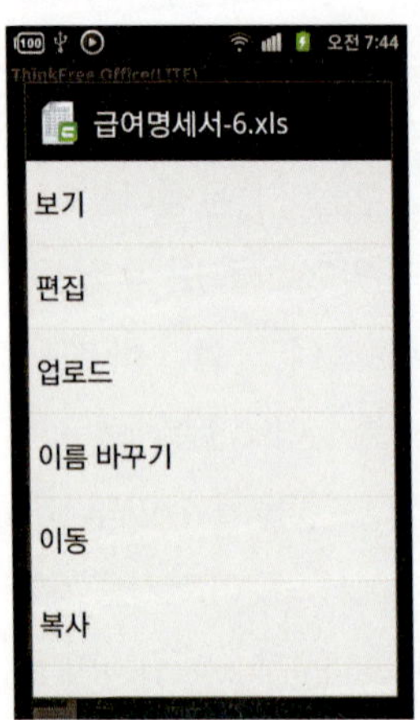

08 파일 이름을 길게 터치하면 메뉴가 나타나 해당 문서를 보거나 업로드, 이름 바꾸기, 이동, 복사 등의 기능을 사용할 수 있습니다. 단, 편집 기능은 유료 버전에서만 가능합니다. 또한 기기의 [메뉴] 버튼을 누르고 [새로 만들기]를 선택하면 새로운 오피스 문서 파일이나 폴더를 만들 수도 있습니다. 무료버전에서는 폴더만 만들 수 있습니다.

국내 상품도 척척 찾는 바코드/QR 코드 스캔 어플

바코드를 인식하는 어플은 많지만 일부 외국 상품만 인식하는 경우가 많습니다. QrooQroo는 국내 상품의 바코드도 대부분 잘 인식하며 가격 비교 화면까지 보여줍니다. 물론 QR코드도 인식합니다. T 스토어에서 무료로 받을 수 있습니다.

01 어플이 설치되면 메인 메뉴에서 [QrooQroo] 아이콘을 터치합니다. 바코드를 스캔할 것인지 QR 코드를 스캔할 것인지 선택합니다. 바코드 스캔을 위해 Barcode Scan을 터치하겠습니다. 카메라가 자동으로 실행됩니다. 화면의 네모 영역 안에 바코드를 위치시킵니다.

Smart Tip   QR 코드란?

QR코드란 흑백 격자무늬 패턴을 갖는 바코드로서 QR 코드를 스캔할 수 있는 어플로 읽어들이면 해당 코드가 가리키는 다양한 정보를 볼 수 있습니다. 인터넷 서핑 중에 특정 어플의 QR 코드를 촬영하면 곧바로 해당 어플을 다운로드할 수 있는 주소(URL)나 마켓의 해당 페이지가 나타납니다.

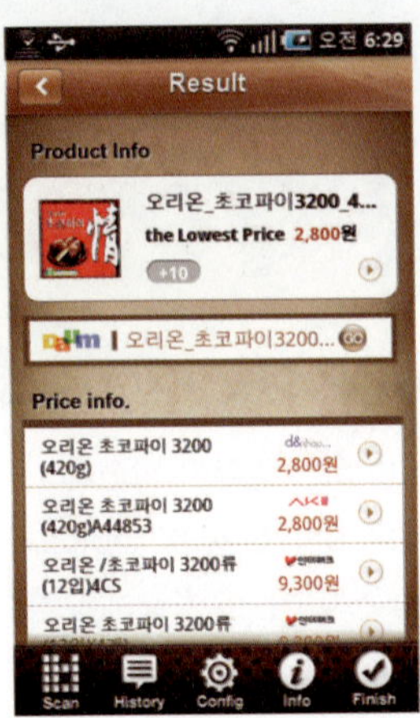

02 바코드가 제대로 인식되면 경쾌한 소리가 들리면서 해당 제품의 정보가 나타납니다. 가격 비교란의 목록을 터치하여 해당 제품 구매 사이트로 이동할 수도 있습니다.

03 화면 아래의 메뉴에서 Scan을 터치하고 QRcode Scan을 선택합니다. 역시 카메라가 실행됩니다. 사각형 영역 안에 컴퓨터 모니터 화면에 나타난 QR 코드를 위치시키면 잠시 후 QR 모드가 인식되고 해당 코드가 가리키는 정보가 나타납니다.

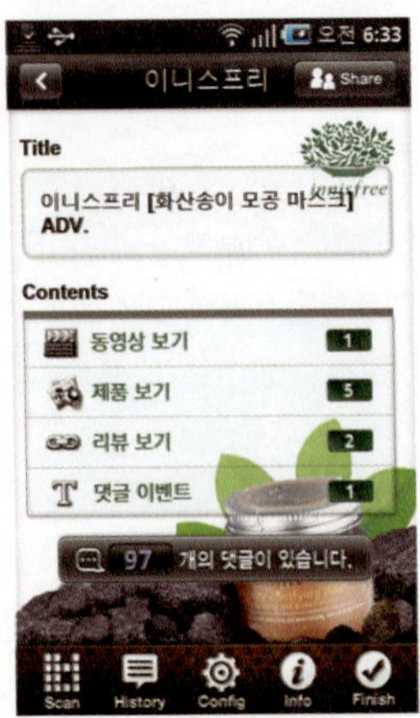

직접 쓴 손 글씨를 친구에게 보내자

'myletter'는 자신이 직접 쓴 글씨를 MMS나 BUMP 등을 통해 전송할 수 있는 어플입니다. 손 글씨가 그대로 보내지는 것이므로 친밀감은 있지만 악필이라면 조금은 고민될 수도 있겠죠?

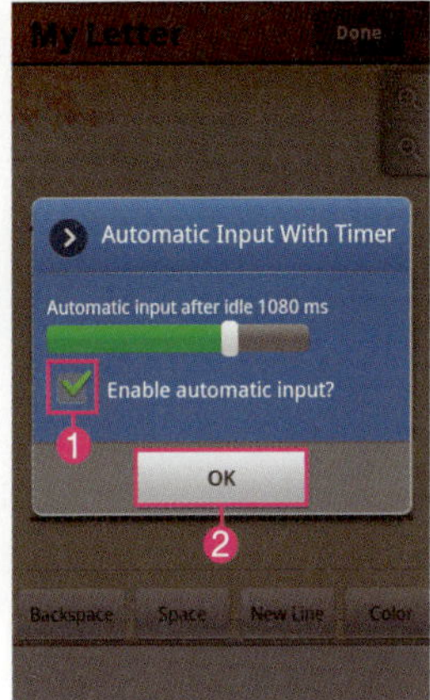

01 어플이 설치되면 메인 메뉴에서 [MyLetter] 아이콘을 터치하여 실행하고 새로운 글을 입력하기 위해 Add 버튼을 터치합니다. 입력 시간이 자동으로 인식되도록 Enable automatic input 옵션을 터치하여 체크 상태로 나타나게 하고 [OK] 버튼을 터치합니다.

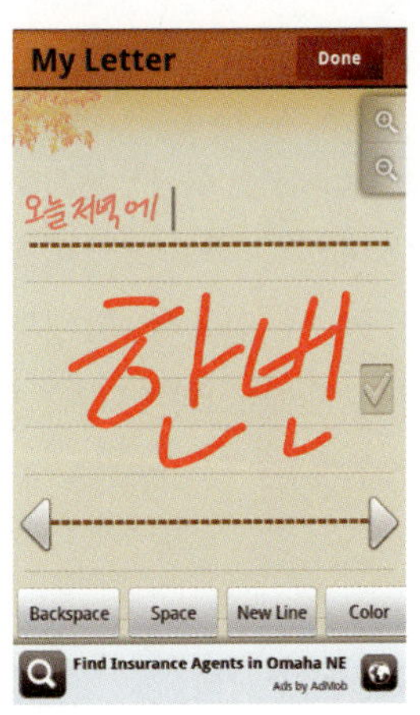

02 화면 중앙을 터치하여 펜글씨를 쓰듯이 문자를 입력합니다. 즉, 그리는 것입니다. 한 자나 두 자 정도를 입력하고 손을 떼면 위쪽에 입력한 문자가 나타납니다. 화면 하단의 Backspace, Space, New Line 등의 버튼을 터치해 문자를 삭제하거나 칸을 띄우거나 새로운 줄로 이동할 수 있습니다.

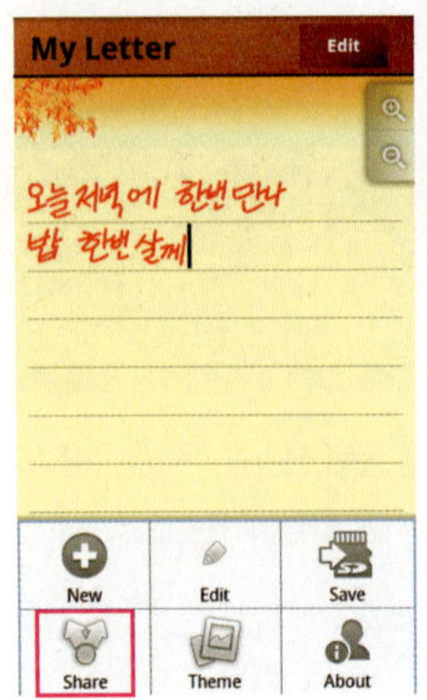

03 입력을 마쳤다면 Done 버튼을 터치하여 편집 상태를 마무리하고 기기의 메뉴 버튼을 누른 후 Share 를 터치합니다. 어떤 방법을 통해 보낼 것인지 폰에 설치된 어플 중에서 사용 할 수 있는 어플 목록이 나타납니다. MMS로 보내려면 [메시지]를 터치합니다.

04 기본 메시지 어플이 실행되며 앞에서 작성한 문자가 문자 입력란에 포함되어 있는 것을 볼 수 있습니다. 수신 전화번호를 입력하고 [전송] 버튼을 터치합니다. 그림이 첨부된 MMS 문자로 발송됩니다.

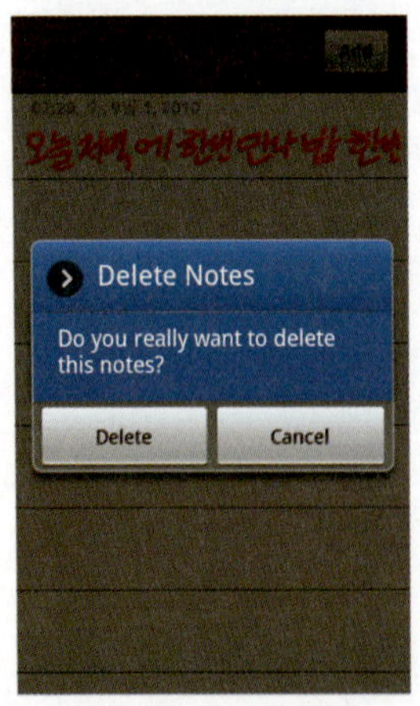

05 기기의 [메뉴] 버튼을 눌러 Save를 터치하면 작성한 문자를 저장할 수 있습니다. 기기의 [뒤로 가기] 버튼을 누르고 Add 버튼을 터치하면 새로운 문자를 입력할 수 있습니다. 이미 작성한 문자는 목록에 나타나고 이것을 길게 터치하면 Delete 버튼이 나타나 목록에서 삭제할 수 있습니다.

폰만 들고 있으면
나도 유능한 통역사

'다국어 번역2'는 번역은 물론 텍스트를 음성으로 들려주는 TTS 기능까지 지원하는 번역기 어플입니다. 입력한 문장 뿐 아니라 웹사이트 번역도 가능합니다. 인터넷에 접속된 상태여야 합니다.

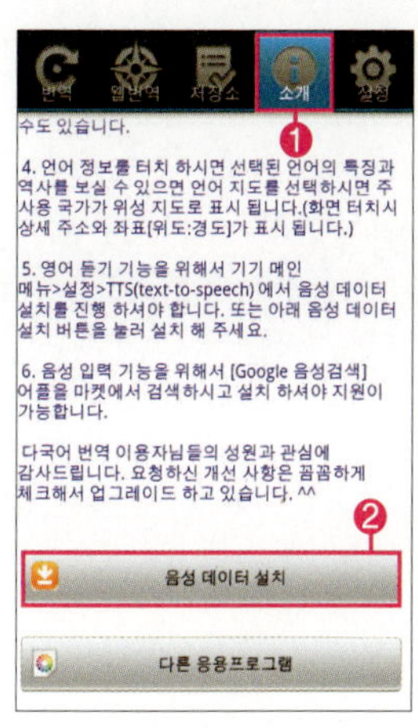

01 설치가 완료되면 메인 메뉴에서 [다국어 번역기2] 아이콘을 터치합니다. 화면이 나타나면 먼저 [소개] 탭을 터치하고 아랫부분에 있는 [음성 데이터 설치] 버튼을 터치합니다. TTS 기능을 위해서는 음성 데이터를 다운받아야 하기 때문입니다.

02 자동으로 마켓의 음성 데이터 목록이 나타납니다. [설치] 버튼을 터치하여 설치합니다.

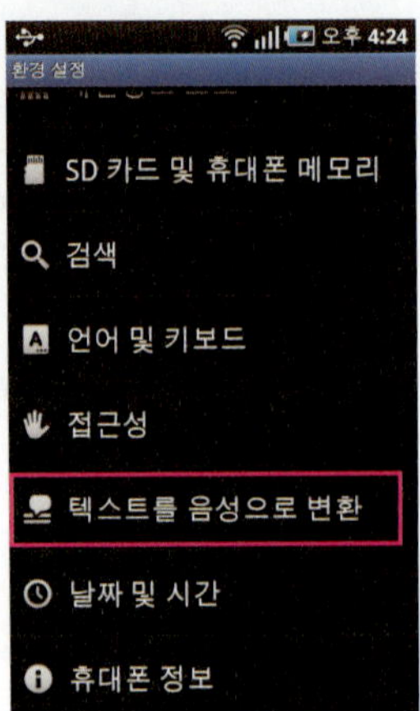

03 갤럭시S의 경우, 음성을 듣기 위해서는 추가로 설정이 필요합니다. 타 기기에서도 음성이 들리지 않는다면 다음과 같이 설정해주어야 합니다. 홈 화면에서 기기의 메뉴 버튼을 누르고 [설정]을 선택하거나 메인 메뉴에서 [환경 설정]을 터치해서 환경 설정 메뉴로 들어가 [텍스트를 음성으로 변환]을 선택합니다.

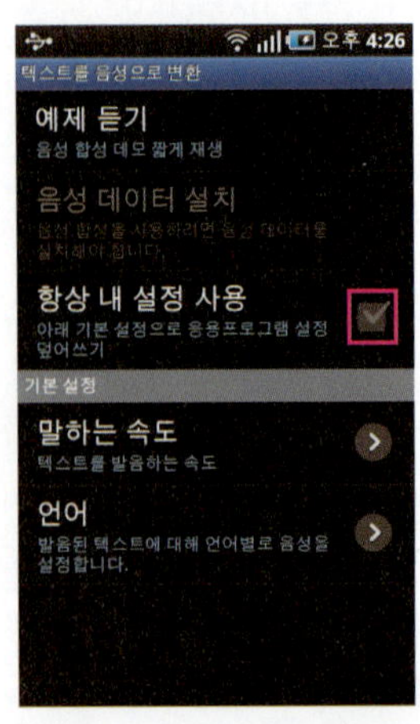

04 여러 옵션들이 나타납니다. [항상 내 설정 사용] 옵션에 체크되어 있다면 터치하여 체크 표시를 해제합니다.

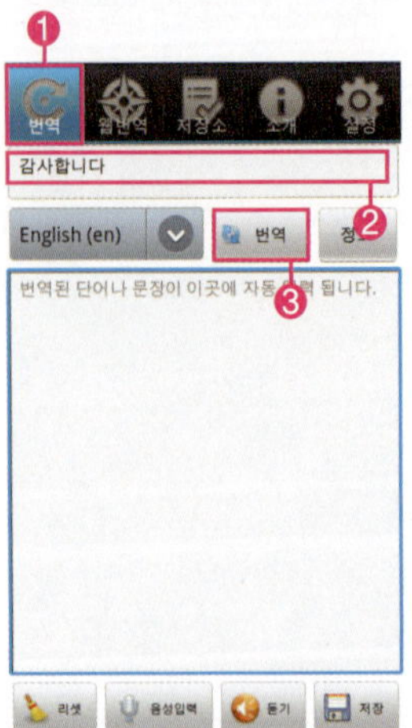

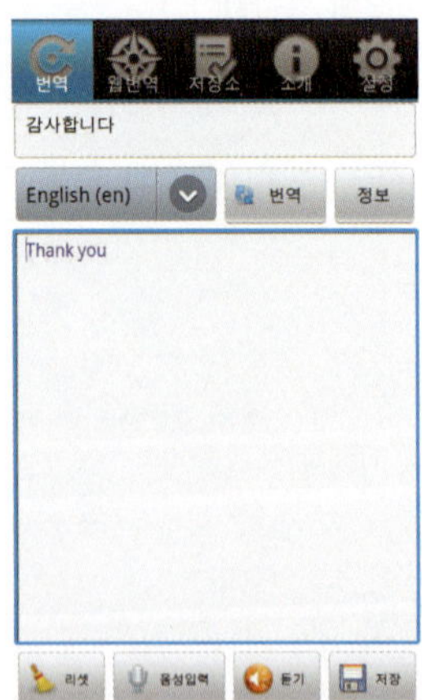

05 다시 다국어 번역기2 어플로 돌아와서 [번역] 탭을 터치한 후, 상단의 문자 입력창에 문자를 입력하고 [번역] 버튼을 터치합니다. 번역 결과가 아래에 나타납니다. [듣기] 버튼을 터치하면 음성으로 번역 결과를 들을 수 있습니다. 또한 [음성 입력] 버튼을 터치하면 음성으로 입력한 문장을 번역할 수 있습니다.

06 입력창과 번역 결과가 나타나는 부분 사이에 있는 선택 메뉴를 터치하면 번역될 언어를 선택할 수 있습니다.

07 [웹번역] 탭을 터치하고 주소 창에 웹사이트 주소를 입력한 다음, [이동] 버튼을 터치합니다. 이어서 번역될 언어를 선택하고 [번역] 버튼을 터치하면 잠시 후 현재 웹사이트의 번역 결과가 나타납니다. 그림은 http://www.bbc.com의 한국어 번역 결과를 보여주고 있습니다.

Section 05

폰을 대기만 하면 단어가 번역된다

'Camtranslator'는 폰 카메라에 나타난 단어를 번역해주는 재미있고 유용한 어플입니다. 카메라에 나타나는 단어를 직접 번역해줄 뿐 아니라 이미 촬영된 이미지에서 원하는 단어를 번역할 수도 있습니다.

01 'Camtranslator'를 설치한 후 실행하고 카메라를 통해 문장이 나타나면 번역하고자 하는 단어 위를 터치합니다. 곧바로 번역 결과가 나타나게 됩니다. 상단의 [언어감지] 부분을 터치하면 번역할 언어를 선택할 수 있습니다. 그림에서는 카메라를 통해 보이는 화면이 표시되지 않았습니다.

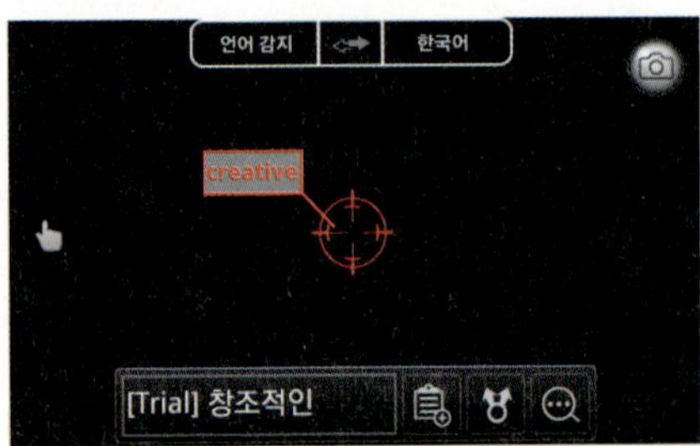

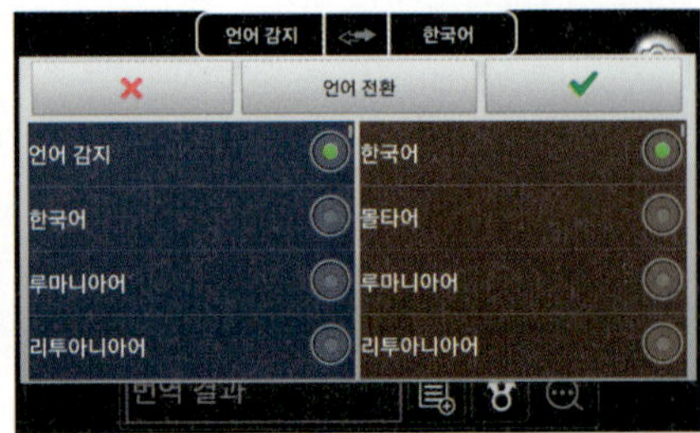

02 상단 우측의 촬영 버튼을 터치하면 현재 보이는 화면이 이미지로 저장되어 나타납니다. 이곳에서 원하는 단어를 터치하여 번역 결과를 볼 수도 있습니다.

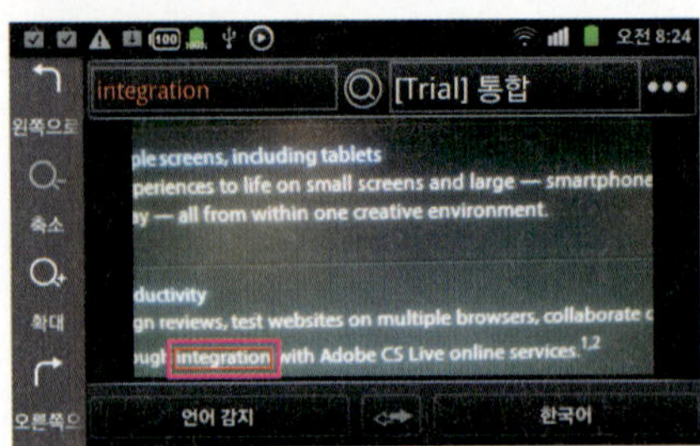

03 초기 화면에서 번역 결과 우측에 나타난 공유 버튼을 터치하면 어떤 수단으로 공유할 것인지 메뉴가 나타납니다. 많이 사용하는 카카오톡을 터치해보겠습니다.

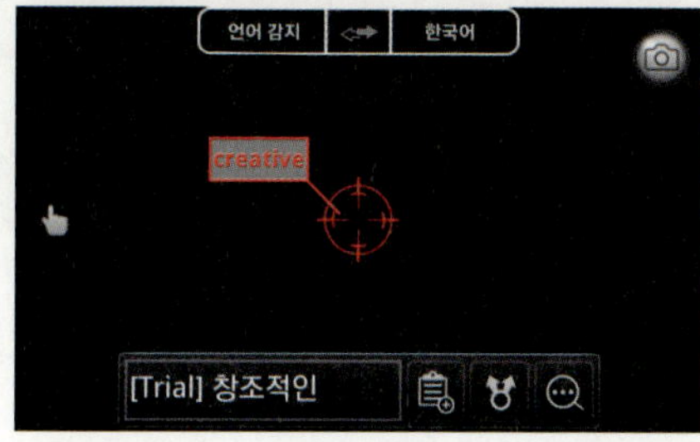
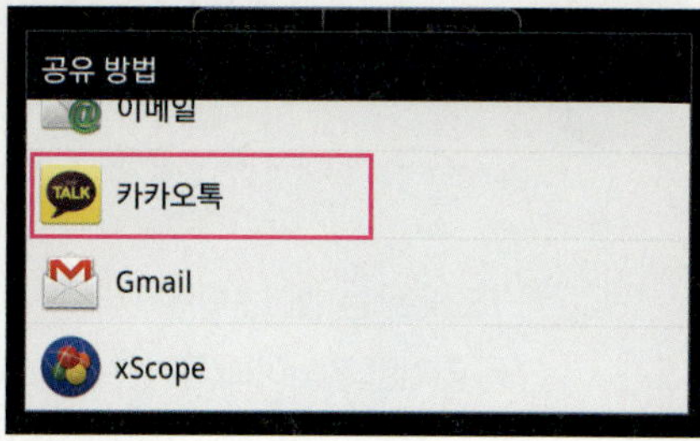

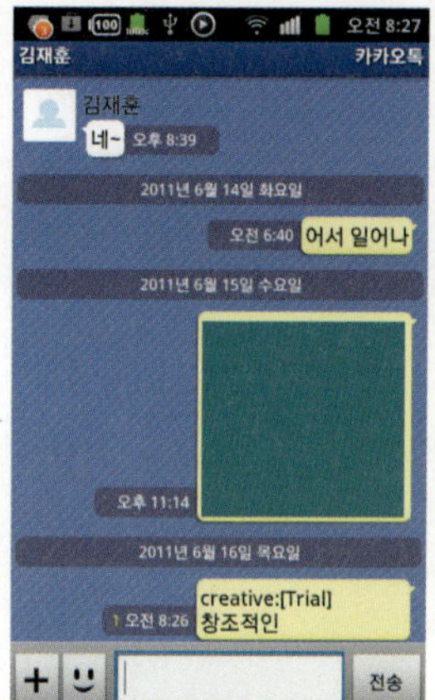

04 카카오톡 친구 목록이 나타나면 전송할 친구를 선택하고 [확인] 버튼을 터치합니다. 해당 친구와의 대화창을 통해 번역 결과가 전송됩니다.

05 공유 버튼 우측의 [사전] 버튼을 터치하면 선택한 단어의 번역 결과가 사전을 통해 보다 상세하게 나타납니다. 간이 사전으로 충분히 활용할 수 있을 것입니다.

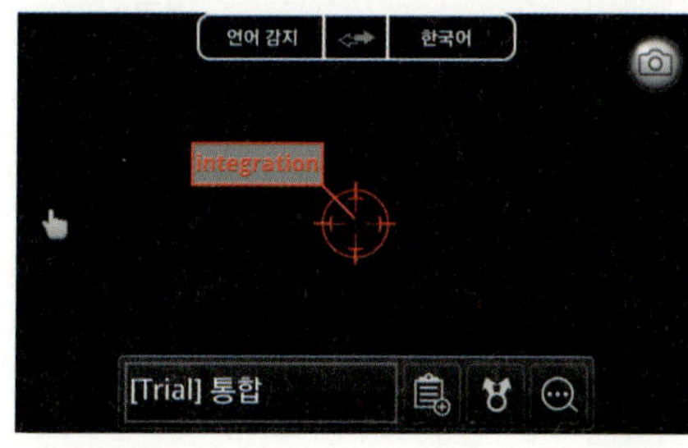
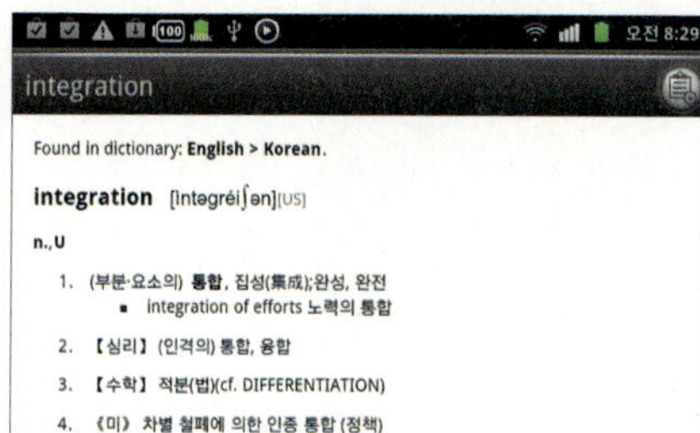

스마트 폰만 있으면
비싼 깜박이가 없어도 OK!

'Repeat'는 영어 단어를 편리하게 암기할 수 있도록 하는 학습 어플입니다. 단어 암기용 기기인 '깜박이'와 유사한 방식으로 편리하고 재미있게 단어를 암기할 수 있습니다.

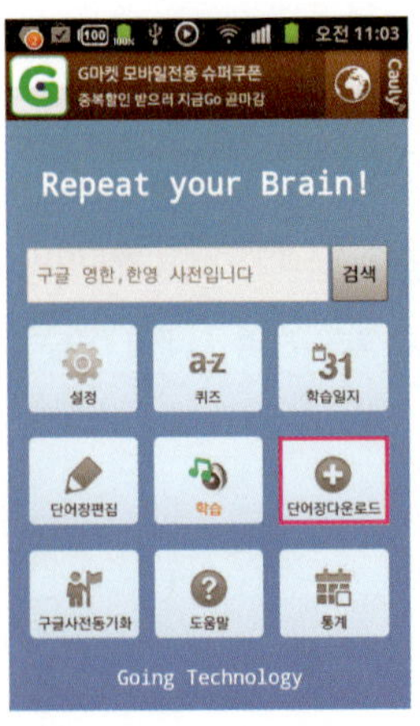

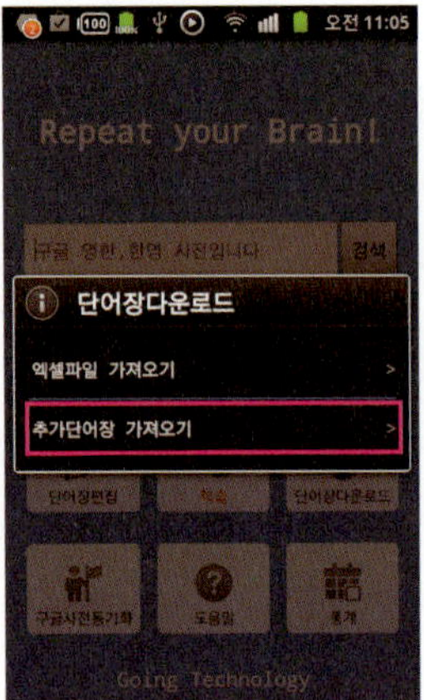

01 'Repeat'을 실행하고 단어장 다운로드를 터치한 후 새 창이 나타나면 [추가단어장 가져오기]를 선택합니다. 기본 단어장이 포함되어 있지만 더욱 많은 단어 학습을 위해서 다운받으려는 것입니다.

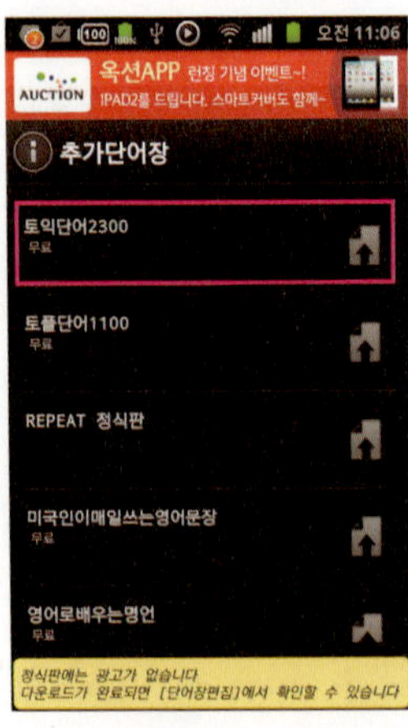

02 단어장 목록이 나타나면 원하는 단어장을 터치합니다. 알림창이 나타나면 [확인] 버튼을 터치합니다. 단어장 불러오기가 완료되면 기기의 [뒤로가기] 버튼을 눌러 메인 화면으로 돌아가 [학습]을 터치합니다.

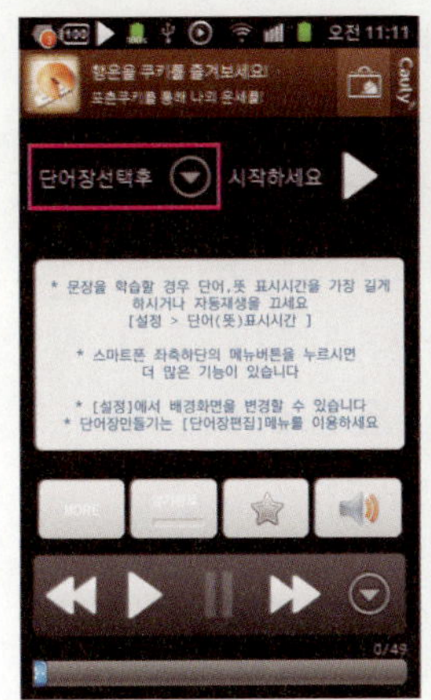
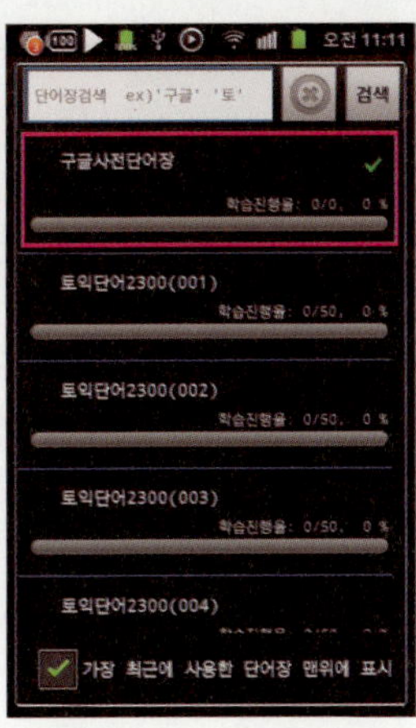

03 학습 화면 상단에서 [단어장 선택] 부분과 학습하려는 단어장을 차례로 터치합니다.

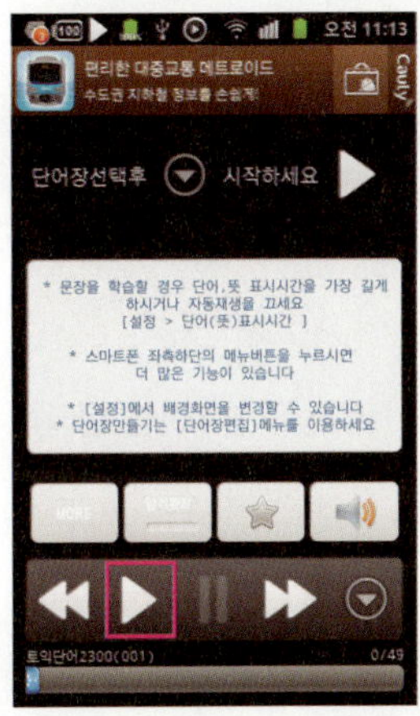

04 학습 화면의 재생 버튼을 터치합니다. 단어가 나타나고 잠시 후 뜻이 나타납니다. 발음과 함께 진행되므로 효과적인 학습을 할 수 있습니다. 화면에 나타나는 버튼을 통해 자동 재생을 멈추거나 여러 옵션을 선택할 수 있습니다.

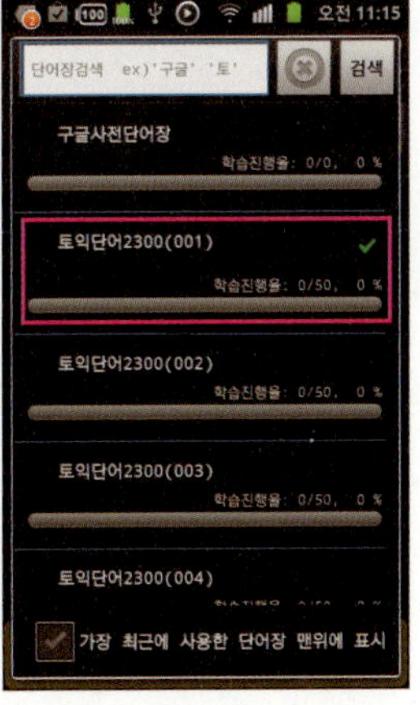

05 메인 화면에서 [단어장 편집]을 터치하면 단어장 목록이 나타납니다. 편집하려는 단어장을 터치합니다.

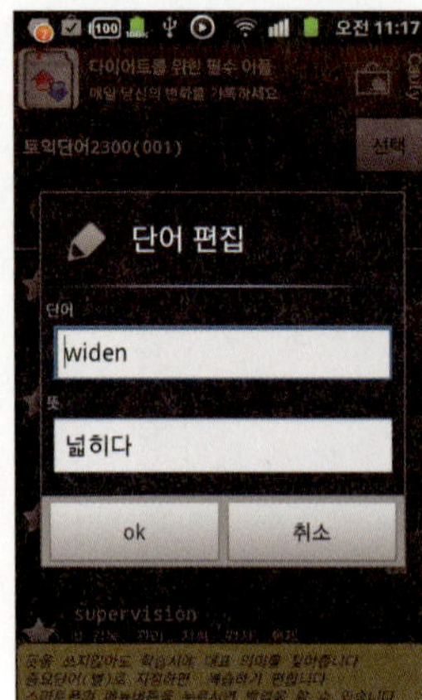

06 해당 단어장에 포함된 단어들이 나타납니다. 단어 우측의 버튼을 터치하면 다시 세 개의 버튼이 추가로 나타납니다. 단어를 수정하려면 연필 모양의 편집 버튼을 터치합니다. 편집창을 통해 원하는 대로 수정할 수 있습니다.

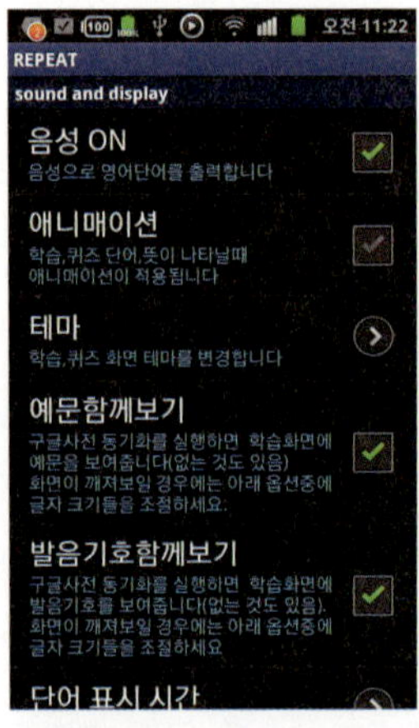

▲ 설정 화면

▲ 퀴즈 화면

07 메인 화면에서 [설정] 버튼을 터치하면 음성을 켜고 끄거나 예문 보기, 발음기호 보기를 비롯해 단어나 뜻이 표시되는 시간, 글자 크기 등 다양한 옵션을 설정할 수 있습니다. 또한 [퀴즈]를 선택하면 문답식으로 단어 암기 학습을 진행할 수 있습니다.

매일 매일 즐겁게 익히는 영어 학습! 굿모닝 팝스

KBS 2FM에서 매일 오전 6시에서 7시까지 방송하는 이근철의 굿모닝 팝스를 편리하게 학습할 수 있는 어플로 '굿모닝 팝스', 또는 'Zetty GMPlayer' 등이 있습니다. 본방 사수하지 않아도 매일 매일 예문과 함께 방송 내용을 그대로 청취할 수 있습니다.

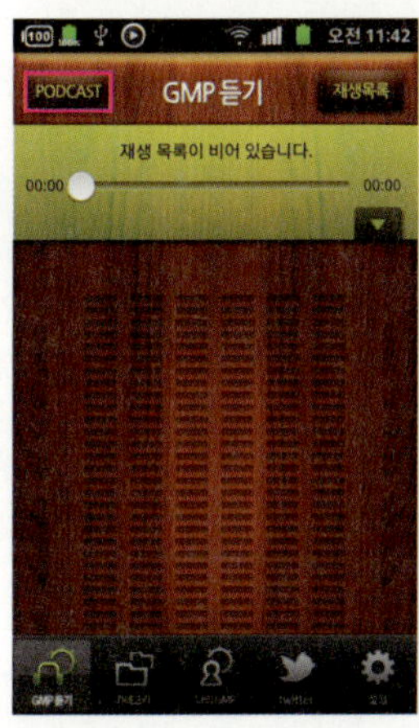
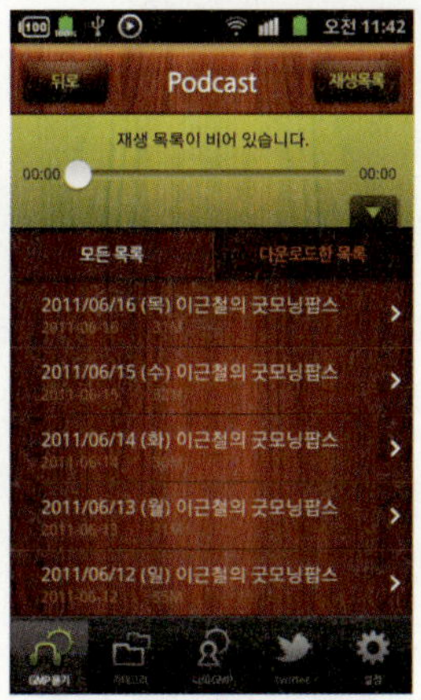

01 '굿모닝 팝스'를 실행하고 좌측 상단의 [PODCAST] 버튼을 터치 하면 오늘을 기준으로 최근 방송 목록이 나타납니다. 목록 중 하나를 터치합니다.

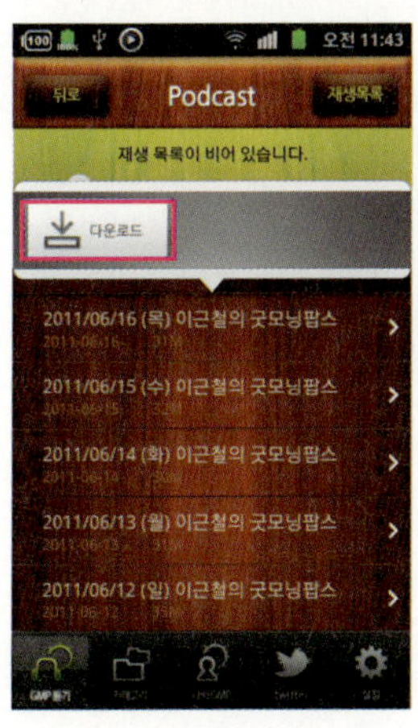
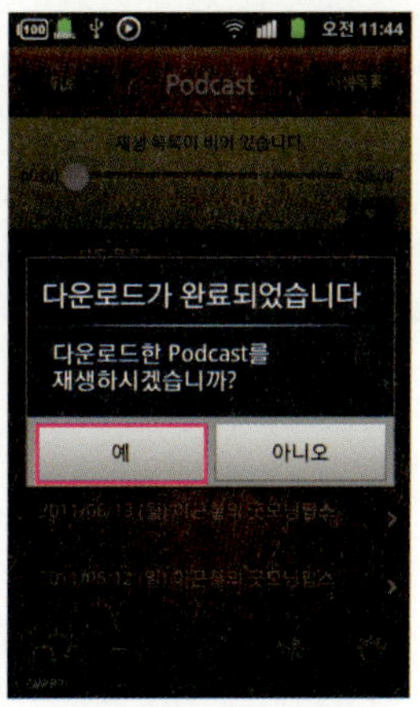

02 추가로 나타나는 [다운로드] 버튼을 터치하면 해당 방송 파일의 다운로드가 시작되며 완료되면 재생할 것인지를 묻습니다. [예]를 터치합니다.

03 재생이 시작됩니다. 다운받은 목록은 [재생 목록]이나 [나의 GMP]를 터치하여 언제든 다시 재생할 수 있습니다. 재생목록에서 목록을 길게 터치하면 추가로 나타나는 메뉴를 통해 다운받은 파일을 삭제할 수 있습니다.

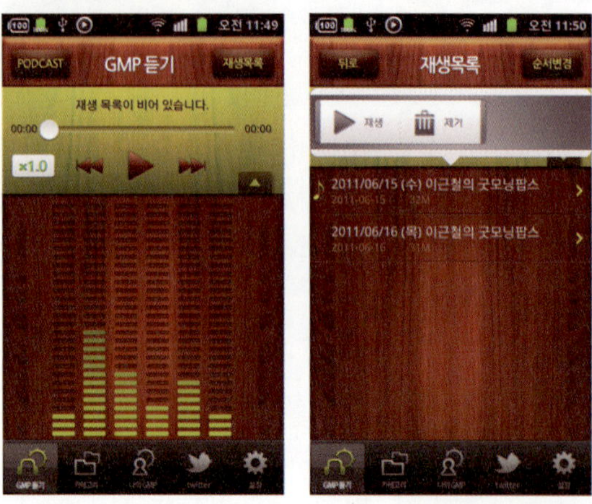

04 'Zetty GMPlayer'는 예문과 함께 방송 내용을 청취할 수 있습니다. 어플을 실행하면 게시판에서 날짜별로 예문을 살펴볼 수 있습니다.

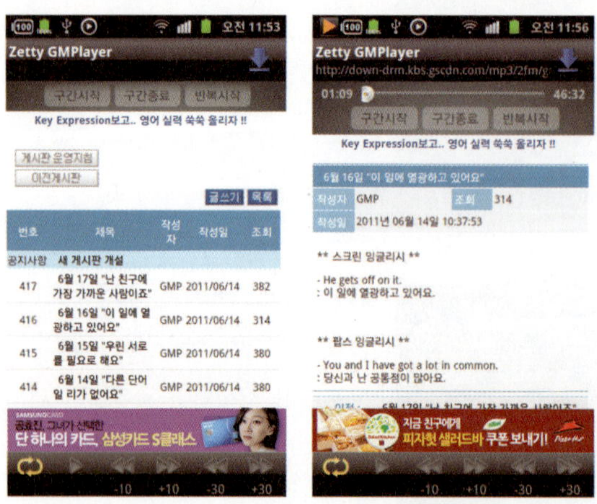

05 방송을 청취하려면 우측 상단의 화살표 버튼을 터치한 다음 방송 선택 화면이 나타나면 원하는 일자를 선택합니다.

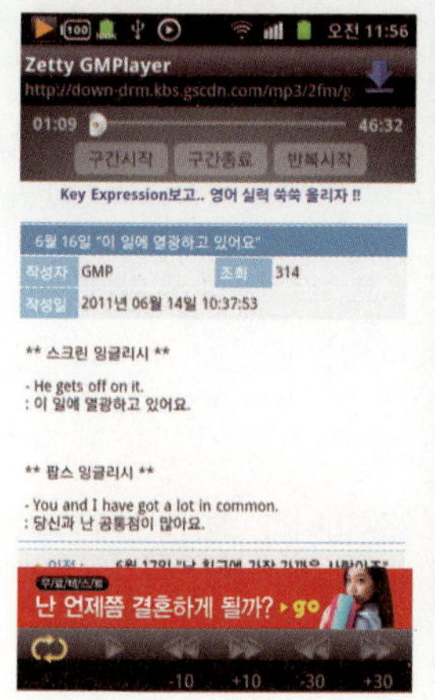

06 옵션 창이 나타납니다. 이어듣기를 지원받으려면 [다운로드 후 듣기]를 선택하는 것이 좋습니다. 파일 다운로드가 완료되면 곧바로 재생이 시작됩니다. 기기의 [메뉴] 버튼을 터치하고 [다운로드함]을 선택하면 다운받은 파일 목록이 나타나며 터치하여 삭제할 수 있습니다.

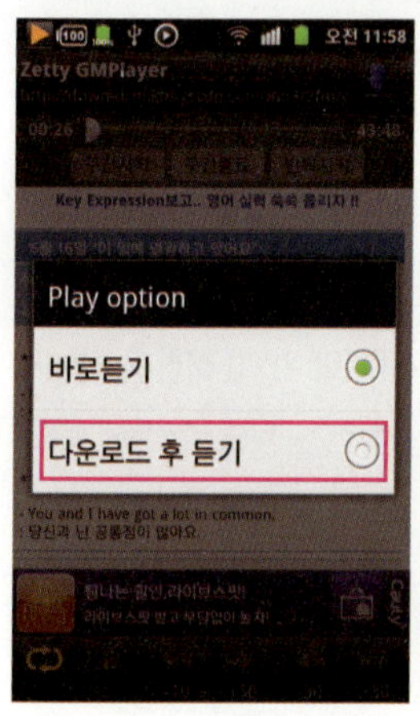
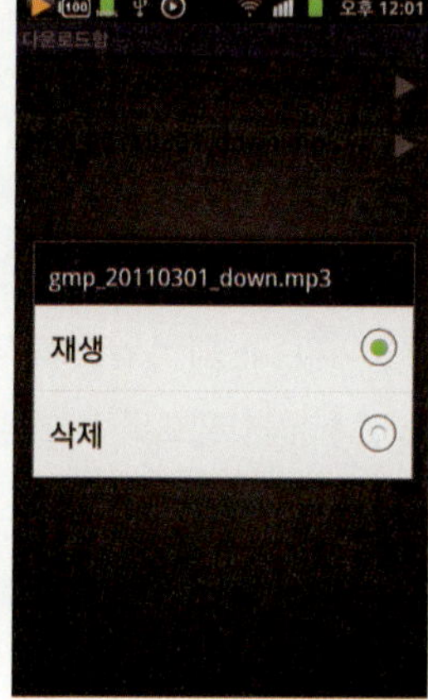

중요한 메모는 포스트잇처럼 홈 화면에 띄워놓자

'postit desk' 어플을 사용하면 잊기 쉬운 약속이나 메모를 포스트잇처럼 홈 화면에 띄워 놓을 수 있습니다. 폰만 켜면 중요한 약속도 절대 잊을 수 없겠죠?

01 포스트잇 데스크는 위젯 형태로 사용합니다. 홈 화면에 띄워 놓아야 포스트잇으로서의 역할을 할 테니까요. 설치가 완료되면 홈 화면의 바탕 영역을 길게 터치하고 [위젯]을 선택하여 위젯 목록에서 [Postit Big]을 터치합니다. 세 가지 형태의 위젯이 제공되는데 크기만 다를 뿐 기능은 동일합니다.

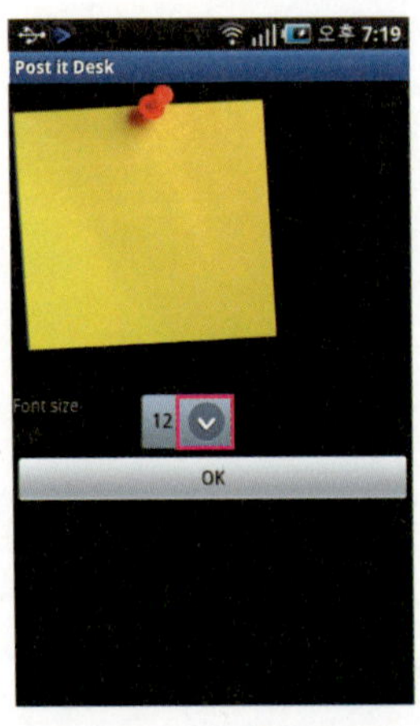

02 곧 바로 메모 입력 화면이 나타납니다. 키패드로 인해 폰트 크기 옵션이 보이지 않는다면 일단 기기의 [뒤로 가기] 버튼을 터치하여 키패드가 나타나지 않도록 하고 폰트 크기 옵션을 터치합니다.

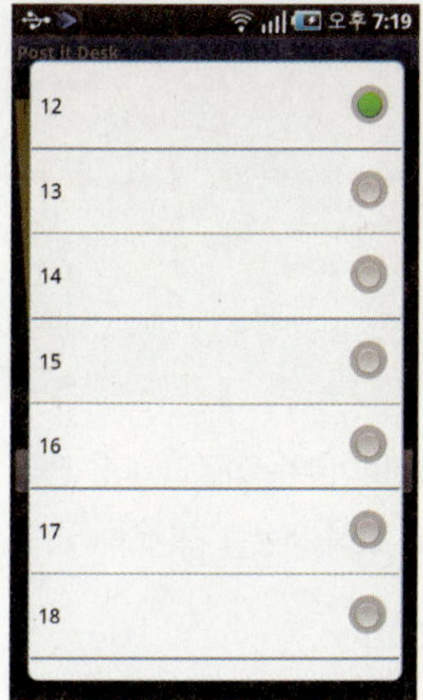

03 포스트잇처럼 사용할 것이므로 큰 사이즈를 선택하는 것이 좋겠죠? 원하는 사이즈를 터치합니다. 포스트잇 내부를 터치하여 키패드가 나타나도록 하고 문자를 입력합니다. 줄이 자동으로 바뀌지 않으므로 적절히 Enter키를 사용해가면 입력해야 합니다.

04 키패드를 내리고 OK 버튼을 터치하면 현재 홈 화면에 완성된 포스트잇이 나타납니다. 위젯을 터치하면 다시 문자를 편집할 수 있습니다. 물론 길게 터치하고 아래로 내리면 삭제할 수 있습니다.

비어있는
도서관 좌석은 어디?

'도서관 좌석' 어플은 이름처럼 도서관의 현재 좌석 정보를 보여주는 어플입니다. 전국 도서관의 물론 대부분의 공공 도서관에 대한 위치 및 잔여 좌석 정보를 간편하게 파악할 수 있습니다.

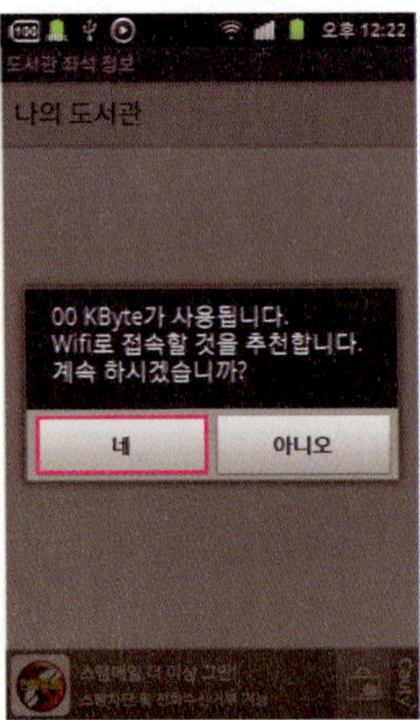

01 '도서관 좌석' 어플을 실행하고 기기의 [메뉴] 버튼을 눌러 [추가]를 선택합니다. 데이터가 다운로드 될 것임을 알려줍니다. [네]를 터치합니다.

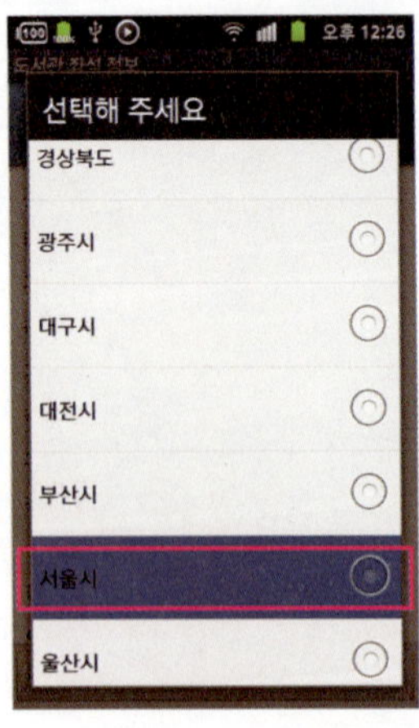

02 도서관 데이터가 다운로드되고 목록에 나타납니다. 많은 도서관 중에서 자주가는 도서관은 일부에 불과하므로 이것만을 나의 도서관에 추가하는 것이 좋습니다. 아래의 메뉴를 터치하고 원하는 지역을 선택합니다.

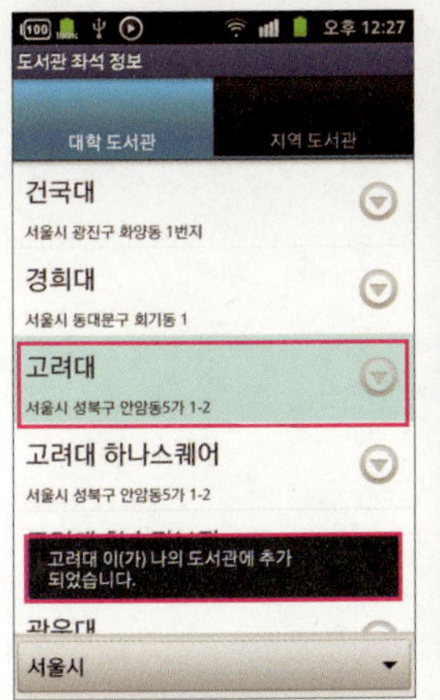
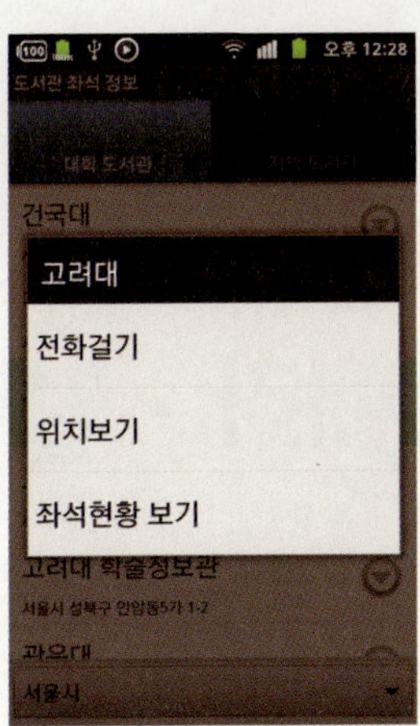

03 해당 지역의 도서관이 나타납니다. 목록을 터치하면 나의 도서관에 추가되었다는 메시지가 나타납니다. 길게 터치하면 팝업메뉴를 통해 곧 바로 추가 기능을 사용할 수 있습니다.

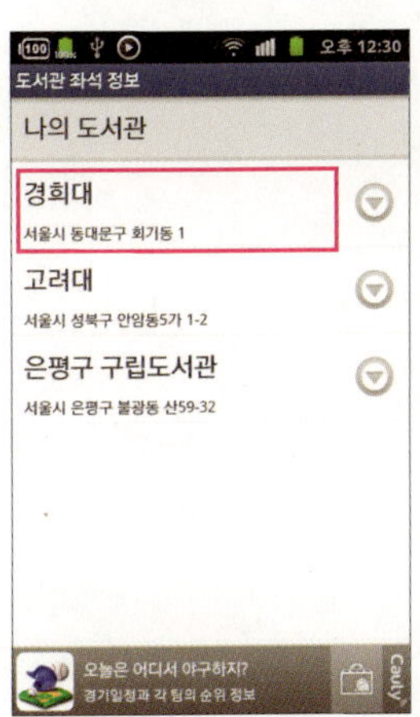
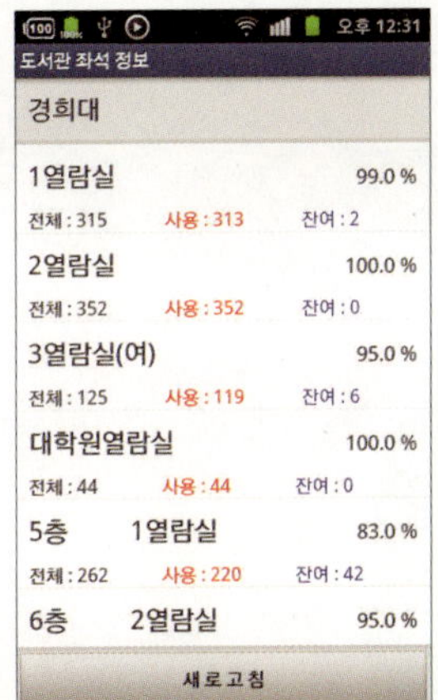

04 이런 방법으로 나의 도서관에 추가한 다음, 기기의 [뒤로가기] 버튼을 터치하면 추가된 도서관 목록이 나타나 간편하게 원하는 정보를 열람할 수 있습니다. 목록 중 하나를 터치하면 곧 바로 해당 도서관의 좌석 정보가 나타납니다.

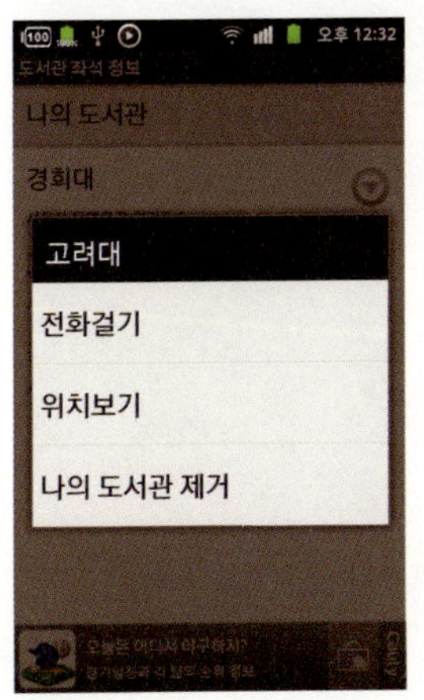

05 목록을 길게 터치하거나 우측의 화살표 버튼을 터치하면 메뉴를 통해 원하는 작업을 선택할 수 있습니다.

Part 7 카메라 · 멀티미디어 어플

보고, 듣고, 찍고, 꾸미는 등 스마트 폰으로 다양한 멀티미디어 파일을
재미있고 편리하게 다룰 수 있는 여러 어플들을 살펴봅니다. 인기 있는
동영상, 음악 플레이어를 비롯하여 재미있는 사진 꾸미기, 합성 어플,
인터넷 방송 어플 등에 대해 보다 깊이 있게 설명하고 있습니다.
폰에 기본적으로 설치되어 있는 어플에 비해 강력하고 편리한 기능을
만끽할 수 있을 것입니다.

인코딩이 필요없는 만능 동영상 플레이어

일부 기기에는 특정 코덱이 적용된 동영상만 재생되기 때문에 지원되는 코덱으로 인코딩해야 하는 불편이 따릅니다. 'Vital Player'는 대부분의 코덱을 지원하므로 폰으로 전송하기만 하면 재생할 수 있습니다.

01 'Vital Player'를 실행하면 간단한 제스처 동작 안내 화면이 나타납니다. 유료 버전을 구입할 것이 아니라면 [Cancel] 버튼을 터치합니다. 폰의 폴더 목록이 나타나면 동영상이 저장된 폴더로 들어가 동영상을 터치합니다.

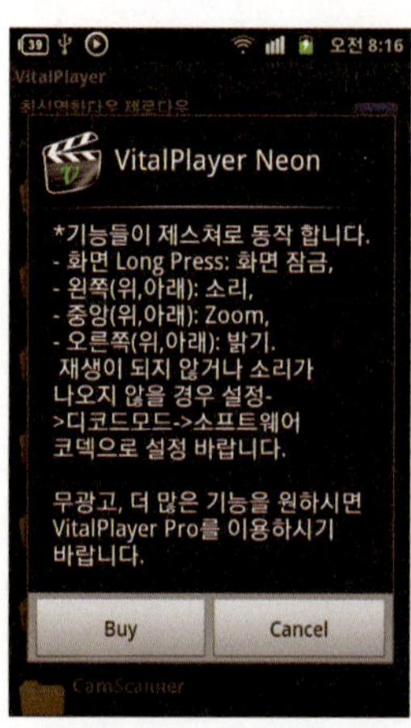

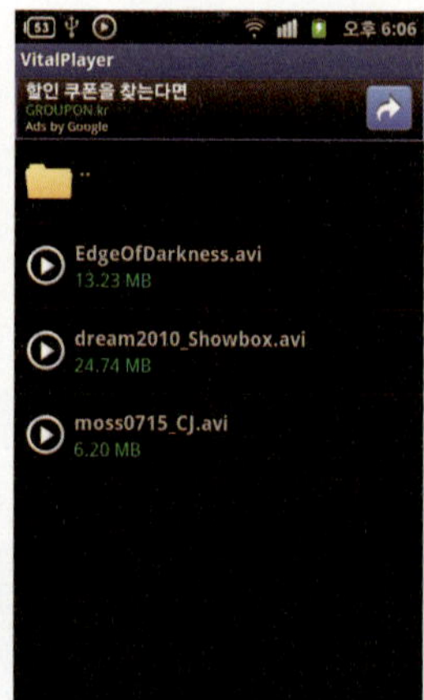

Smart Tip Vital Player Neon

Vital Player는 무료이면 모든 스마트 폰에 설치해 사용할 수 있지만 Cortex A8계열 CPU가 탑재된 스마트 폰이라면 Vital Player Neon을 설치하는 것이 좋습니다. 해당 CPU에 최적화된 버전으로 파일 크기가 더 작아 가볍기 때문입니다. Cortex A8 계열 CPU는 갤럭시 S를 비롯한 갤럭시 시리즈와 넥서스 원, 넥서스 S, 옵티머스 Z, 베가, 시리우스, Xperia x10, 디자이어/디자이어 HD, 모토로이, 모토글램 등에 사용되고 있습니다.

02 해당 동영상이 재생됩니다. 어플을 실행할 때 안내된 것처럼 재생 중 터치 영역에 따라 다음과 같은 기능을 사용할 수 있습니다. 폴더 목록이 나타나 있는 상태에서 기기의 [메뉴] 버튼을 터치하고 [설정]을 선택하면 비디오 모드나 자막 크기, 색상을 비롯한 여러 항목에 대해 설정할 수 있습니다.

- 화면 길게 터치 : 화면 잠금
- 왼쪽 위, 아래로 드래그 : 볼륨 조절
- 중앙 위, 아래 드래그 : 줌(Zoom) 조절
- 오른쪽 위, 아래로 드래그 : 밝기 조절

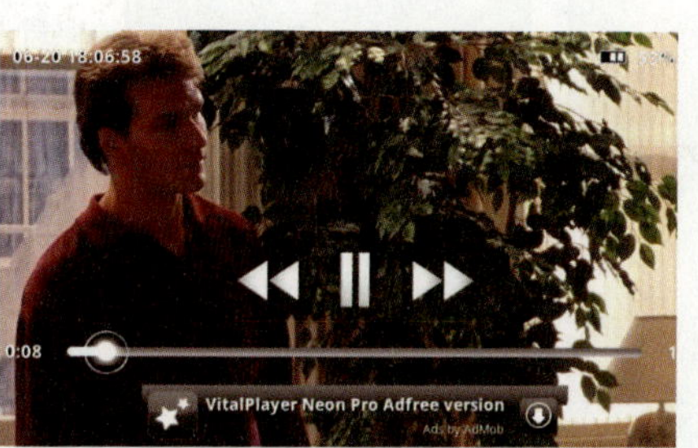

Smart Tip Rock Player

다양한 코덱을 지원하는 또 다른 동영상 플레이어로 Rock Player도 추천할 만한 어플입니다. 역시 마켓에서 받을 수 있는 무료 어플입니다.

답답한 사진보기!
초고속 사진 뷰어로 날아다니자!

일반적으로 폰에 기본적으로 설치되어 있는 갤러리나 사진 앨범 프로그램은 사진을 불러오는 속도가 느린 편이어서 답답하지만 'QuickPic'은 많은 사진도 매우 빠른 속도로 불러오므로 쾌적하게 이미지를 확인할 수 있습니다.

01 QuickPic을 실행하면 폴더 목록이 나타납니다. 사진이 저장된 폴더를 터치하면 폴더 내부의 사진 목록이 나타납니다. 최초 실행시에는 다소 느리게 나타날 수 있으나 이후부터는 어느 사진뷰어 어플보다 빠르게 동작합니다.

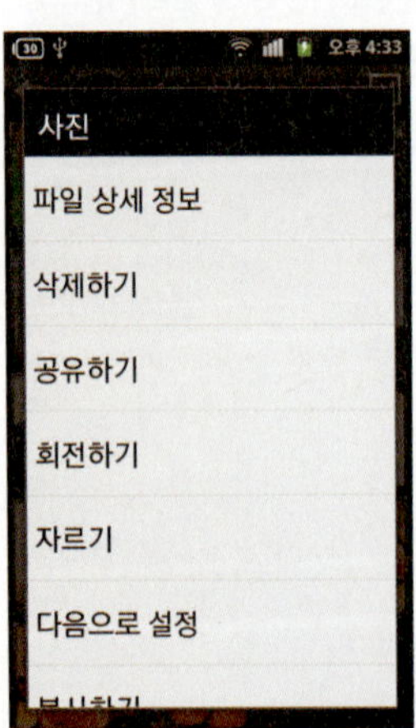

02 사진 목록 중에서 하나를 길게 터치하면 메뉴가 나타나 추가 기능을 사용할 수 있습니다. 목록이 나타난 상태에서 기기의 메뉴 버튼을 누르고 [다중 선택]을 선택합니다.

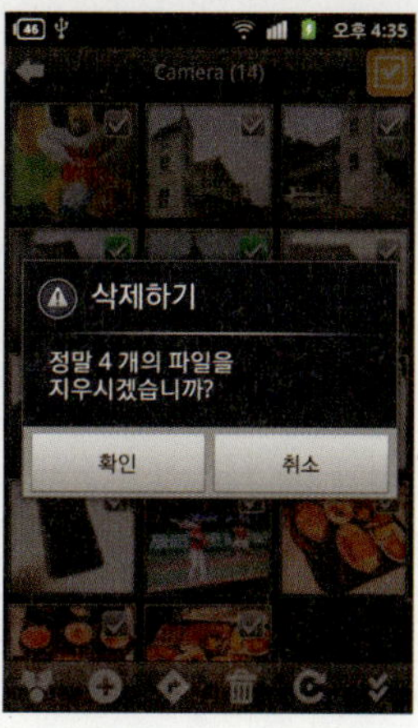

▲ [삭제] 버튼을 터치한 경우

03 각 사진에 체크 박스가 나타나며 터치하면 선택 상태로 전환됩니다. 여러 사진을 한꺼번에 선택하고 아래에 나타나는 버튼을 사용하여 삭제를 비롯한 추가 기능을 실행할 수 있습니다.

04 사진이 선택된 상태에서 기기의 [뒤로가기] 버튼을 누르면 다중 선택 상태가 취소됩니다. 사진을 터치하여 해당 사진이 크게 나타나면 좌우로 드래그하여 다음/이전 사진으로 이동할 수 있으며 두 손가락을 사용해 확대/축소할 수 있습니다. 기기의 [메뉴] 버튼을 누르면 추가 기능이 나타납니다. [더보기]를 선택하고 [다음으로 설정]을 터치하면 현재 사진을 배경 화면으로 지정할 수도 있습니다.

카메라로 찍은 사진을 자동으로 합성해준다

'photofunia'를 사용하면 카메라로 찍은, 또는 갤러리에 저장되어 있는 사진을 다양한 형태로 합성할 수 있습니다. 상당히 많은 종류의 합성 형태를 제공하며 합성 결과는 저장해두거나 곧바로 다양한 수단을 이용해 전송할 수도 있습니다.

01 설치가 완료되면 메인 메뉴에서 [PhotoFunia] 아이콘을 터치합니다. 잠시 후 여러 합성 형태 목록이 나타납니다. 상당히 많은 종류가 나타나므로 드래그하여 충분히 살펴보고 원하는 것을 터치합니다. 선택한 합성 형태가 크게 나타납니다. 합성할 사진을 선택하기 위해 Choose Photo 버튼을 터치합니다.

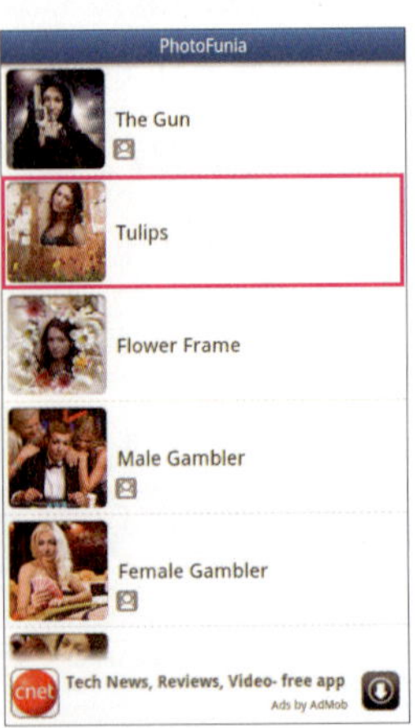

02 카메라로 촬영하여 사진을 얻으려면 From camera를, 갤러리에 있는 사진 중에서 선택하려면 From gallery를 터치합니다. From camera를 터치해 보겠습니다. 카메라가 실행됩니다. 촬영하려면 우측의 동그란 버튼을 터치합니다.

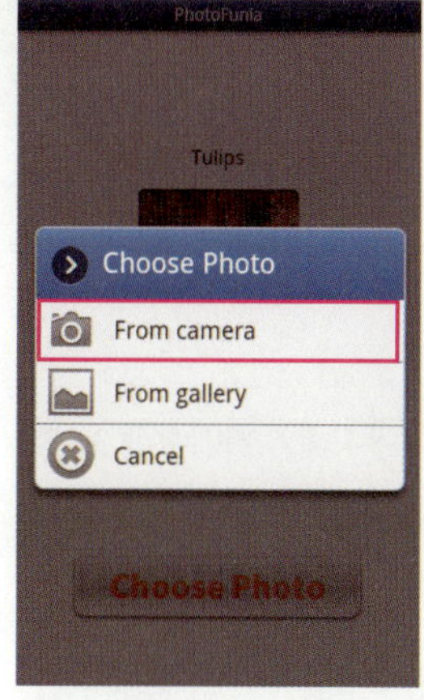

03 촬영된 사진이 나타납니다. 점선으로 표시되는 사각형 내부 영역을 드래그하여 얼굴의 위치가 적절히 나타나도록 하고 OK 버튼을 터치하면 잠시 후 합성 결과가 나타납니다. 기기의 [메뉴] 버튼을 누른 후 Save to gallery를 선택하면 갤러리에 저장할 수 있으며 Share를 선택하면 문자나 범프, 트위터 등으로 전송할 수 있습니다.

토이캠, 폴라로이드 사진도 내 마음대로

'FX Camera'는 촬영한 사진에 즉시 여러 재미있는 효과를 적용해 줍니다. 밋밋하고 사실적인 사진에 싫증을 느낀다면 꼭 사용해볼 만한 어플입니다.

01 설치가 완료되면 메인 메뉴에서 [FxCamera] 아이콘을 터치합니다. FX 카메라가 실행되면 촬영될 형태를 선택합니다. 중앙에 있는 폴라로이드 아래에 있는 카메라 버튼을 터치해보겠습니다. 카메라가 실행됩니다. Shot 버튼을 터치해 촬영합니다.

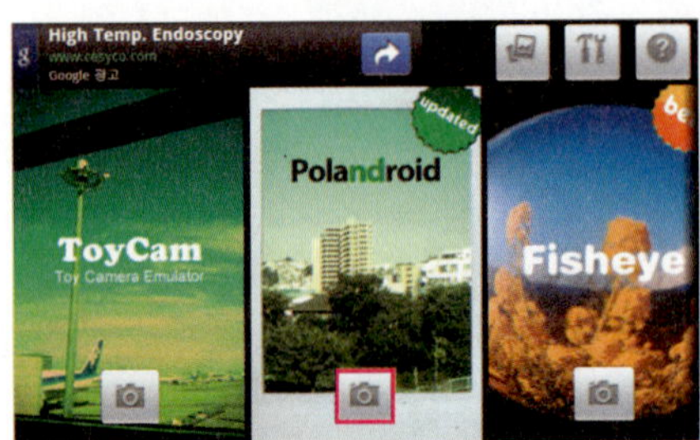

02 촬영 결과가 나타납니다. save 버튼으로 저장하거나 share 버튼으로 전송할 수 있습니다. discard 버튼을 터치하면 다시 촬영할 수 있습니다.

03 기기의 [뒤로 가기] 버튼을 눌러 메인 화면으로 돌아가 Toy Cam 아래에 있는 카메라 버튼을 터치하고 카메라가 실행되면 Shot 버튼을 터치합니다. 잠시 후 토이 카메라로 찍은 듯한 결과가 나타납니다. 역시 저장하거나 전송할 수 있습니다. 메인 화면에서 우측 상단의 버튼을 터치하면 곧 바로 저장된 사진을 보거나 각 형태에 따른 효과를 변경할 수 있습니다.

다양한 효과와 말풍선으로 나만의 사진을 꾸며보자

'picsay photo editor' 어플을 사용하면 밝기나 색상 등을 변경하거나 다양한 형태의 말풍선과 스티커 등을 사진에 자유롭게 붙일 수 있습니다. 이렇게 꾸민 사진은 곧바로 저장할 수 있으며 문자 메시지를 비롯하여 다양한 어플을 통해 다른 사람에게 전송할 수 있습니다.

01 설치가 완료되면 메인 메뉴에서 [Pic Say] 아이콘을 터치합니다. 어플이 실행되면 라이선스 동의를 구하는 화면이 나타납니다. [I Agree] 버튼을 터치합니다. 이어서 초기화면이 나타나면 [Get a Picture] 버튼을 터치하여 갤러리에서 꾸미고자 하는 사진을 선택합니다.

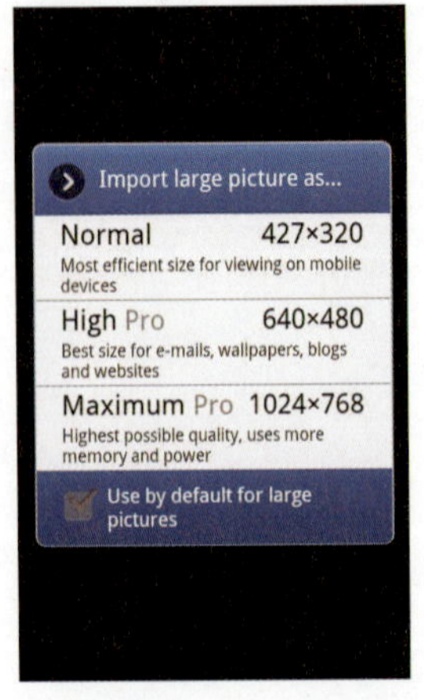

02 선택한 사진을 어느 크기로 불러올지 선택합니다. 아래의 옵션을 체크하고 선택하면 항상 선택한 크기로 불러올 수 있습니다.

03 사진이 나타면 기기의 [메뉴] 버튼을 누르고 여러 옵션을 선택해 사진을 꾸밉니다. 말풍선을 만들려면 Word Balloon을 선택한 후 말풍선 타입을 선택하고 문자 입력창에 원하는 문자를 입력한 다음 우측 상단의 V 버튼을 터치합니다.

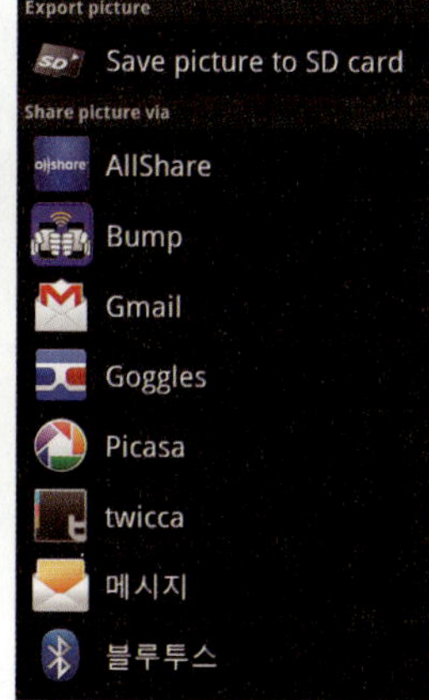

04 사진 위에 나타나는 말풍선을 터치하고 말풍선 주위에 나타나는 조절점을 드래그하여 말풍선의 크기와 방향 등을 설정한 다음 기기의 [메뉴]를 열고 Export를 터치합니다. 여러 옵션들 중에서 가장 위의 메뉴를 터치하면 편집한 사진을 SD 카드에 저장할 수 있으며 아래에서 여러 가지 전송 옵션을 선택할 수 있습니다.

05 메뉴에서 Stickers를 선택하면 다양한 형태의 스티커를 붙일 수 있으며 Effects를 선택하면 사진을 왜곡시키거나 밝기나 색 상 등을 변경할 수 있습니다.

고화질의 배경 화면을
마음껏 받아쓰자

'flikie wallpapers hd' 어플을 사용하면 다양한 장르의 사진을 간단히 홈 화면의 배경으로 지정해 사용할 수 있습니다. 따라서 컴퓨터의 사진을 옮기기 위해 케이블을 연결할 필요도 없습니다. 인터넷만 연결되어 있으면 됩니다.

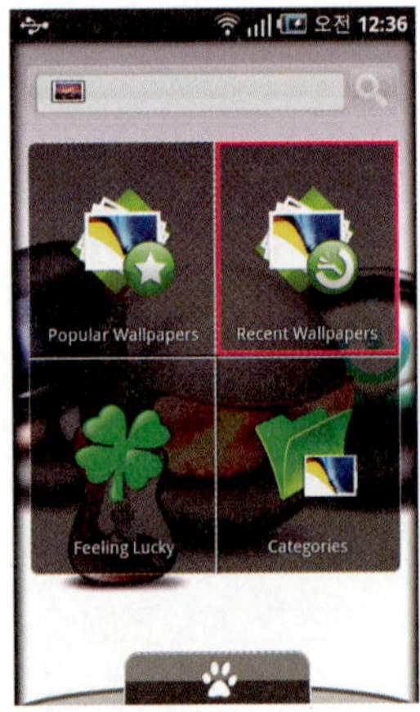

01 설치가 완료되면 메인 메뉴에서 [Flikie Wallpapers] 아이콘을 터치합니다. 라이선스 동의 화면이 나타나면 Agree 버튼을 터치합니다. 4개의 선택 메뉴가 나타나는데 최근에 올라온 배경 화면을 받기 위해 Recent Wallpapers를 터치합니다.

02 해당 분류의 이미지들이 나타납니다. 화면 아래에 나타나는 화살표 버튼을 터치하면 다음, 또는 이전 페이지의 이미지들을 볼 수 있습니다. 받고자 하는 이미지를 터치합니다.

03 해당 이미지가 크게 나타납니다. 홈 화면의 배경으로 지정하기 위해 기기의 [메뉴] 버튼을 누르고 Set as wallpaper를 터치합니다. Share를 터치하면 공유할 수 있으며 Save를 터치하면 곧바로 저장할 수 있습니다.

04 기기의 [홈] 버튼을 누르면 홈 화면에 해당 이미지가 배경으로 지정되어 있는 것을 볼 수 있습니다.

Smart Tip 선택한 사진이 저장되는 폴더는?

선택한 이미지 파일은 [Set as wallpaper]를 선택하든, [Save]를 선택하든 모두 내장 메모리의 [Flikie\Wallpapers] 폴더에 저장됩니다.

사진 보정을 마음대로!
스마트 폰으로 들어온 포토샵

'photoshop express'은 포토샵으로 유명한 어도비 사의 어플로서 밝기, 대비, 여러 색상 효과, 자르기 등을 지원합니다. 간단하게 폰에서 사진을 보정하는데 효과적입니다.

01 설치가 완료되면 메인 메뉴에서 [Photoshop Express] 아이콘을 터치합니다. 사진 목록이 나타나면 편집하고자 하는 것을 터치합니다. 사진이 크게 나타나면 기기의 [메뉴] 버튼을 누르고 Edit Photo를 터치합니다.

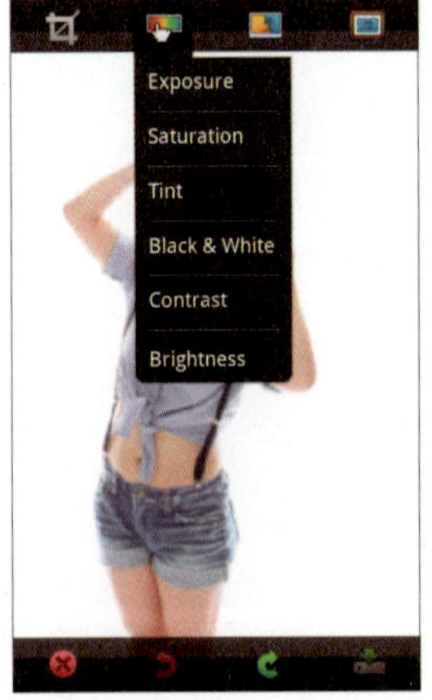

02 상단에 여러 편집 도구들이 나타납니다. 첫 번째 도구를 터치하면 사진의 일부를 잘라내거나 회전시킬 수 있으며 두 번째 도구를 터치하면 밝기와 대비, 색상 농도 등을 조절하거나 흑백 이미지로 만들 수 있습니다.

▲ Soft Focus를 선택하면 이미지를 좌우로 드래그하여 흐림 강도를 변경합니다.

▲ Effects를 선택하면 다양한 색상 효과를 적용할 수 있습니다.

03 세 번째 도구는 이미지를 흐릿하게 만들며 네 번째 도구는 색상 효과나 테두리를 만듭니다.

▲ ∨ 버튼으로 효과 적용

▲ Save 버튼으로 저장

04 설정한 효과를 적용하려면 아래에 있는 ∨ 버튼을, 취소하려면 × 버튼을 터치합니다. 작업을 마친 사진을 저장하려면 아래에서 가장 오른쪽에 있는 Save 버튼을 터치합니다.

내 맘대로 찾아가며 재생할 수 있는 폴더 지원 mp3 플레이어

태그 정보에 의한 파일 목록만 지원하는 음악 플레이어는 불편할 수 있습니다. 특정 폴더에 저장한 파일을 마음대로 찾아 갈 수 없기 때문입니다. Meridian Player는 폴더 탐색을 지원하므로 원하는 노래 파일을 자유롭게 찾아서 재생할 수 있습니다.

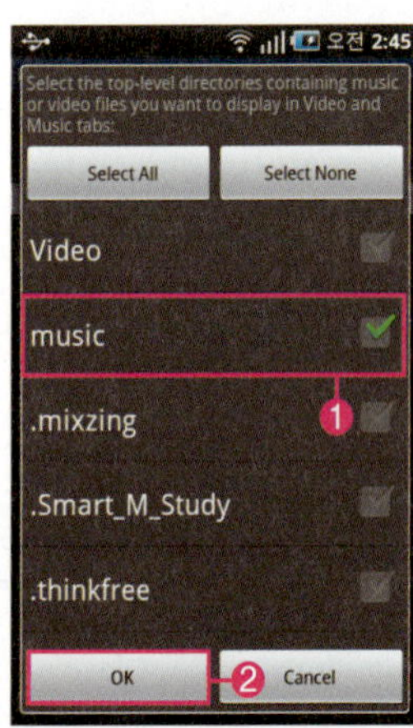

01 설치가 완료되면 메인 메뉴에서 [Meridian] 아이콘을 터치합니다. 먼저 폴더 선택 화면이 나타납니다. 음악 파일이 저장되어 있는 폴더를 선택하고 [OK] 버튼을 터치합니다.

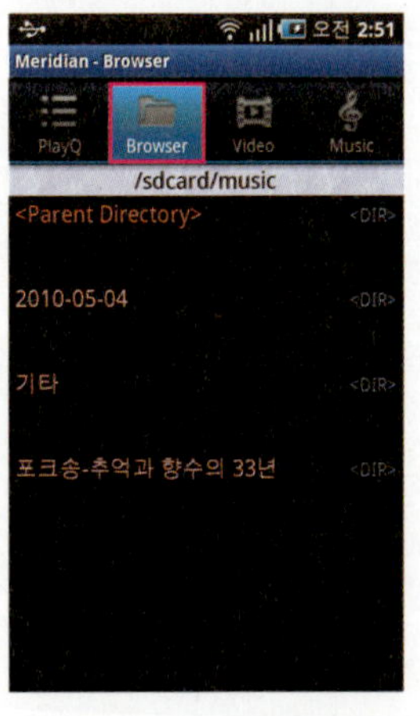

02 기본적으로 상단에 [Browser] 탭이 선택되어 있습니다. 즉, 폴더를 탐색해가며 원하는 노래를 재생할 수 있는 상태입니다. 아래에는 앞에서 선택한 폴더와 하위 폴더들이 나타납니다. [Music] 탭을 터치하면 태그에 따라 앨범이나 아티스트 단위로 목록을 볼 수 있습니다.

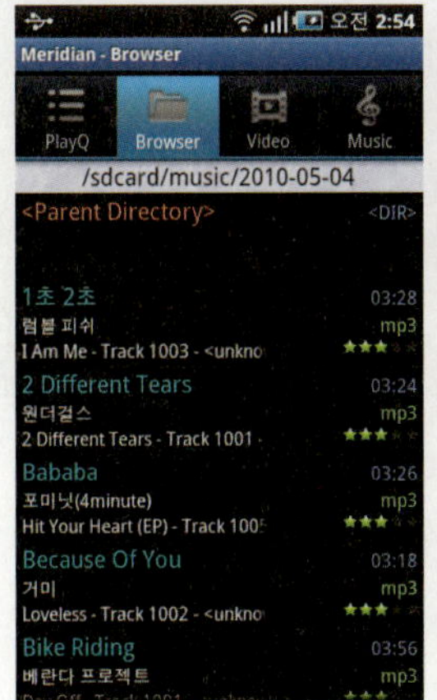

03 폴더를 터치하면 폴더 안에 저장되어 있는 파일들이 나타납니다. 파일을 터치하면 해당 파일이 재생됩니다. 다시 파일 목록으로 돌아가려면 상단의 노래 제목 부분을 터치합니다.

▲ Meridian의 위젯

▲ 홈 화면에 적용된 2x4 위젯

04 Meridian은 세 가지 형태의 위젯을 제공하는데 가장 아래의 4X3 형태는 프로 버전을 구입한 경우만 사용할 수 있습니다. '2x4' 위젯은 다음과 같이 나타납니다.

이퀄라이저로 원하는 음색을 즐길 수 있는 음악 플레이어

내장된 기본 음악 플레이어가 이퀄라이저를 지원하지 않아 원하는 음색으로 조절할 수 없어 아쉽다면 MixZing 플레이어는 훌륭한 대안이 될 수 있습니다. 이퀄라이저 지원은 물론 인터페이스와 위젯도 멋진 편이기 때문입니다.

01 설치가 완료되면 메인 메뉴에서 [Mixzing] 아이콘을 터치합니다. 태그 선택 메뉴가 나타납니다. 폰에 저장된 전체 노래 목록을 보려면 Songs를 터치하여 노래 목록에서 원하는 것을 터치합니다. 재생 화면이 나타나면 아래 버튼 중에서 가장 좌측에 있는 이퀄라이저 설정 버튼을 터치합니다.

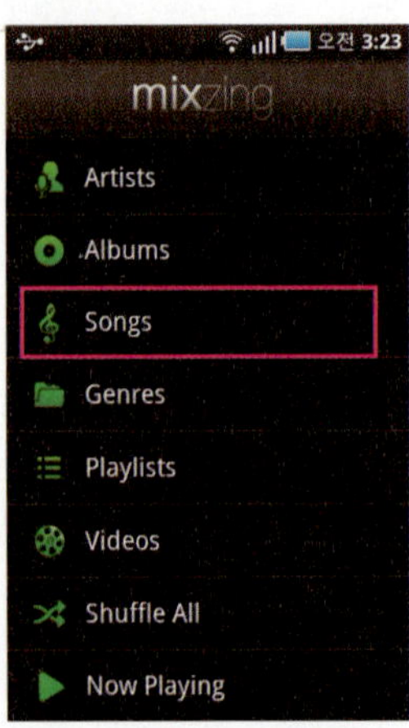

02 10밴드 이퀄라이저 설정 화면이 나타나면 원하는 상태로 설정할 수 있습니다. 좌측 상단에 있는 On 옵션이 체크되어 있어야 설정한 이퀄라이저가 적용되므로 체크되어 있지 않으면 터치해 주도록 합니다. 위에 있는 이퀄라이저 목록을 터치하면 미리 지정되어 있는 프리셋을 선택해 적용할 수 있습니다.

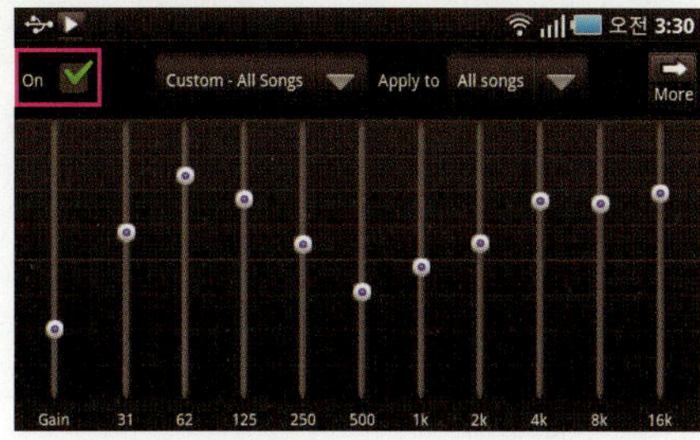

▲ 이퀄라이저 설정 화면

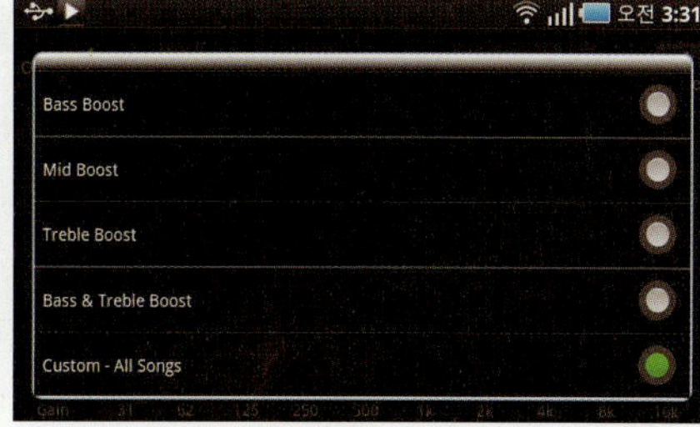

▲ 이퀄라이저 프리셋 목록

03 MixZing는 큰 앨범 아트 위젯, 작은 앨범 아트 위젯, 텍스트만 나타나는 위젯의 세 가지 위젯을 제공합니다. 큰 앨범 아트 위젯의 경우 홈 화면의 한 페이지 전체를 차지하므로 아이콘이 한 개라도 추가되어 있다면 생성되지 못합니다.

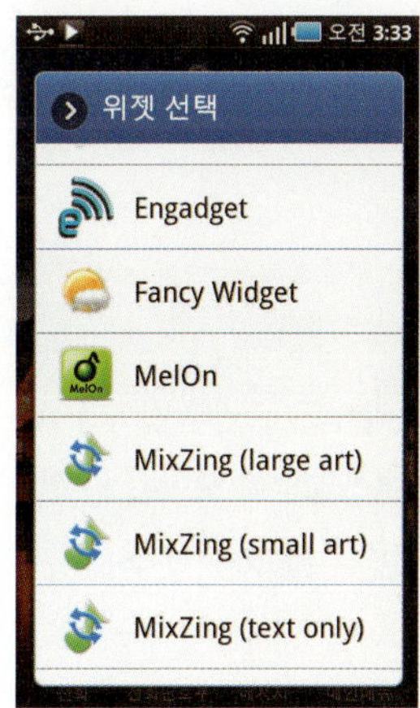

▲ 위젯 목록

▲ 큰 앨범 아트 위젯(large art) 적용

앨범 아트도 입체다!
빙글빙글 돌려가며 mp3 재생하기

거의 모든 음악 플레이어는 앨범아트를 지원합니다. 듣는 즐거움 못지않게 보는 즐거움도 있기 때문입니다. 하지만 마켓에서 'aka cubed'로 검색하여 다운받을 수 있는 플레이어는 앨범 아트가 단순히 평면이 아닌, 큐브 형태로 나타나므로 보는 즐거움을 더해줍니다. 큐브를 드래그하면 다른 곡으로 넘어갈 수 있습니다.

01 설치가 완료되면 메인 메뉴에서 [3] 아이콘을 터치합니다. 기본적으로 앨범아트가 큐브 형태로 나타나며 앨범 단위 재생 상태입니다.

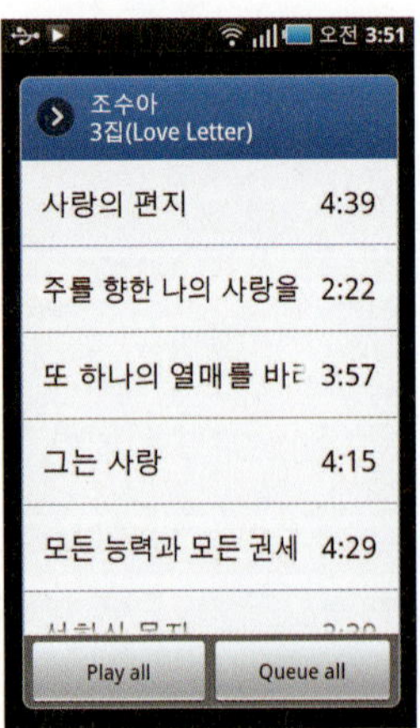

02 큐브를 위/아래로 드래그하면 다음 앨범으로 전환됩니다. 현재 앨범을 재생하기 위해 큐브를 터치하면 앨범에 포함된 곡목이 나타며 Play all을 터치하여 앨범 내의 모든 곡을 재생할 수 있습니다.

03 큐브 아래 양쪽의 점선 부분을 드래그하면 앨범 단위, 아티스트 단위. 전체 곡목 등으로 전환할 수 있습니다. 큐브가 나타난 상태에서 기기의 [메뉴] 버튼으로 메뉴를 열고 View Mode를 터치합니다.

▲ Wall

▲ Morph Flow

04 앨범 아트가 나타나는 형태를 선택할 수 있습니다. '3'이라고 표시되는 것이 큐브 형태이며 Boring은 앨범 아트 없이 큰 텍스트만 나타납니다. 나머지 형태는 다음과 같이 나타납니다. 앨범아트를 보고 만지는 재미만으로도 상당히 끌리는 뮤직 플레이어입니다.

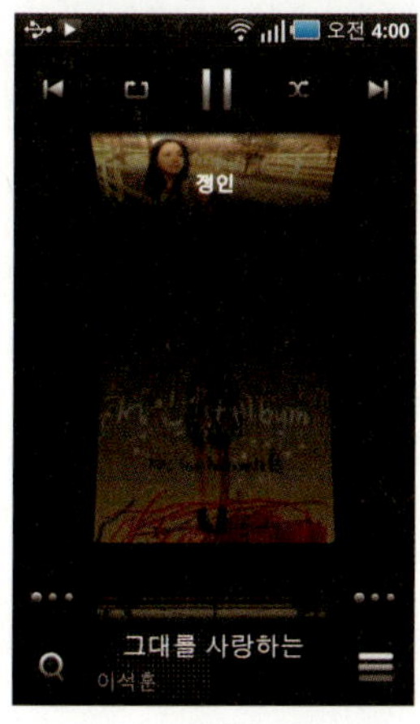

05 위젯은 앨범 아트 크기별로 세 가지, 그리고 앨범 아트가 표시되지 않는 Classic 등 총 네 가지 형태를 제공합니다.

이퀄라이저와 폴더 재생까지!
음악 플레이어의 종결자!

가장 많은 인기를 누리고 있는 음악 플레이어로는 'PowerAMP'를 꼽을 수 있습니다. 유료($5.17) 어플이지만 15일간 사용할 수 있는 일종의 체험판을 무료로 받아 사용해 볼 수 있습니다. 강력한 이퀄라이저를 비롯해 폴더 재생, 위젯, 잠금 화면 위젯 등 거의 모든 기능을 제공합니다.

01 무료 버전은 마켓에서 'PowerAMP Music Player(Trial)'을 받으면 됩니다. 15일간만 사용할 수 있으며 마음에 들면 유료 버전을 구매하면 됩니다. 어플을 실행하면 먼저 음악이 저장된 폴더를 지정해야 합니다. 기기의 [메뉴] 버튼을 누르고 'FOLDER/LIB'를 선택합니다.

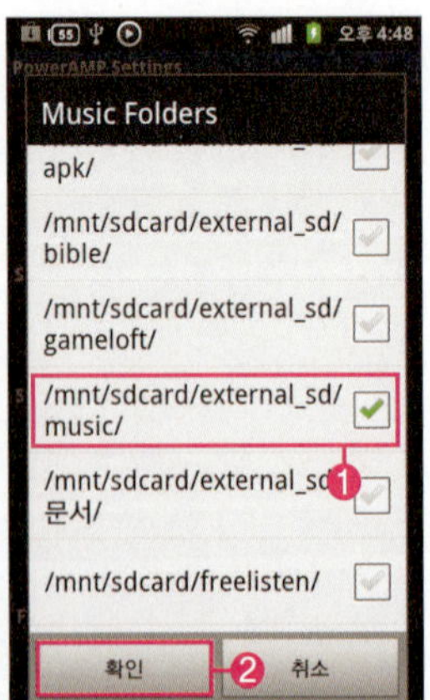

02 이어서 [Select Folders] 버튼을 터치하고 Music Folders 창이 나타나면 음악 파일이 저장된 폴더를 선택하고 [확인] 버튼을 터치합니다. 여러 폴더에 저장되어 있는 경우, 해당 폴더를 모두 선택해주면 됩니다.

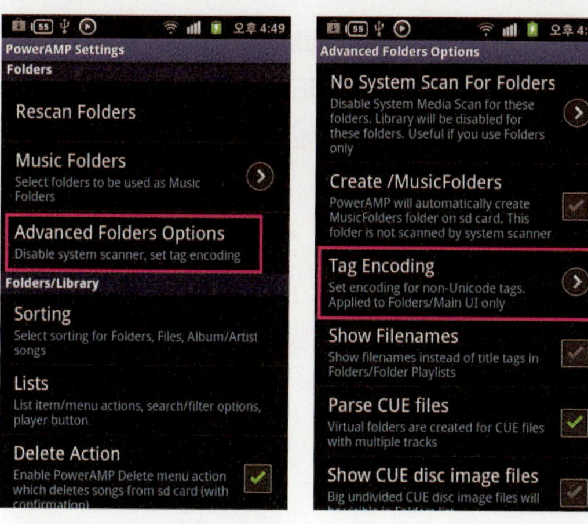

03 현재 나타나있는 설정 화면에서 Advanced Folders Options 를 터치하고 다음 화면에서 Tag Encoding을 터치합니다.

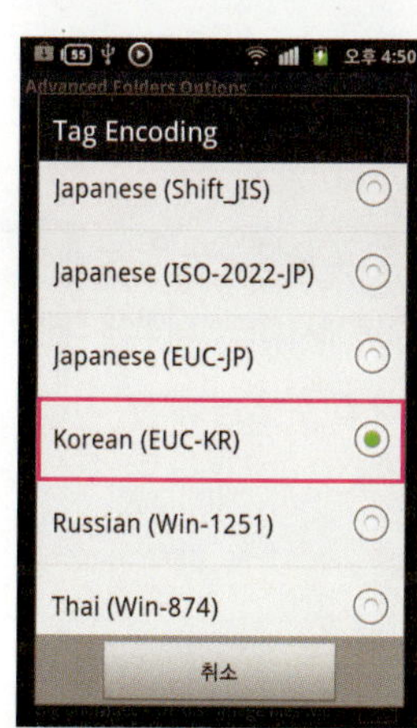

04 Tag Encoding 창이 나타나면 Korean(ECU-KR)을 선택합니다. 이렇게 설정해야 한글 태그가 깨지지 않고 제대로 보이기 때문입니다.

▲ 폴더 목록

▲ 재생화면

05 기기의 [뒤로가기] 버튼을 연속으로 누르면 지정된 폴더 목록이 나타나며 폴더를 터치하면 해당 폴더에 저장된 노래 목록이 나타납니다. 파워앰프의 재생화면은 앨범 아트는 물론, 좌/우측 끝의 컨트롤을 터치하여 다른 폴더로 곧바로 이동할 수 있어 편리합니다.

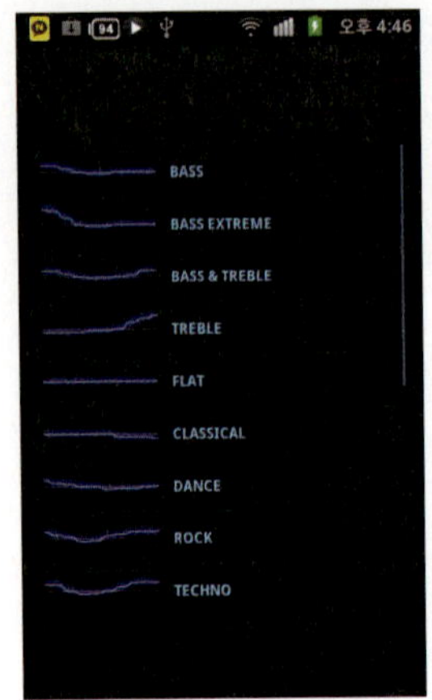

▲ 프리셋 이퀄라이저

06 재생 화면 아래의 노래 제목 부분을 터치하면 다시 재생 목록으로 돌아갈 수 있습니다. 아래의 PRE 버튼을 터치하면 프리셋 이퀄라이저를 선택할 수 있으며 EQU 버튼을 터치하여 이퀄라이저의 적용을 끄거나 켤 수 있습니다.

07 기기의 [메뉴] 버튼을 누르고 EQUALIZER 버튼을 터치하면 사용자 이퀄라이저 설정 화면이 나타납니다. 가로 방향으로 전환하면 전체 주파수 대역을 한 화면에 보고 설정할 수 있습니다. 아래에는 BASS(저음)와 TREBLE(고음) 볼륨이 있어 이퀄라이저와 중복해서 해당 대역에 대한 강도를 조절할 수 있습니다. 이들은 TONE 버튼으로 적용 상태를 켜거나 끌 수 있습니다.

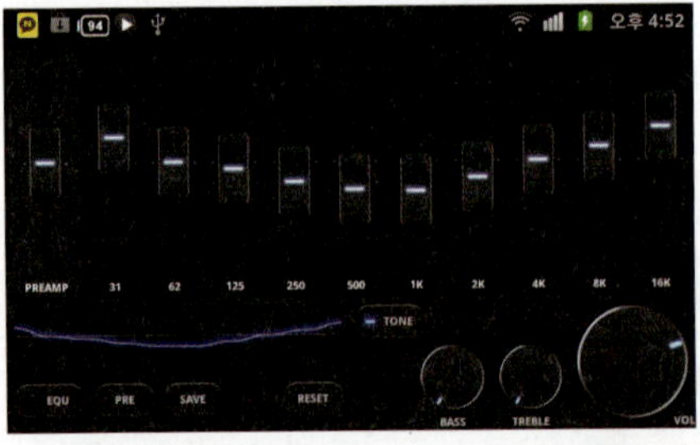

08 파워 앰프도 깔끔하고 다양한 사이즈의 위젯을 제공합니다. 그림은 4X2 사이즈의 위젯이 등록된 상태를 보여주고 있습니다. 배경과 어울리도록 위젯을 투명하게 설정하려면 파워앰프의 메인 화면에서 기기의 [메뉴] 버튼을 누르고 [Settings]-[Look And Feel Tweaks]을 선택한 다음 [No Widget Background] 옵션을 터치해주면 됩니다.

▲ 일반 위젯

▲ 투명 위젯

09 파워 앰프는 잠금 화면 위젯도 제공합니다. 파워앰프의 메인 화면에서 기기의 [메뉴] 버튼을 누른 후 [Settings]-[Lock Screen Options]를 선택하고 [Lock Screen Widget] 옵션을 터치해주면 됩니다. [Widget Type]을 터치하면 두 가지 사이즈의 위젯 중 선택할 수 있습니다. 폰이 잠금 상태로 전환된 후 홈 버튼이나 전원/슬립 버튼을 누르면 위젯이 나타나 폰 내부로 진입하지 않아도 재생과 관련된 여러 동작을 수행할 수 있습니다.

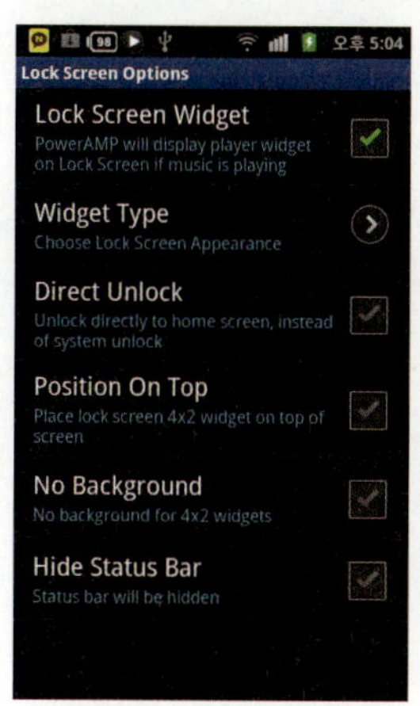

Music Player Pro도 PowerAMP와 거의 유사한 기능을 가지고 있는 음악 플레이어입니다. 마켓에서 $4.95에 판매되는 유료 어플로서 깔끔한 재생화면을 비롯하여 폴더 재생, 이퀄라이저, 홈 위젯, 잠금 위젯 등의 모든 기능을 제공합니다. 전용 이퀄라이저는 Music Player Pro가 설치된 다음, 'PlayerPro DSP Pack'을 추가로 설치해야 사용할 수 있습니다.

▲ 재생 화면

▲ 이퀄라이저

▲ 홈 위젯

▲ 잠금 위젯

모든 미디어 재생에 적용되는 고품격 이퀄라이저

'Equalizer' 어플은 음악 재생은 물론 인터넷 방송이나 동영상, 게임 등 모든 미디어 파일에 이퀄라이저 설정값이 적용되도록 합니다. 따라서 이퀄라이저를 사용하기 위해 특정 음악 재생 어플을 사용해야 하는 제약에서 해방될 수 있습니다. 마켓에서 무료로 받아 사용할 수 있지만 안드로이드 2.3(진저브레드) 이상에서만 설치되며 그렇지 않은 경우 마켓에서 검색조차 되지 않습니다.

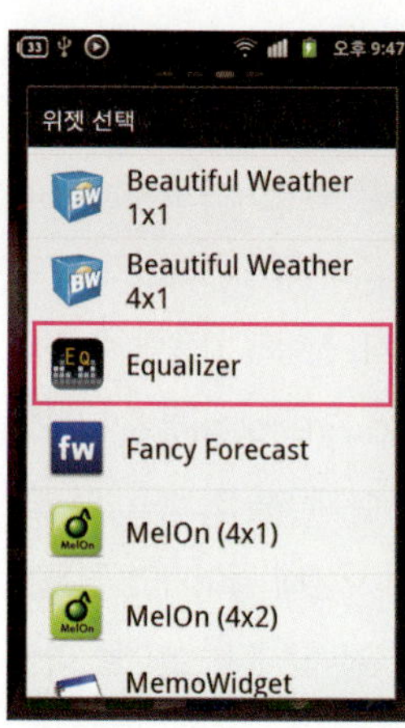

01 'Equalizer' 어플은 메인 메뉴에서 직접 터치해 실행할 수도 있지만 위젯으로 등록해놓는 것이 편리합니다. 위젯 목록에서 'Equalizer'를 선택하고 홈 화면에 추가된 위젯을 터치합니다.

02 몇 가지 팁이 화면에 나타납니다. 매번 나타나는 것이 귀찮으므로 'Don't show' 옵션을 체크하고 [Continue] 버튼을 터치합니다. 이퀄라이저 어플이 실행되면 기본적으로 프리셋 목록이 나타납니다. 여러 프리셋 목록이 나타나 취향에 따라 선택할 수 있습니다. 'Enable auto-detect for preset' 옵션을 체크하면 음악의 장르에 따라 적절한 프리셋이 적용됩니다. 직접 각 주파수 대역을 조절하려면 [Custom]을 터치합니다.

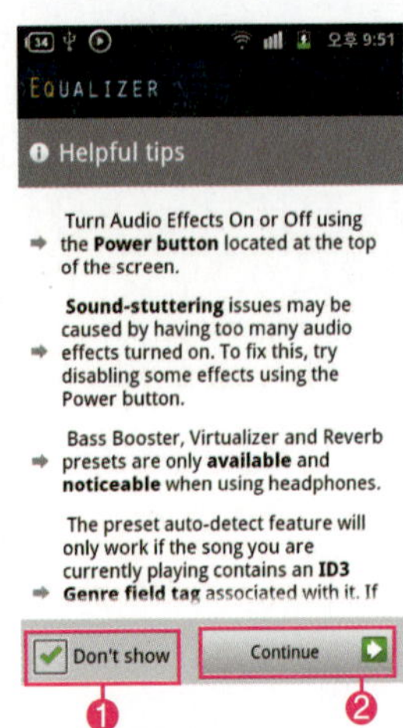

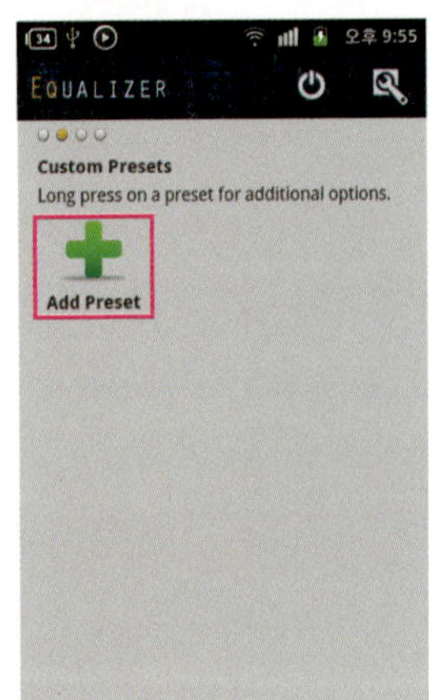

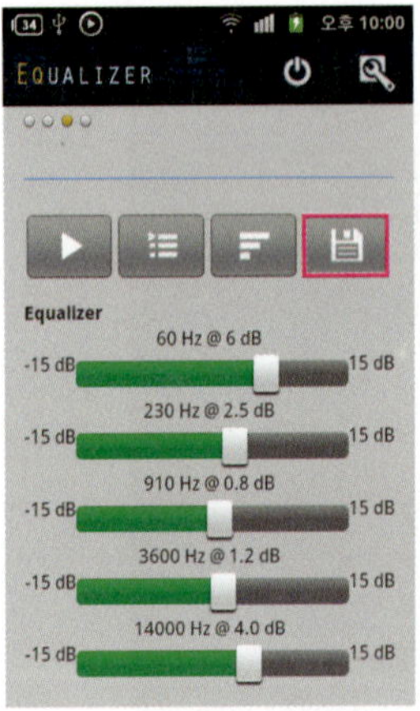

03 Custom Presets 추가 화면이 나타납니다. 즉, 사용자가 지정한 이퀄라이저 값을 새로운 프리셋으로 등록할 수 있으므로 이어폰이나 기분에 따라 직접 등록한 여러 프리셋 중에서 선택해 사용할 수 있습니다. Add Preset 버튼을 터치하여 각 주파수 대역을 조절합니다. 미리 음악을 재생해 들어가면 원하는 음색으로 설정합니다. 설정을 마쳤다면 상단 우측에 있는 디스켓 모양의 저장 버튼을 터치합니다.

04 프리셋 저장은 풀 버전에서만 가능하다는 메시지가 나타납니다. [Buy] 버튼을 터치하면 마켓을 통해 풀 버전을 구매할 수 있습니다. 무료 버전도 사용자 프리셋 저장 기능만 없을 뿐 직접 조절한 이퀄라이저값을 그대로 사용할 수 있습니다. 기기의 [뒤로가기] 버튼을 눌러 이퀄라이저 화면에서 빠져나올 수 있습니다.

05 이퀄라이저 어플은 총 4개의 페이지로 구성되어 있으며 화면을 좌우로 드래그함으로써 다른 페이지로 이동할 수 있습니다. 주파수 대역을 설정하는 페이지에서 화면의 상단 영역을 좌측으로 드래그하면 추가 기능을 설정할 수 있는 페이지가 나타납니다. 우측 상단의 전원 버튼을 터치합니다. 이퀄라이저 외에 저역대 보강을 위한 Bass Booster, 서라운드 효과를 위한 Virtualizer, 잔향 효과를 위한 Reverb 기능을 사용할 수 있습니다.

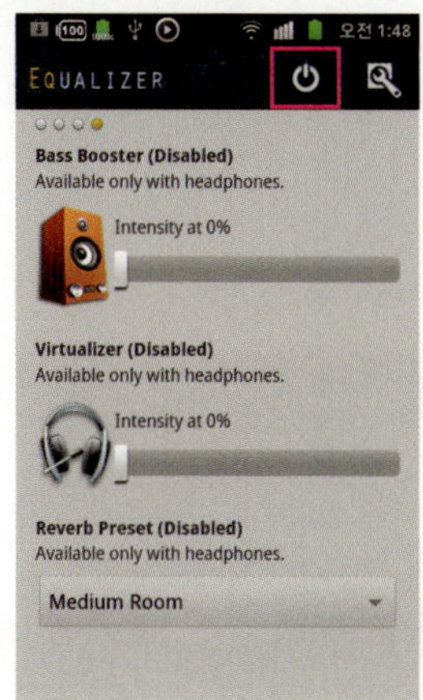
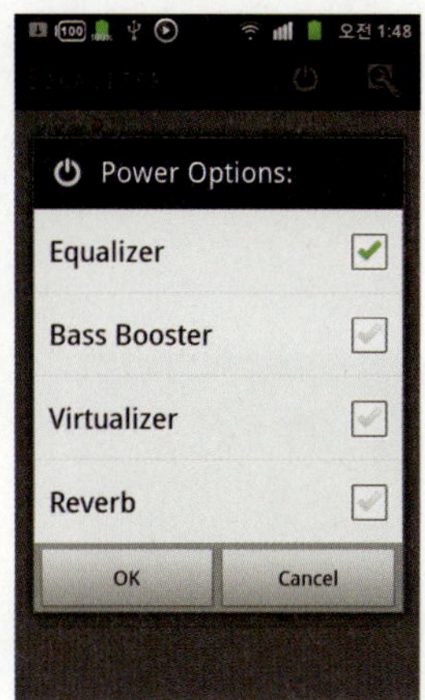

06 Bass Booster와 Virtualizer에 체크했다면 슬라이더를 드래그하여 그 값을 조절할 수 있으며 Reverb에 체크했다면 메뉴를 통해 잔향 강도를 선택할 수 있습니다.

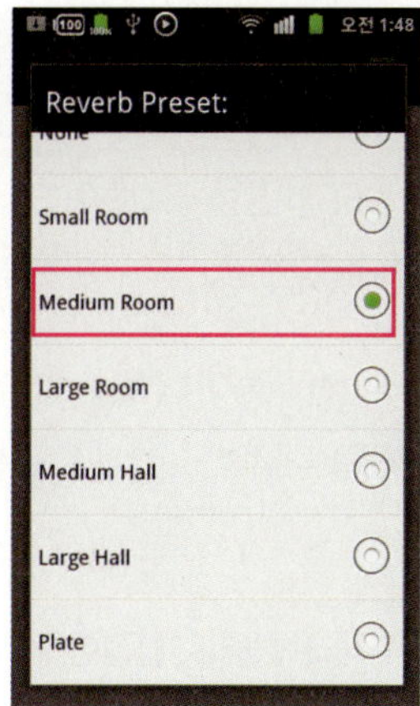

다음 곡 재생?
가볍게 폰을 흔들면 OK

'Shake2PlayNext'는 음악 재생 중, 폰을 흔들면 다음 곡으로 넘어가게 하는 어플입니다. 적용될 음악 플레이어를 선택할 수 있으며 감도도 설정할 수 있습니다. 슬립모드에서도 동일하게 잘 동작합니다.

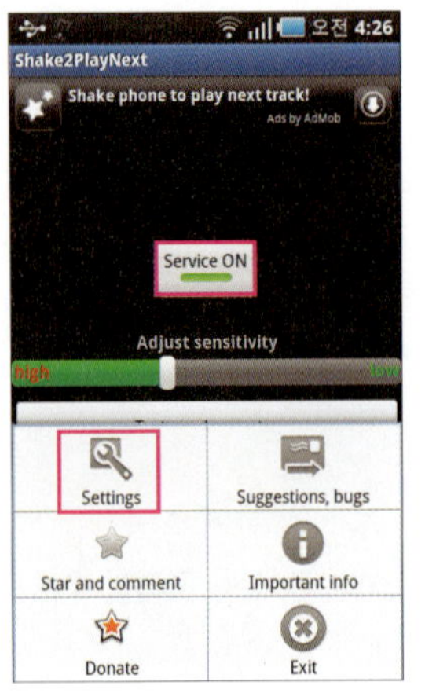
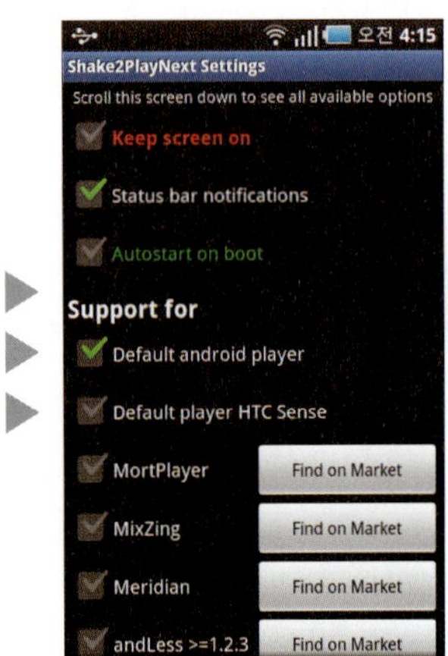
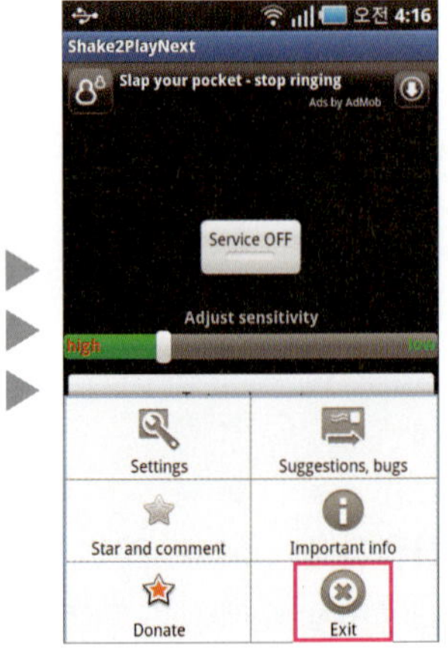

01 설치가 완료되면 메인 메뉴에서 [Shake2PlayNext] 아이콘을 터치합니다. 먼저 센서의 감도를 설정하는 화면이 나타납니다. 작은 흔들림에도 민감하게 반응한다면 우측으로 드래그하여 감도를 낮게 설정하면 됩니다. Service OFF 버튼을 터치하여 Service On으로 바뀌어 나타나도록 한 다음, [메뉴]를 열고 [Settings]를 터치합니다.

02 Shake2PlayNext가 지원하는 플레이어 목록이 나타납니다. Default android player가 폰에 내장된 기본 플레이어이며 체크 상태로 나타날 것입니다. 흔들면 다음 곡으로 진행되기를 원하는 다른 플레이어에도 체크합니다.

03 기기의 [홈] 버튼을 누르고 앞에서 체크 상태로 설정한 플레이어를 실행시킨 후 음악을 재생합니다. 재생 중 폰을 살짝 흔들어주면 다음 곡이 재생될 것입니다. 너무 민감하게 반응하거나 잘 반응하지 않으면 Shake2PlayNext를 다시 실행하고 감도를 재 설정해줍니다. Shake2PlayNext를 완전히 종료하려면 [메뉴]를 열고 [Exit]를 터치합니다.

듣기만 하는 아쉬움을 채우자! 자동 가사 플레이어

몇몇 음악 재생 어플에서도 가사를 지원하지만 태그에 가사 정보가 입력되어 있어야 하므로 별도로 가사 작업이 필요합니다. 특별한 작업 없이 자동으로 가사보기를 지원하는 'MyMusicOn', '카라얀' 등의 두 가지 어플에 대해 살펴보겠습니다. 모두 마켓에서 무료로 받을 수 있습니다.

01 MyMusicOn을 실행하면 기본적으로 폴더 선택 화면이 나타납니다. 재생할 폴더와 노래 파일을 차례로 터치합니다.

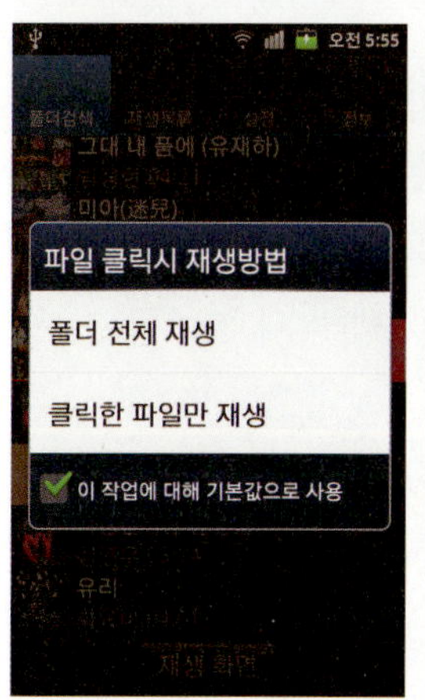 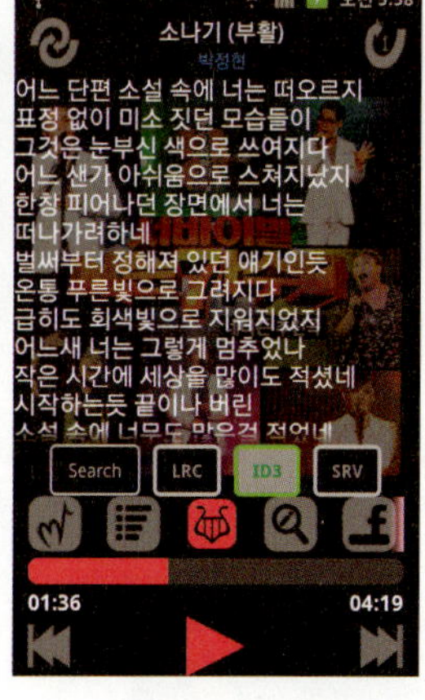

02 파일을 터치하면 두 가지 재생 방법을 선택할 수 있는 화면이 나타납니다. 원하는 것을 선택합니다. 매번 같은 방식으로 재생하려면 아래에 있는 옵션을 체크한 다음 선택해주면 됩니다. 재생 화면이 나타나면 아래에 버튼 중에서 가운데 버튼을 터치하면 재생 중인 노래의 가사가 표시됩니다.

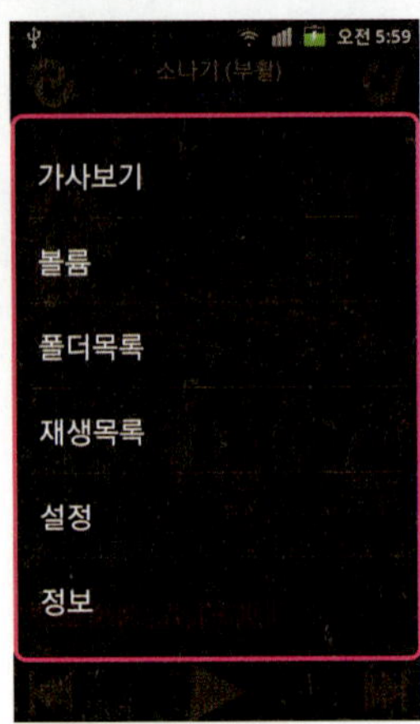

03 가사가 나타나지 않게 하려면 화면의 아무 부분이나 터치해주면 됩니다. 재생 화면에서 앨범 아트 부분을 터치하면 다음과 같은 메뉴가 나타나 가사를 보거나 볼륨, 재생 목록 등의 화면이 나타나게 할 수 있습니다.

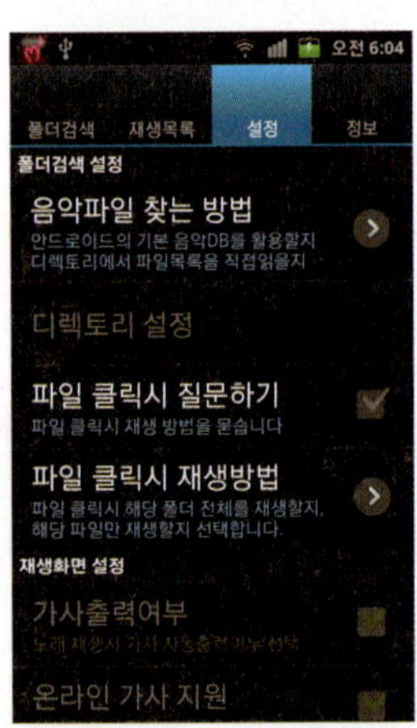

04 기기의 [뒤로가기] 버튼을 터치하여 폴더 목록 화면으로 돌아가면 상단의 탭을 통해 재생 목록을 보거나 설정 화면으로 이동할 수도 있습니다. 설정 화면에서는 파일을 클릭했을 때의 재생 방법이나 가사 출력 어부 등의 여러 옵션을 선택할 수 있습니다.

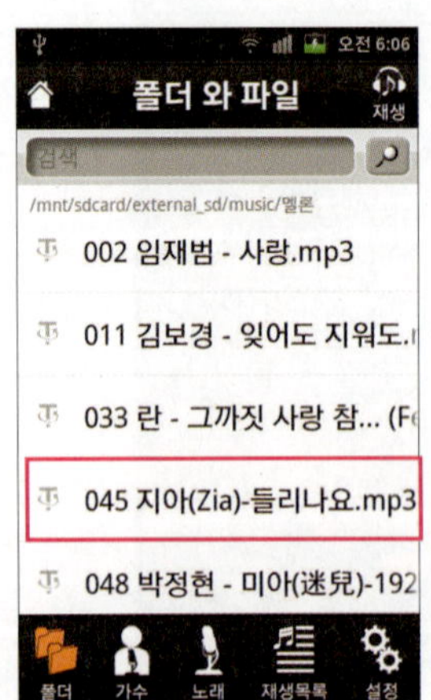

05 '카라얀'도 자동으로 가사를 출력해주는 어플입니다. 실행 후 아래에서 [폴더] 버튼을 터치하고 원하는 노래를 선택합니다.

06 재생이 시작되면 자동으로 가사가 출력됩니다. 일반적인 음악 재생 어플과 달리 노래방처럼 재생되는 부분이 다른 색으로 표시되므로 따라 부르는 데 적합합니다. 기본적으로 가사는 두줄로 표시되지만 좌측 상단의 [가사] 표시 부분을 터치할 때마다 가사 출력 형식이 한 줄 가사, 전체 가사, 두 줄 가사 등으로 바뀌게 됩니다.

원하는 인터넷 방송 마음대로 지정해 듣자

'xiialive lite'는 mp3 파일을 가지고 있지 않아도 인터넷 방송을 통해 다양한 장르의 음악을 쉽게 청취할 수 있는 어플입니다. 인터넷 방송은 전송 환경 상 음질의 한계는 있지만 신경 쓰지 않고 편하게 들을 수 있다는 장점으로 많이 청취하고 있습니다. XiiaLive Lite는 원하는 인터넷 방송국의 URL을 직접 등록할 수도 있습니다.

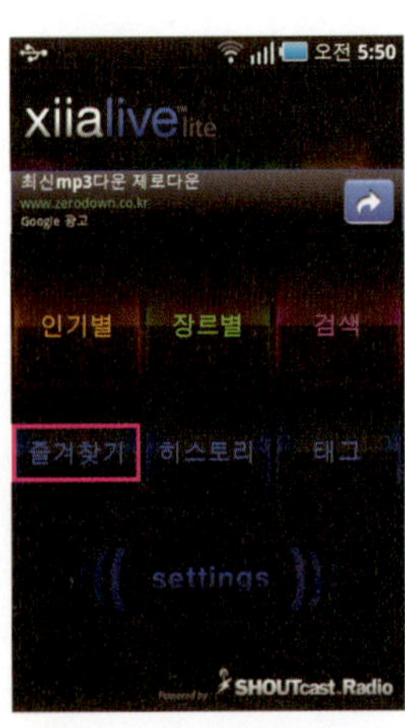

01 설치 후, 메인 메뉴에서 [XiiaLive Lite] 아이콘을 터치합니다. 메인 메뉴가 나타납니다. 검색으로는 원하는 방송국을 정확히 찾기 힘들기 때문에 직접 원하는 URL을 입력하여 등록해보도록 하겠습니다. [즐겨찾기]를 터치합니다.

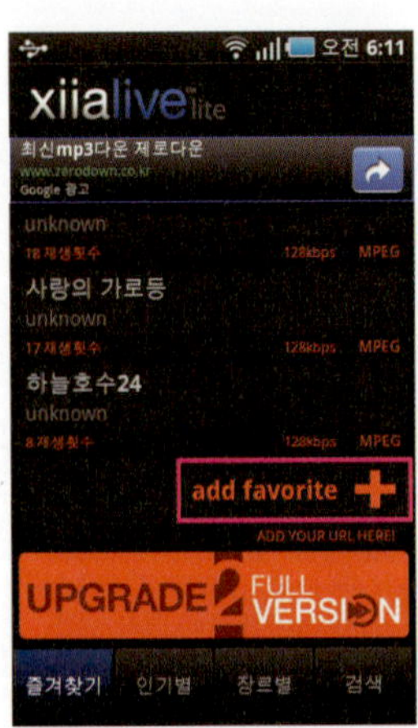
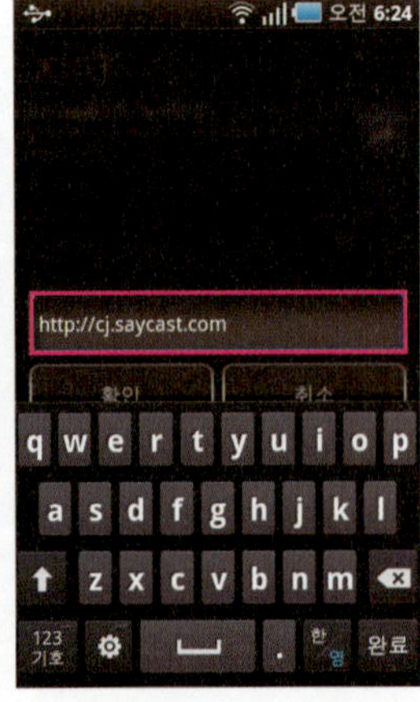

02 사진에서는 이미 즐겨찾기에 등록한 방송국이 보이지만 처음 실행하면 아무것도 등록되어 있지 않을 것입니다. [add favorite]를 터치하고 입력창이 나타나면 인터넷 방송국 주소(URL)를 입력합니다. 특별히 아는 곳이 없다면 'http://cj.saycast.com'을 입력해보기 바랍니다.

세이라디오(http://www.saycast.com)와 인라이브(http://www.inlive.co.kr)에는 많은
인터넷 방송국이 등록되어 있습니다. 이들 홈페이지에 접속하면 여러 방송국 주소를 알 수 있습니
다. 대표적으로 몇 군데 URL을 소개합니다.

하얀풍차24 : http://cj.saycast.com
연우뮤직 : http://song1124.inlive.co.kr/listen.pls
M4UCAST : http://m4u.saycast.com
3040음악선물 : http://sc14.saycast.com:8328
하늘호수24 : http://24sky.saycast.com

03 입력을 마쳤다면 입력란을 길게 터치하여 편집 메뉴를 열고 [모두 복사]를 터치합니다. 비슷
한 URL을 갖는 방송국을 계속 등록할 것이기 때문에 복사해두고 일부분만 수정하려는 것입니다.
[확인] 버튼을 터치합니다. URL 확인 과정이 잠시 나타나고 방송국 이름 입력란이 나타납니다.
위쪽에 '하얀풍차24'라고 입력한 다음 [추가] 버튼을 터치합니다.

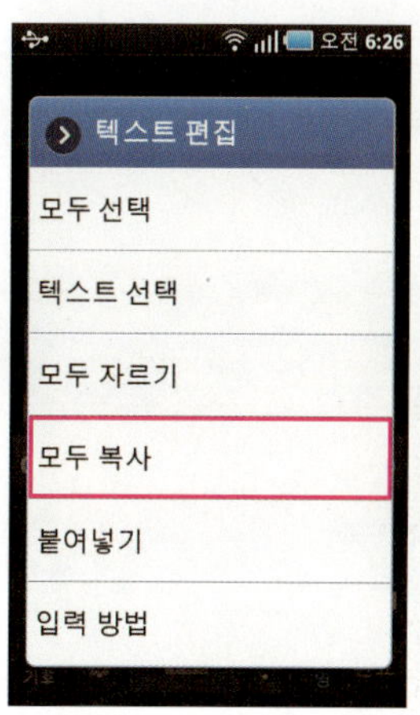

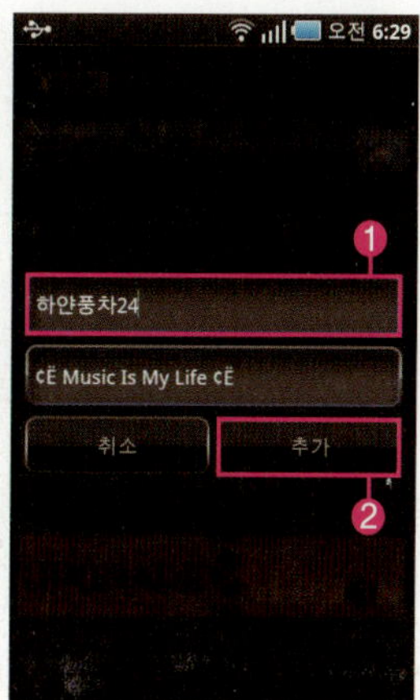

04 입력한 방송국이 즐겨찾기에 추가됩니다. 다시 새로운 방송국을 추가하기 위해 [add favorite]를 터치하고 URL 입력란을 길게 터치하여 메뉴가 나타나면 [붙여넣기]를 선택합니다. 앞에서 복사해두었던 URL이 나타납니다. 따라서 일일이 키패드를 바꿔가며 주소 전체를 입력할 필요가 없습니다. http:// 다음의 'cj' 부분만 'm4u'로 수정하고 [확인] 버튼을 터치합니다.

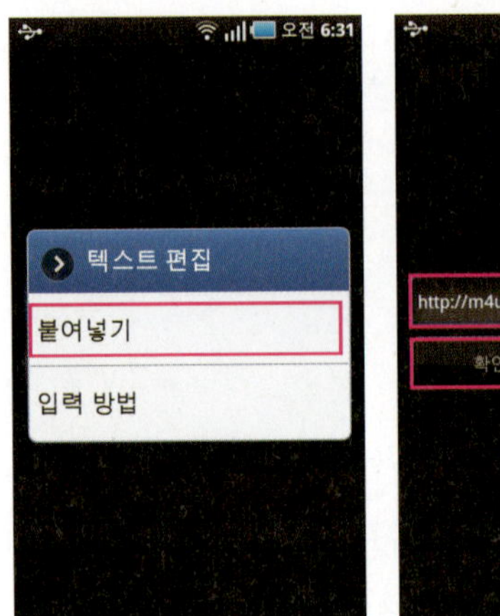
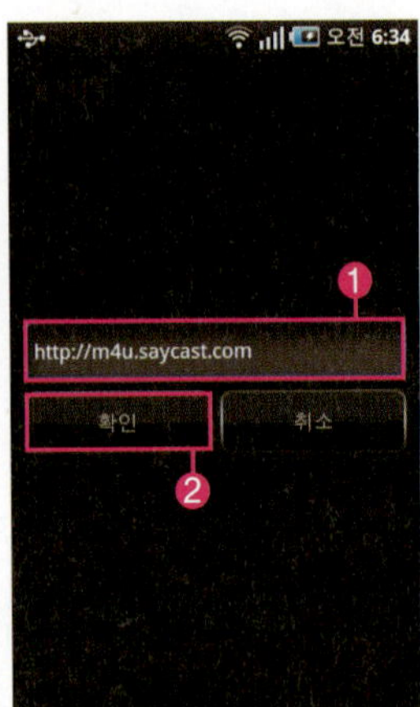

05 앞에서와 마찬가지로 위쪽의 입력창에 방송국 이름으로 'M4UCAST'를 입력하고 [추가] 버튼을 터치하면 또 다시 즐겨찾기에 방송국이 추가됩니다. 듣고 싶은 방송국을 터치합니다.

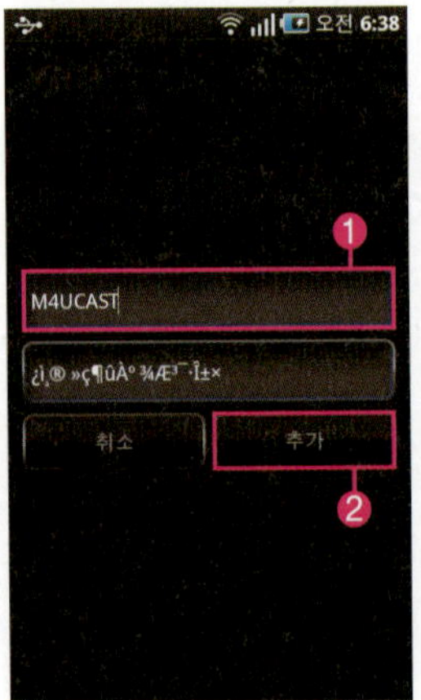

06 잠시 버퍼링 시간이 경과한 후 방송을 들을 수 있습니다. 아쉽게도 재생 화면에서 방송국 이름과 재생곡명 등의 한글이 깨져 나옵니다.

XiiaLive Lite 취침 예약하기

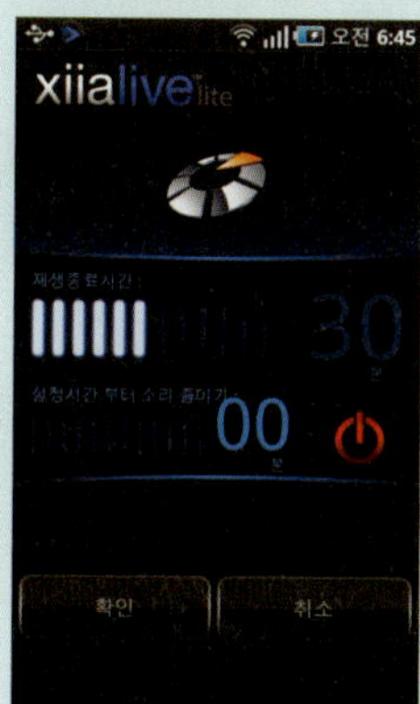

재생 화면의 중앙에 TIMER라고 표시된 부분을 터치하면 취침 예약 시간을 설정할 수 있습니다. 재생 종료시간 바를 드래그하여 원하는 시간을 지정하고 [확인]을 터치하면 지정된 시간이 될 때 재생이 정지됩니다.

다양한 인터넷 방송 목록이 주르르! 스케줄 녹음까지

Resco Radio는 국내 및 해외의 다양한 인터넷 방송을 목록에서 선택해 들을 수 있으며 앞에서 소개한 XiiaLive 어플처럼 원하는 주소를 통해 청취할 수도 있는 인터넷 방송 전문 어플입니다. 마켓에서 무료로 받을 수 있으며 유료 버전에서는 재생 중인 방송이나 지정한 스케줄을 통해 녹음할 수 있는 기능도 지원합니다.

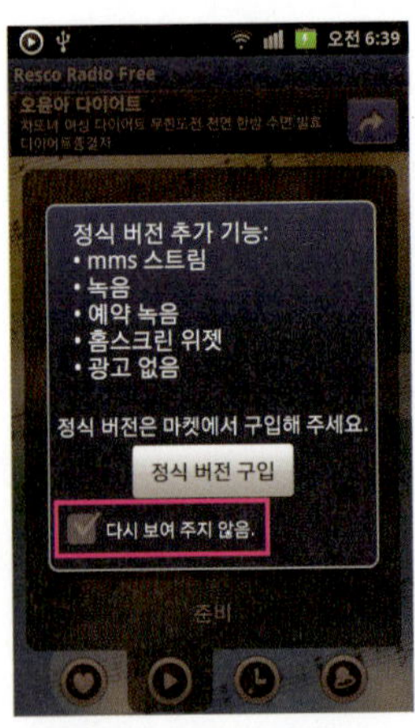

01 무료 버전은 'Resco Radio Free'라는 이름으로 찾으면 됩니다. 어플을 실행하면 유료로 제공되는 정식 버전에 대한 안내 화면이 표시됩니다. '다시 보여주지 않음' 옵션을 체크하고 기기의 [뒤로가기] 버튼을 누른 후, 기기의 [메뉴] 버튼을 눌러 [선택&재생]을 선택합니다.

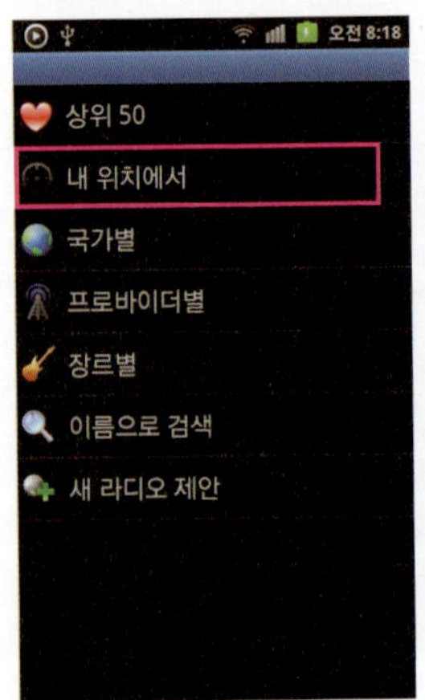

02 방송국 분류 항목이 나타납니다. 원하는 항목 하나를 선택하여 방송국 리스트 중에서 하나를 터치합니다.

03 해당 방송이 재생됩니다. 매번 이러한 식으로 방송국을 선택하려면 번거롭기 때문에 즐겨찾기 목록에 추가해놓는 것이 좋습니다. 재생 화면 우측의 하트 모양 버튼을 터치한 후, 하단 좌측의 즐겨찾기 버튼을 터치하면 추가된 방송국 리스트가 나타나므로 언제든 간단히 다시 재생할 수 있습니다.

04 즐겨 찾기 목록의 [편집] 버튼을 터치하면 편집 상태로 전환됩니다. 좌측 부분을 드래그하여 순서를 변경하거나 우측의 [−] 버튼을 터치하여 목록에서 삭제할 수 있습니다. [+] 버튼을 터치하면 곧 바로 방송국 목록을 열어 추가할 수 있습니다.

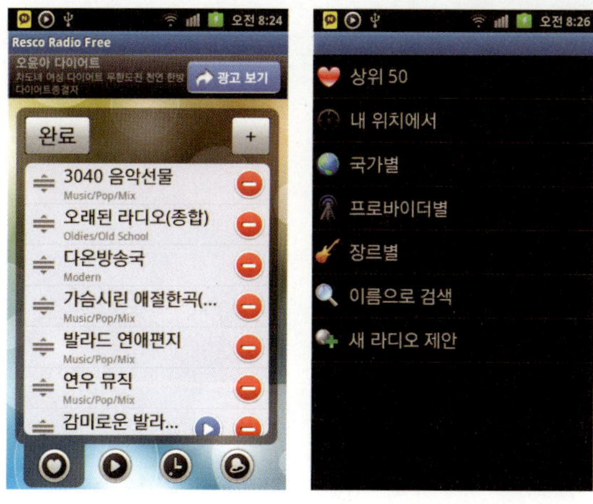

05 목록에 없는 방송국을 추가하려면 방송국 분류 화면에서 [새 라디오 제안]을 터치하고 방송국 이름과 주소(URL) 국가, 장르 등을 지정한 다음 [제안] 버튼을 터치합니다. 입력한 방송국 목록이 나타나면 터치하여 재생할 수 있습니다. 이렇게 추가한 방송국도 앞의 방법대로 즐겨찾기 목록에 추가해 놓아야 번거롭지 않게 해당 방송을 청취할 수 있습니다.

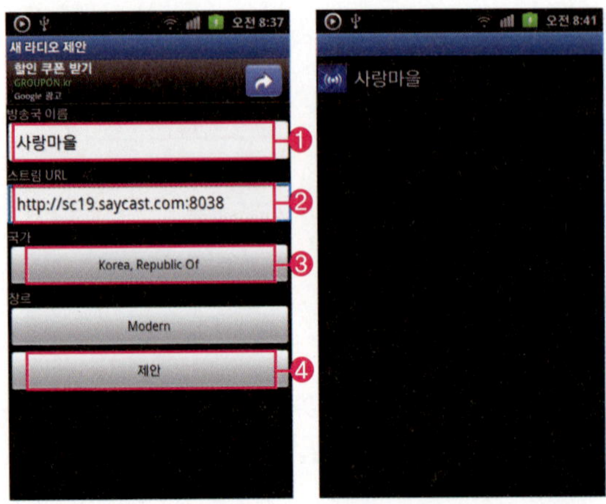

06 지정된 시간에 방송이 재생되게 알람 용도로 사용할 수도 있습니다. 아래 가장 우측의 자명종 모양 버튼과 + 버튼을 차례로 터치합니다.

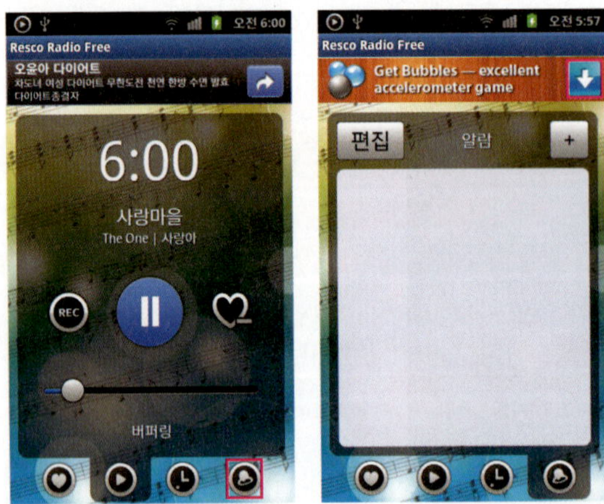

07 알람 설정 화면이 나타납니다. 알람 이름을 비롯하여 방송국과 요일, 시간 등을 지정하고 [저장] 버튼을 터치합니다. 알람 설정 화면으로 되돌아오며 지정된 알람이 ON으로 설정되어 있는 것을 볼 수 있습니다. ON으로 표시되어 있는 부분을 터치하면 OFF으로 전환할 수 있으며 [편집] 버튼을 터치하면 알람 설정을 변경하거나 알람 목록에서 삭제할 수 있습니다.

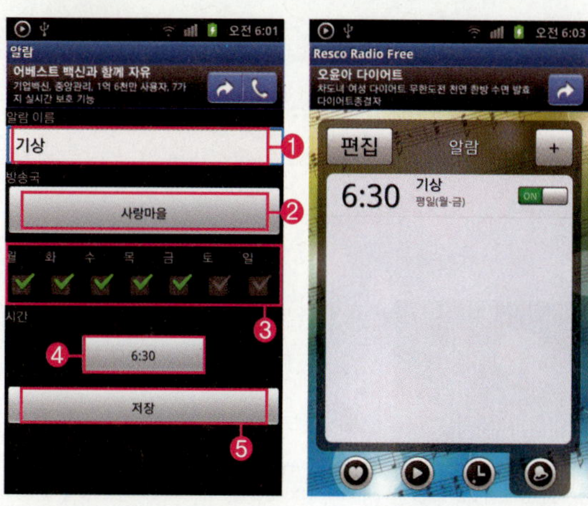

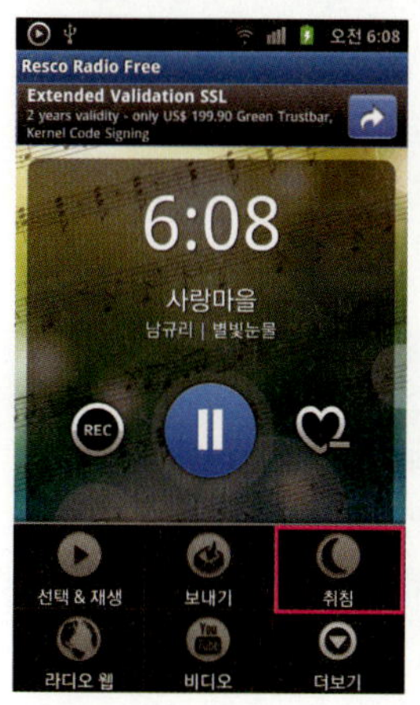
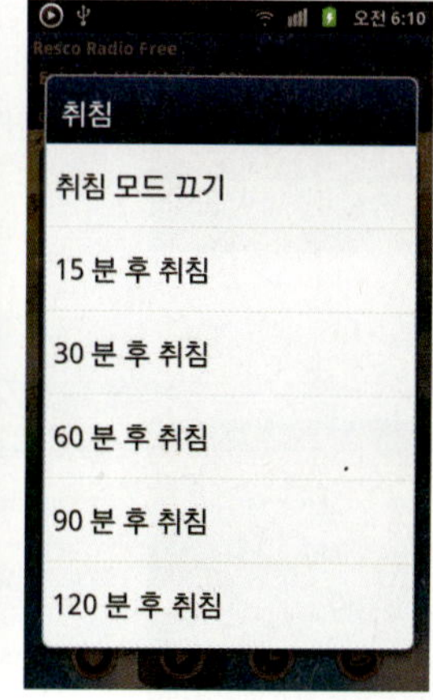

08 기기의 메뉴 버튼을 누르고 [취침]을 선택하면 재생 중인 방송이 자동으로 종료될 시간을 지정할 수 있습니다. 자기 전에 방송을 들을 경우 유용할 것입니다.

Resco Radio는 [뒤로가기] 버튼으로 종료되지 않습니다. 완전히 종료하려면 [메뉴] 버튼을 누르고 [더보기]—[종료] 순으로 선택해주어야 합니다. 또한, 유료로 제공되는 정식 버전에서는 재생 화면 좌측의 REC 버튼을 터치하여 현재 재생 중인 음악을 녹음할 수 있으며 아래의 스케줄 녹음 버튼을 터치하여 원하는 시간별로 방송을 녹음할 수 있습니다.

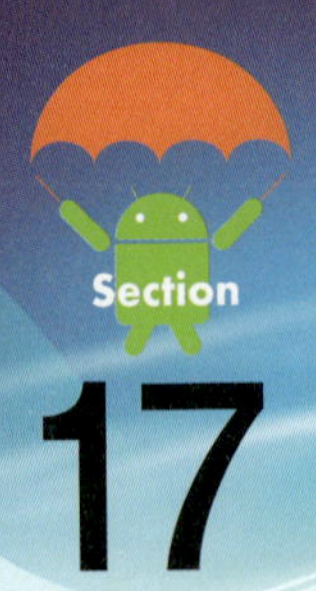

숨가쁜 도전!
위대한 탄생 영상 보기

'MBC 위대한 탄생'은 오디션 프로그램인 '위대한 탄생'의 다시보기나 주요 장면 등을 동영상으로 모아서 볼 수 있는 어플입니다. 출연자의 프로필을 비롯하여 멘토들의 어록, 사진 등도 살펴볼 수 있습니다.

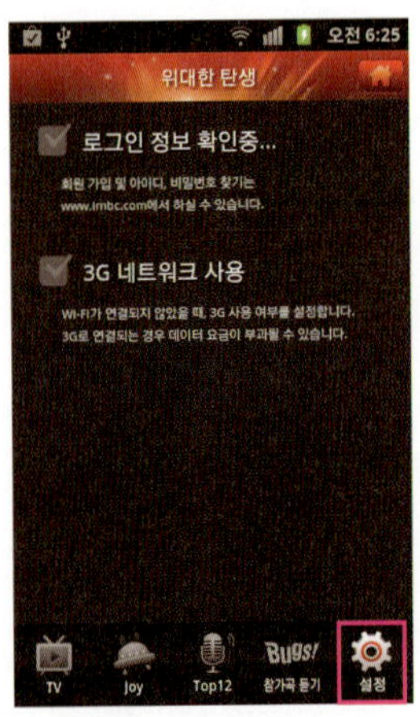

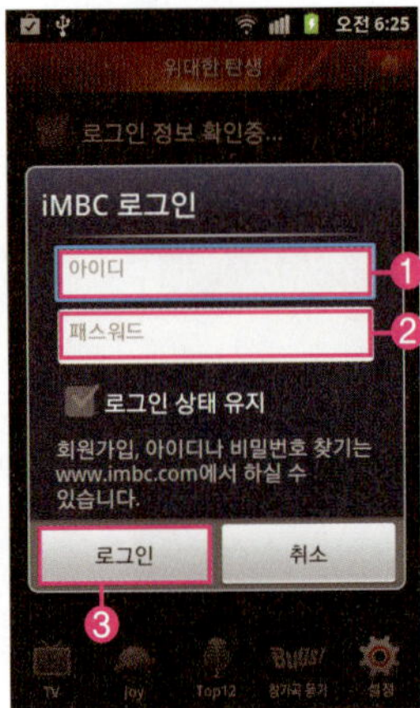

01 '위대한 탄생'을 실행하면 먼저 아래의 [설정]을 터치하여 설정 화면에서 [로그인 정보 확인]을 누릅니다. 로그인 창이 나타나면 아이디와 비밀번호 등을 입력하고 [로그인] 버튼을 터치합니다. 아직 회원으로 가입하지 않았다면 imbc 사이트에서 먼저 가입해야 합니다.

▲ 영상클립 목록

▲ 다시 보기 목록

02 아래에서 [TV]를 터치하면 상단에 영상 클립, 다시 보기, 예고 보기 등의 탭을 통해 방영되었던 영상이나 예고 영상 등을 감상할 수 있습니다. 단, 다시 보기는 유료로 제공됩니다.

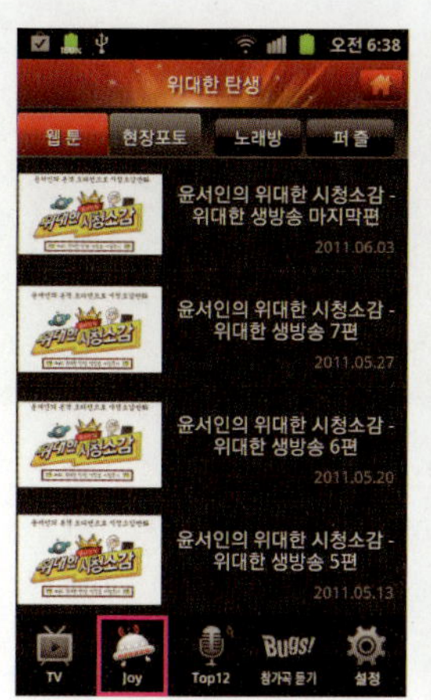 

03 아래의 Joy를 터치하면 웹툰이나 현장 포토 탭을 통해 관련 만화와 사진 등을 볼 수 있으며 Bugs를 터치하면 벅스 어플을 통해 방송된 음악만을 감상할 수도 있습니다.

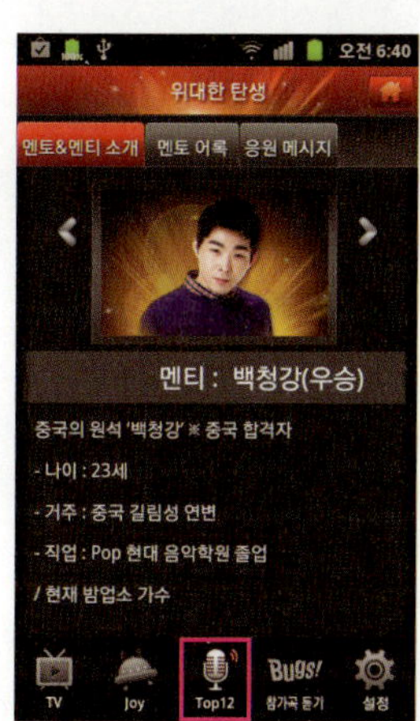 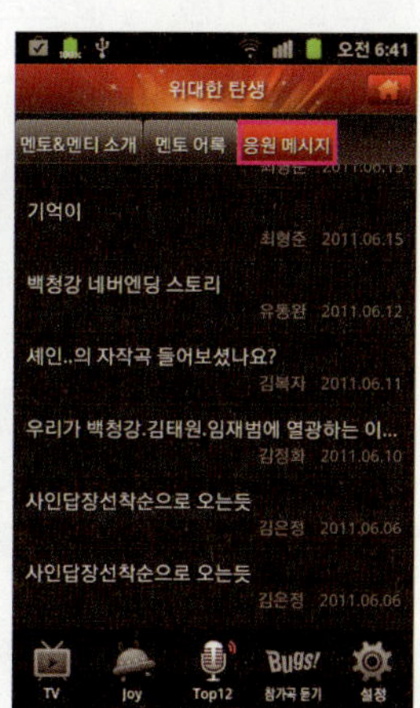

04 Top12를 터치하면 멘토와 멘티에 대한 정보를 확인할 수 있습니다. 아울러 멘토의 어록과 참가자에 대한 응원 메시지도 남길 수 있습니다.

스마트 폰만 있으면 TV 방송국!
인터넷으로 동영상 방송하기

'아프리카 TV'는 개인 방송을 위한 서비스로서 다른 회원이 제공하는 뉴스, 시사, 게임, 음악 등의 프로그램을 볼 수 있으며 직접 폰 카메라를 통해 현재 촬영하는 영상을 생방송으로 중계하거나 계정에 등록해두고 언제든 다시 볼 수도 있습니다.

01 '아프리카 TV'를 실행하고 [방송하기]를 터치하면 동영상 촬영화면이 나타납니다. [방송시작]을 터치하면 로그인 화면이 나타나고 로그인 한 다음, 실시간으로 방송을 시작할 수 있습니다. 회원가입은 http://www.afreeca.com에서 할 수 있습니다. 방송을 종료하면 방송된 영상을 등록할 수도 있으며 표시되는 계정 주소를 통해 다시 볼 수 있습니다.

02 [시청하기]를 터치하면 게임, 뉴스, 음악, 시사, 스포츠 등 회원들이 제공하는 다양한 분야의 방송을 볼 수 있습니다.

03 우측의 [카테고리] 버튼을 터치하면 카테고리를 통해 원하는 방송을 선택할 수 있습니다. 또한 기기의 [메뉴] 버튼을 누르면 설정 메뉴가 나타나 방송정렬 방식을 비롯하여 트위터나 페이스북을 통한 방송 함께 보기 설정이나 3G 연결 설정 등을 할 수 있습니다.

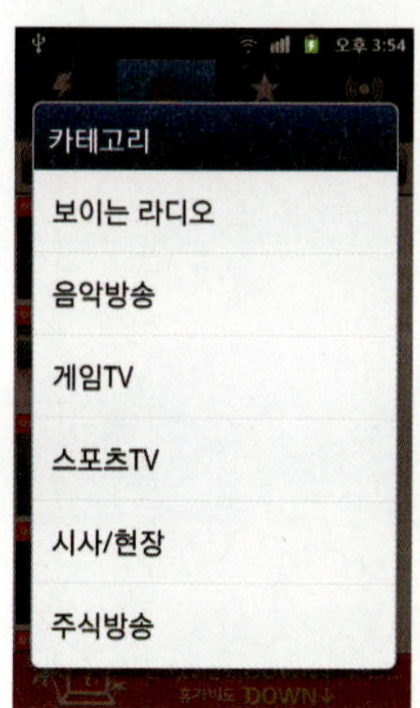

Part 8

게임 · 놀이 · 커뮤니티 어플

재미있는 놀이 도구로 변신시킬 수 있는 여러 어플 및 지인들과 다양한
방식으로 소통할 수 있는 커뮤니티 어플에 대해서 살펴봅니다.
장난감, 악기, 관상, 패러디 이미지 어플 및 트위터, 네이트 온,
카카오톡, 노래방 어플 등을 만나게 될 것입니다.

폰 안에 무기있다?
총과 칼로 변신하기

'ifight pro'는 $0.99의 유료 어플로서 약간의 비용을 지출해야 하지만 쏠쏠한 재미를 맛볼 수 있는 어플입니다. 총, 칼, 채찍 등을 비롯하여 다양한 소리와 모양을 보여줍니다.

설치가 완료되면 메인 메뉴에서 [iFight] 아이콘을 터치하여 실행합니다. 위쪽에는 배경 음악을 선택할 수 있으며 아래에서는 다양한 도구나 무기를 선택할 수 있습니다. 선택한 다음 폰을 흔들면 해당 무기나 도구의 소리가 들리게 됩니다. 확실한 효과를 위해 볼륨을 충분히 키워주는 것이 좋습니다.

▲ 징　　　　▲ 권총

스마트폰 하나면 악기 종합 선물 셋트

'musical lite' 어플에서는 피아노를 비롯해 키보드, 드럼 등을 연주할 수 있으며 메트로놈, 피치 파이프 등의 도구도 지원합니다. 멀티터치를 지원하므로 건반 연주할 때 화음도 낼 수 있습니다.

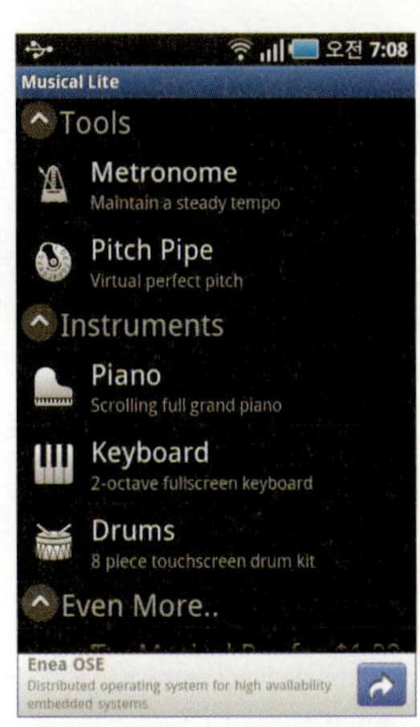

설치가 완료되면 메인 메뉴에서 [Musical Lite] 아이콘을 터치합니다. 몇 가지 도구와 악기를 선택할 수 있습니다.

- 메트로놈 : 상단 중앙을 터치하여 템포를 조절합니다.
- 피치 파이프 : 조율에 사용되는 도구로 원하는 음을 선택하고 원의 중앙 부분을 터치하면 소리를 들을 수 있습니다. 아래의 옵션을 체크하면 폰의 마이크를 향해 불어서 소리를 낼 수 있습니다.
- 피아노 : 상단 좌우측의 버튼으로 옥타브를 이동할 수 있습니다.

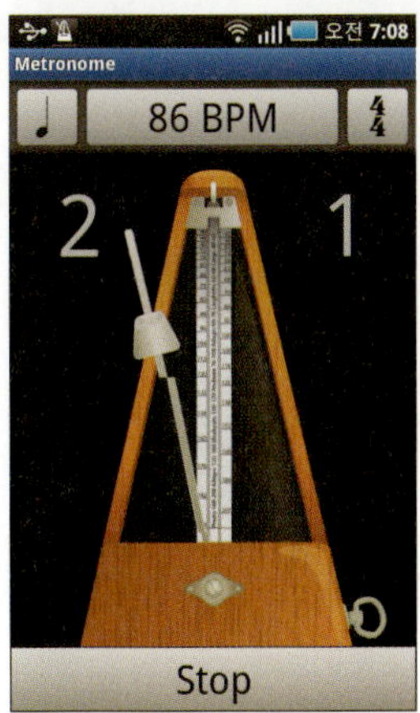

▲ 메트로놈

▲ 피치 파이프

▲ 피아노

나만 따라 하는 고양이!

'talking tom'을 실행하고 말을 하면 고양이가 그대로 따라합니다. 일시적으로 녹화해 두고 다시 재생할 수도 있으며 건드리면 다양한 표정을 짓습니다. 남녀노소 누구나 보고 웃으며 즐길 수 있는 무료 어플입니다.

01 메인 메뉴에서 [Talking Tom] 아이콘을 터치합니다. 고양이가 나타나면 말을 합니다. 잠시 후 그대로 따라서 하게 됩니다.

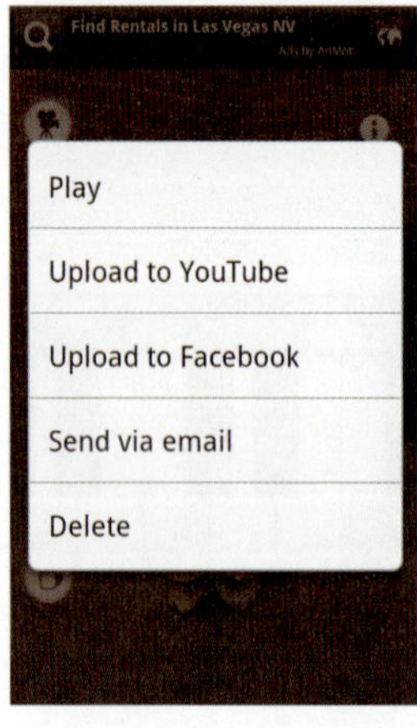

02 좌측 상단의 영사기 모양의 아이콘을 터치하면 녹화가 시작되며 다시 터치하면 그림과 같은 메뉴가 나타나 재생해보거나 유튜브, 페이스북 등에 올릴 수 있습니다. 최대 녹화시간은 30초입니다. 고양이를 터치하면 부위에 따라 다양한 표정을 보여줍니다. 좌측 하단의 컵 아이콘을 터치하면 우유를 줄 수도 있습니다.

말하는 고양이와 비슷한 어플로 말하는 안드로보이도 마켓에서 무료로 받을 수 있습니다. '토킹 안드로보이'라는 이름을 가지고 있으며 말하는 것을 따라하거나 우측의 버튼을 통해 재미있는 동작을 볼 수도 있습니다.

만화광이라면 필수!
모든 인터넷 만화 편하게 보기

'웹툰' 어플은 여러 사이트의 웹툰을 한 곳에서 모두 볼 수 있어 웹툰별로 어플을 설치할 필요가 없습니다. 또한 웹툰뿐 아니라 많은 사용자들이 이용하고 있는 세티즌이나 파코즈 같은 커뮤니티 사이트나 뉴스나 쇼핑 정보도 곧바로 확인할 수 있습니다.

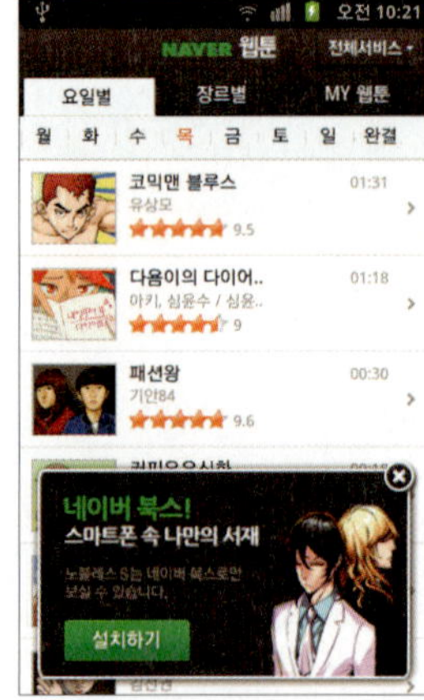

01 '웹툰'을 실행하면 아래에 보이는 5개의 탭을 통해 원하는 정보를 확인할 수 있습니다. 기본적으로 [웹툰만화]가 선택되어 있어 네이버, 다음, 네이트 등의 웹툰 목록을 통해 해당 사이트의 만화를 살펴볼 수 있습니다.

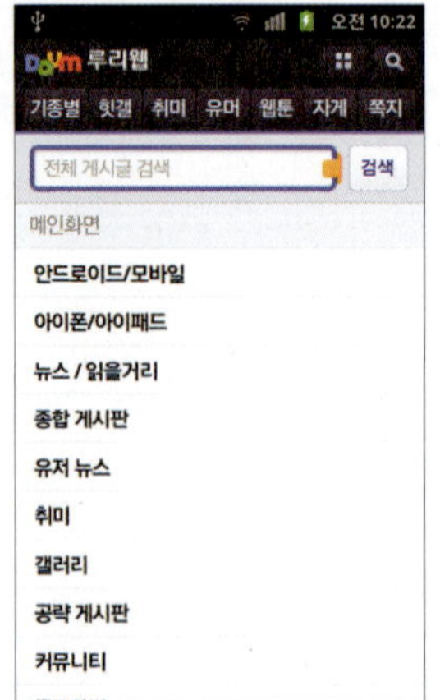

02 [커뮤니티] 탭에서는 '시코', '루리웹', '세티즌'을 비롯한 다양한 커뮤니티 목록이 나타나 손쉽게 해당 커뮤니티에 접속할 수 있습니다.

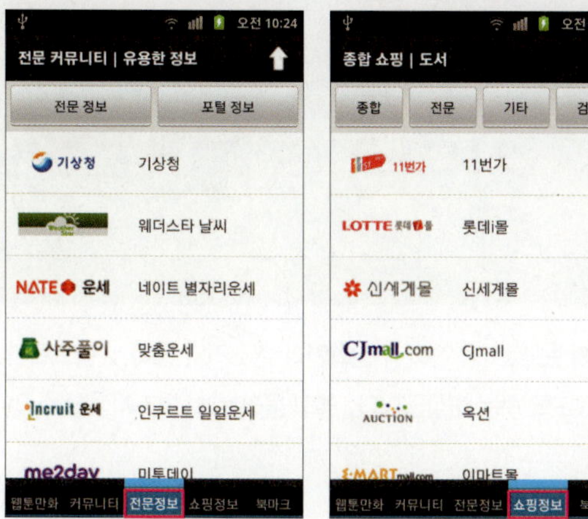

03 [전문정보] 탭에서는 날씨 및 운세, 포털 뉴스 등을 확인할 수 있으며 [쇼핑정보] 탭에서는 온라인 쇼핑몰 사이트로 접속할 수 있습니다.

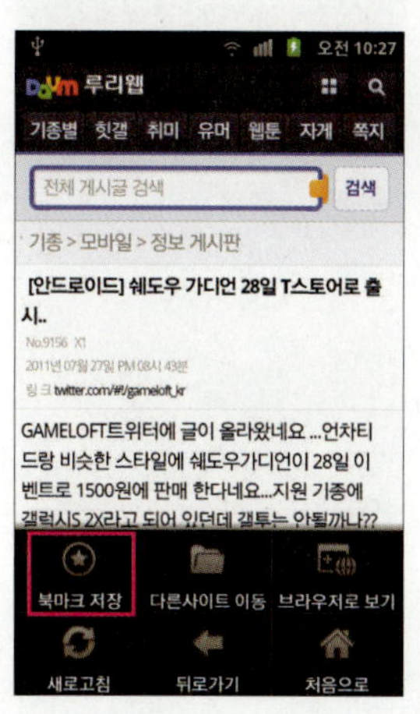

04 특정 사이트에 접속한 경우, 기기의 메뉴 버튼을 눌러 [북마크 저장]을 선택하면 [북마크] 탭을 통해 언제든 쉽게 해당 사이트나 게시판에 재접속할 수 있습니다.

급한 전화 온 것처럼 간단히 자리뜨기!

'fake call me'는 급한 전화가 온 것처럼 전화 수신화면과 벨소리가 울리게 함으로서 거북한 자리를 빠져 나올 수 있도록 하는 어플입니다. 벨이 울리는 시간도 지정할 수 있습니다.

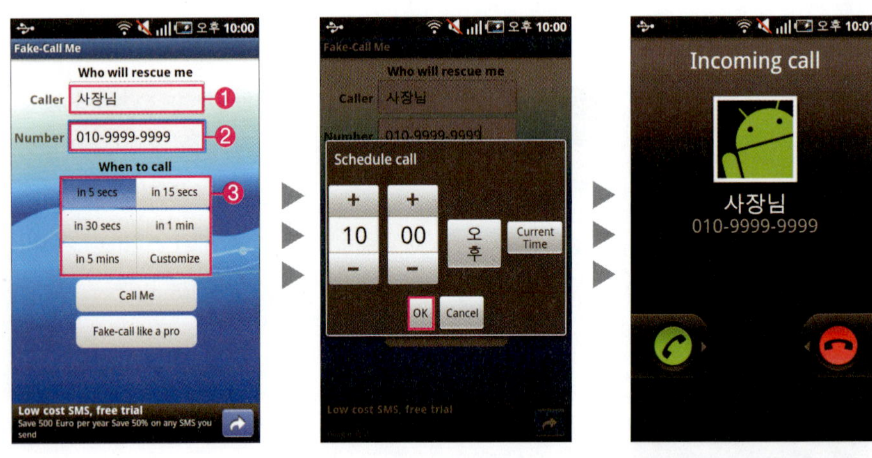

01 설치가 완료되면 메인 메뉴에서 [fake-call me] 아이콘을 터치합니다. 최초 실행시 라이선스 동의를 화면이 나타나면 Agree 버튼을 터치합니다. 이어서 Caller와 Number에 발신자로 표시될 사람의 이름과 전화번호를 각각 입력합니다.

02 아래에서 언제 전화가 벨이 울리게 할 것인지 선택합니다. Customize 버튼을 터치하면 원하는 시간을 지정할 수 있습니다. 시간 지정 후 OK 버튼을 터치해야 합니다.

03 Call Me 버튼을 터치하면 어플 화면이 사라지고 지정된 시간이 되었을 때 벨이 울리면서 전화 수신 화면이 나타납니다. 이제 남은 과제는 적절한 연기력입니다. 폰이 무음 상태로 전환되면 다시 원하는 상태로 전환해주도록 합니다.

얼굴을 촬영하면
관상을 보여준다

'얼굴인식관상'은 얼굴을 촬영해서 관상을 제공하는 어플입니다. 같은 사람이라 하더라도 촬영 결과에 따라 다른 결과가 나타날 수 있다고 하니 밝은 표정으로 테스트 해보는 것이 좋을 듯합니다. T 스토어에서 받을 수 있으며 2,900원에 판매되는 유료 어플입니다.

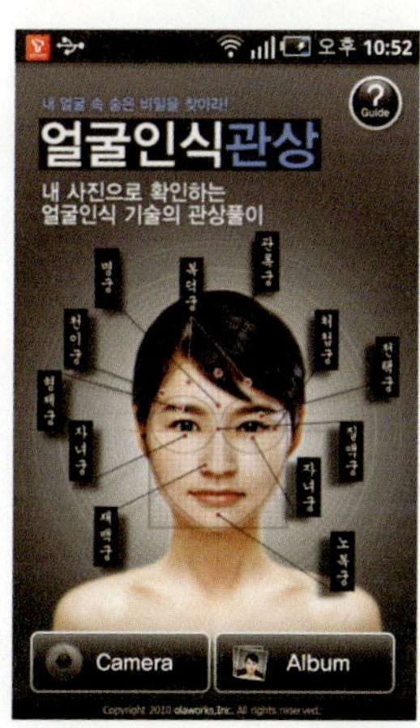

01 설치가 완료되면 메인 메뉴에서 [얼굴인식관상] 아이콘을 터치합니다. Camera 버튼을 터치하면 카메라로 촬영한 사진으로, Album을 터치하면 갤러리에 있는 사진을 선택해서 관상을 볼 수 있습니다.

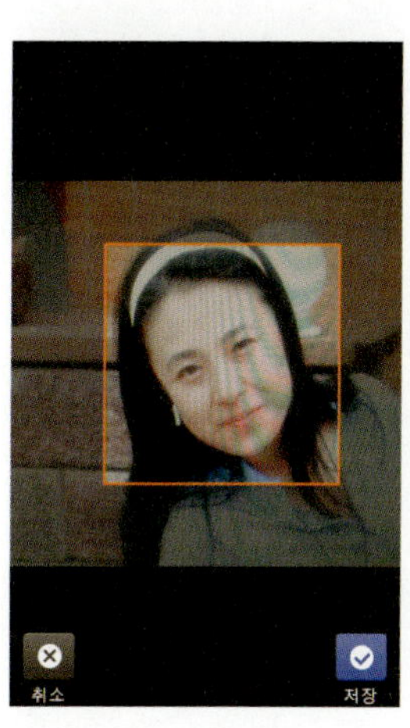

02 사진을 촬영하고 [저장] 버튼을 터치하면 다시 얼굴 영역 지정 화면이 나타납니다. 사각형을 드래그하여 얼굴 영역을 정확히 지정하고 모서리를 드래그하여 영역의 크기를 조절한 다음 다시 [저장] 버튼을 터치하여 지정한 영역의 얼굴이 나타나면 성별을 선택한 후 [관상결과보기]를 터치합니다.

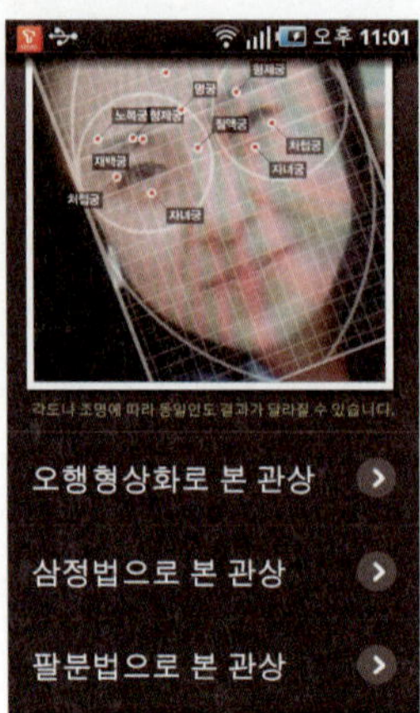

03 아래에 나타난 여러 방식을 터치하여 결과를 볼 수 있습니다.

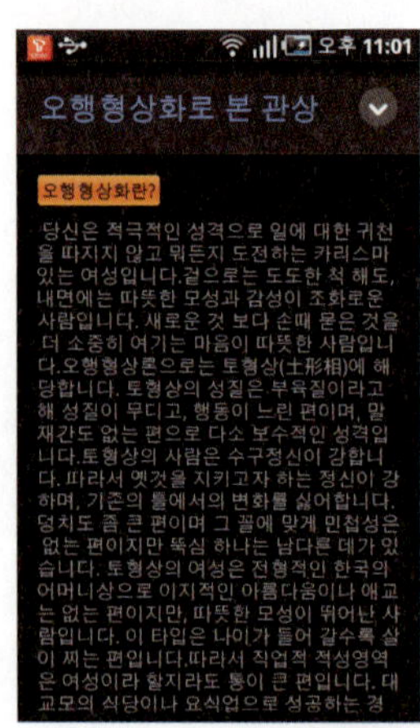

나와 닮은 연예인은 누구?

'푸딩 얼굴인식' 어플은 촬영한 사진이나 앨범에 저장된 사진을 선택하여 닮은 꼴 연예인을 찾아줍니다. 재미로 한 번씩 해볼 만한 무료 어플이며 사용자의 기분을 고려한 것인지 실제 나이보다 젊게 감정해 주는 듯합니다.

01 어플을 실행하고 [닮은꼴 연예인 찾기]를 터치한 다음, 카메라 촬영을 선택합니다. 앨범에 저장된 사진 중에서 하나를 선택할 수도 있습니다.

02 사진을 촬영한 후 [저장] 버튼을 터치한 다음 얼굴이 흰색 테두리의 사각형 안에 위치하도록 드래그한 후 다시 [저장] 버튼을 터치합니다.

03 잠시 후 결과가 나타납니다. 화면을 좌측으로 드래그하면 2~5위의 연예인도 찾아볼 수 있습니다. [보내기] 버튼을 터치하면 이메일이나 트위터 등으로 전송할 수도 있습니다.

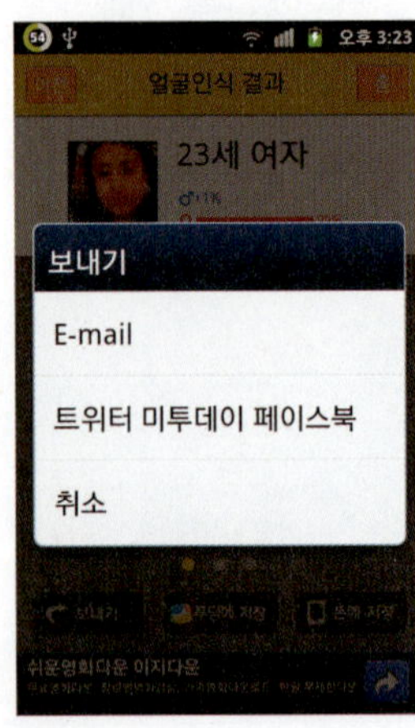

진짜보다 더 진짜같은 패러디 이미지 보내기

'이미지 패러디'는 재미있는 사진에 사용자가 입력한 문자를 합성해서 문자로 전송할 수 있는 어플입니다. 재미있는 패러디 이미지와 기발한 문자로 친구들에게 즐거움을 전할 수 있을 것입니다. 마켓에서 무료로 받을 수 있습니다.

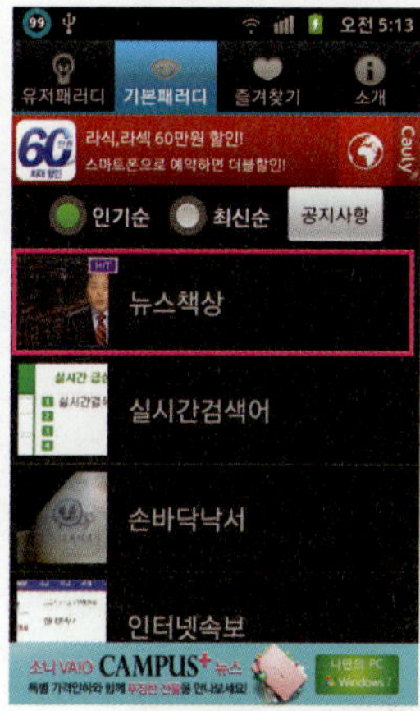

01 '이미지 패러디'를 실행하면 기본적으로 사용자들이 만든 패러디 목록이 나타납니다. 상단의 [기본 패러디]를 터치하고 패러디 목록에서 "뉴스책상"을 선택합니다.

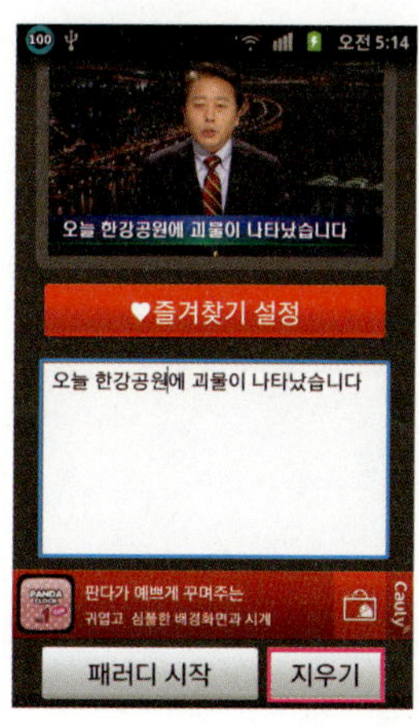

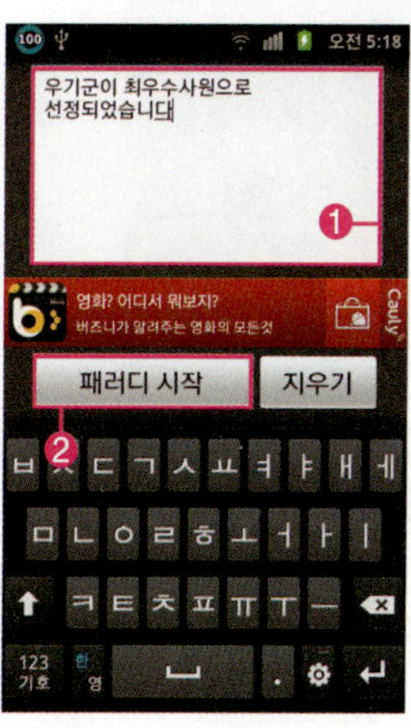

02 뉴스데스크 이미지가 나타납니다. 화면 아래에 있는 [지우기] 버튼을 눌러 기본적으로 나타나 있는 문자를 삭제하고 원하는 문자를 입력한 다음 [패러디 시작] 버튼을 누릅니다.

03 화면 상단을 보면 입력한 문자가 이미지 위에 나타나는 것을 볼 수 있습니다. 실제 방송 화면처럼 그럴 듯하게 나타납니다. 화면 아래쪽에는 여러 버튼들이 자리하고 있는데 [카카오톡으로 보내기] 버튼을 누르면 카카오톡이 실행되면서 친구 목록이 나타나 원하는 친구에게 패러디 이미지를 보낼 수 있습니다. [저장 후 보내기] 버튼을 누릅니다.

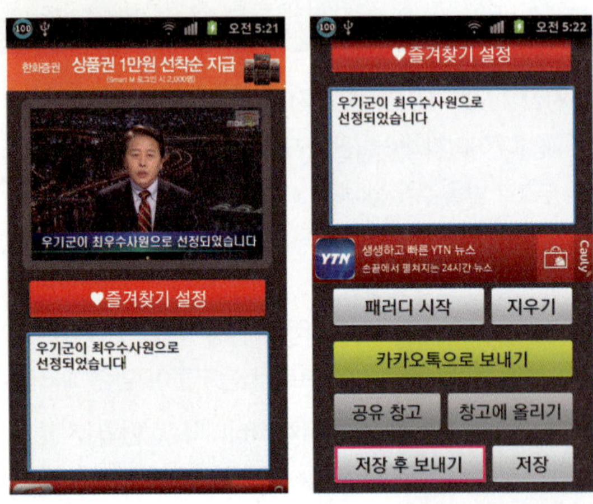

04 이미지가 저장되고 어떤 방식으로 보낼 것인지 목록이 나타납니다. 문자 메시지로 보내기 위해 [메시지]를 터치하면 메시지 입력 화면이 나타납니다. 상대방의 전화번호를 입력하고 [전송] 버튼을 터치하면 MMS 방식의 문자 메시지로 이미지가 전송됩니다.

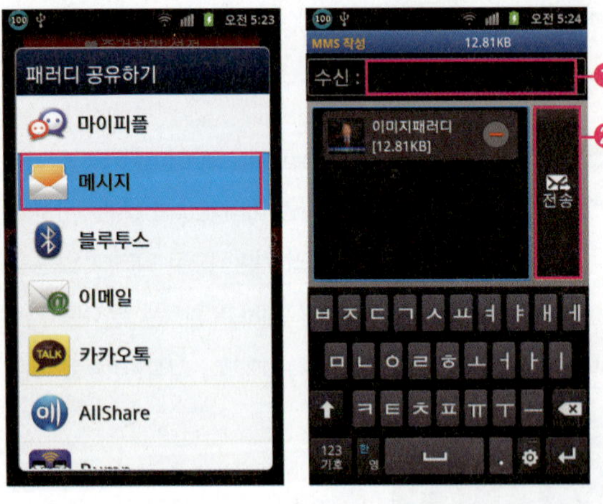

인맥은 자산!
손 안의 트위터로 쉽고 편리하게

여러 트위터 어플이 있지만 그 중에서도 빠르고 편리한 것으로 'twicca'를 빼놓을 수 없습니다. 무료인데다가 깔끔한 인터페이스를 가지고 있으며 필요한 모든 기능을 지원하며 당연히 위젯도 포함되어 있습니다. 메뉴와 옵션 전체를 설명하려면 너무 많은 지면이 필요하므로 간단히 인터페이스만 살펴봅니다.

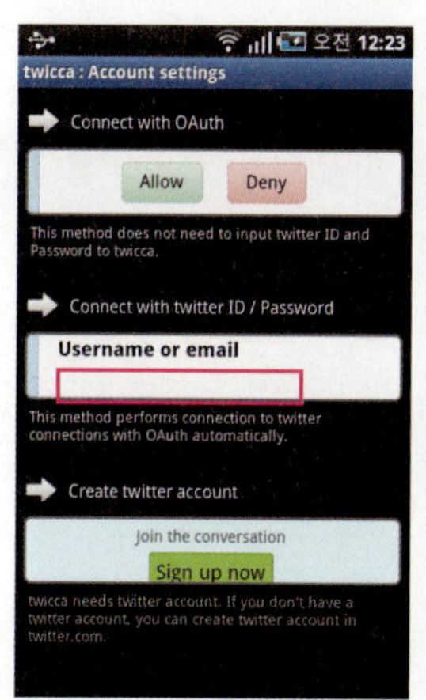 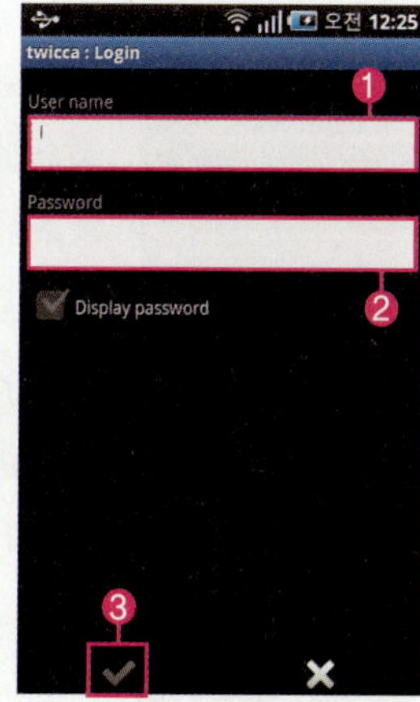

01 설치가 완료되면 메인 메뉴에서 [twicca] 아이콘을 터치합니다. 라이선스 동의 화면이 나타나면 Agree를 터치하고 계정 입력 화면에서 Username or email 입력란을 터치합니다. 두 개의 입력창이 별도로 나타납니다. 각각 트위터에 가입된 이름과 비밀번호를 입력하고 V 버튼을 터치합니다.

02 Continue 버튼을 터치하면 가입 정보 확인 후 계정에 접속됩니다. 화면 아래에 있는 버튼 들 중에서 가장 좌측에 있는 것은 Update 버튼으로서 터치하면 글 입력 화면이 나타납니다. 우측 상단에는 입력할 수 있는 잔여 문자수를 표시해주며 입력한 아래에는 첨부 파일이나 현재 위치 정보 등을 첨부할 수 있는 아이콘들이 자리하고 있습니다. 입력을 마친 다음, Tweet 버튼을 터치하면 글을 등록할 수 있습니다.

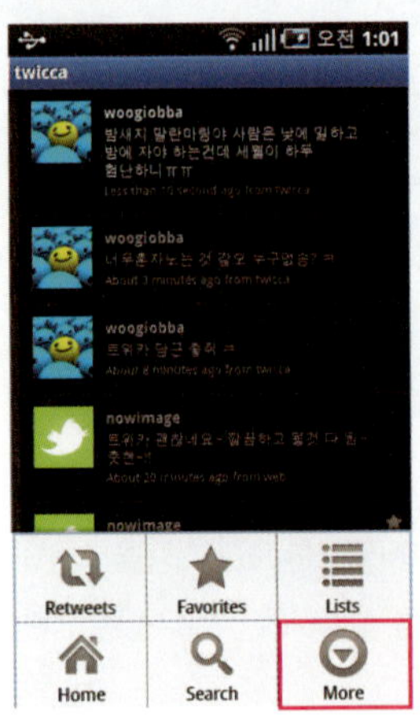

03 기기의 [메뉴] 버튼을 누르면 리트윗, 즐겨찾기, 홈으로 가기, 검색 기능 등을 사용할 수 있으며 More를 선택하면 설정, 프로파일, 팔로윙, 팔로워 등을 살펴 볼 수 있습니다.

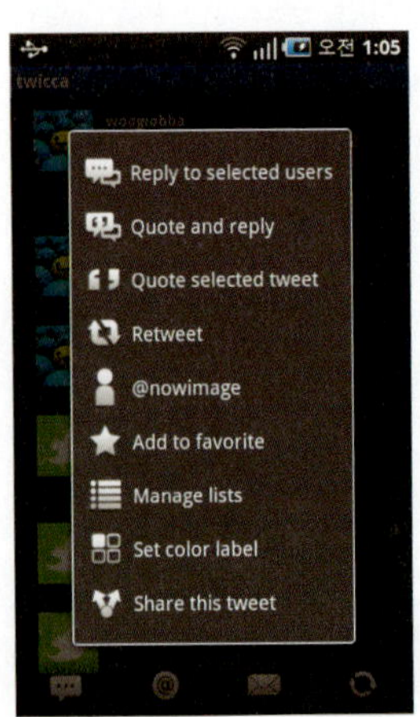

04 글을 터치하면 답변이나 리트윗, 첨부 파일 보기, 트위터 홈 이동, 관심대상 등록, 컬러 라벨 설정, 트윗 공유 등의 기능을 사용할 수 있습니다. Twicca는 위젯도 제공되므로 홈 화면에서 간편하게 글을 올리거나 홈으로 이동, 멘션이나 DM 보기, 검색 기능 등을 사용할 수 있습니다.

 기본적인 트위터 관련 용어 이해하기

팔로잉과 팔로워 : 팔로우(Follow)는 '~을 따라가다'는 의미로서 내가 다른 사람을 친구로 가입하는 것은 팔로잉(Following), 나를 친구로 가입한 다른 사람을 팔로워(Follower)라고 합니다.

리플라이(Replay) : 특정 글에 대해 답변을 가리킵니다. 글 앞에 '@아이디'가 붙어 표시되므로 다른 글과 구분할 수 있습니다.

다이렉트 메시지(Direct Message–DM) : 특정 친구에게만 보내는 글입니다.

리트윗(Retweet) : 친구의 글을 내 친구에게 일괄적으로 전송하는 것을 말합니다. 글 앞에 'RT@아이디'가 붙어 표시되므로 다른 사람의 트위터 글이 재전송된 것이라는 알 수 있습니다.

24시간 접속 중!
네이트 온도 스마트 폰으로

'nateon UC'는 PC에서 사용하던 네이트 온을 안드로이드 스마트 폰에서 사용할 수 있는 SK의 정식 어플입니다. 다른 무료 문자 어플로 인해 사용빈도가 다소 떨어지기는 했지만 네이트온 친구가 많다면 여전히 요긴하게 사용될 것입니다.

01 설치가 완료되면 메인 메뉴에서 [네이트온] 아이콘을 터치합니다. 아이디와 비밀번호를 입력하면 네이트 온 친구 목록이 나타납니다. 친구 이름을 터치하면 곧바로 대화나 쪽지(오프라인일 경우)를 보낼 수 있습니다.

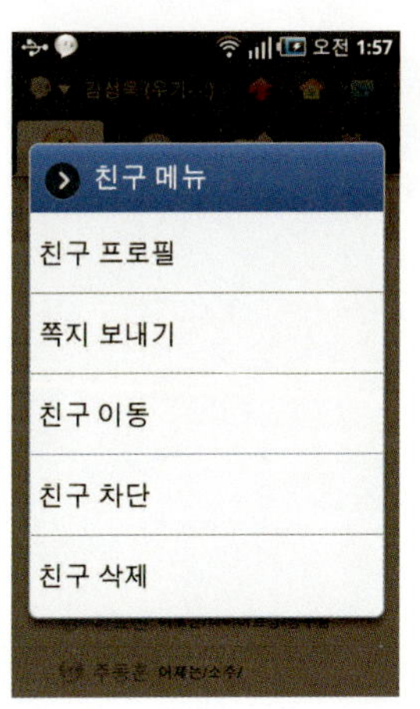

02 친구 이름을 길게 터치하면 해당 친구와 관련된 메뉴가 나타나며 기기의 [메뉴] 버튼을 누르면 친구를 추가하거나 친구 요청, 환경 설정, 로그아웃 등을 수행할 수 있습니다.

 잠자기 모드 허용 여부 설정하기

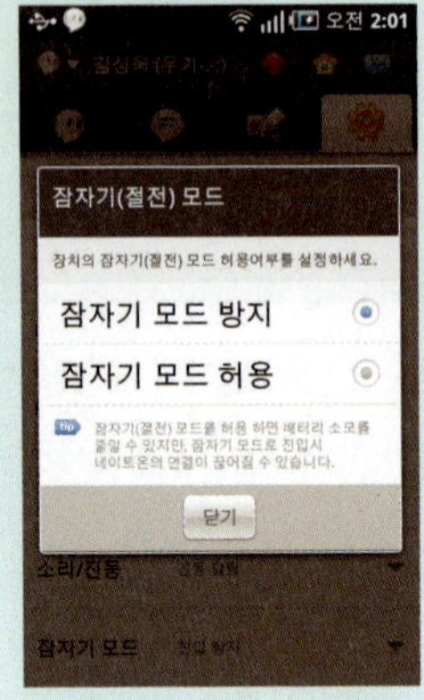

환경 설정의 [잠자기] 모드를 터치하면 다음과 같이 잠자기(절전) 모드 허용 옵션이 나타납니다. 배터리 소모를 줄이려면 잠자기 모드를 허용하는 것이 좋지만 네이트온 접속이 끊어질 수 있으므로 상황에 따라 선택하도록 합니다.

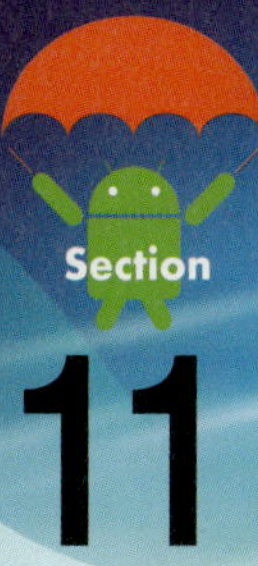

친구들 다 모여! 무료 문자에서 멀티 채팅, 데이터 전송까지

'카카오톡'은 대부분의 스마트폰 구입자가 가장 먼저 설치할 정도로 인기있는 무료 문자 전송 어플입니다. 1:1 대화는 물론 다중 채팅도 가능하며 사진이나 전화번호부 등의 데이터도 전송할 수 있습니다. 물론 마켓에서 무료로 받아 사용할 수 있습니다.

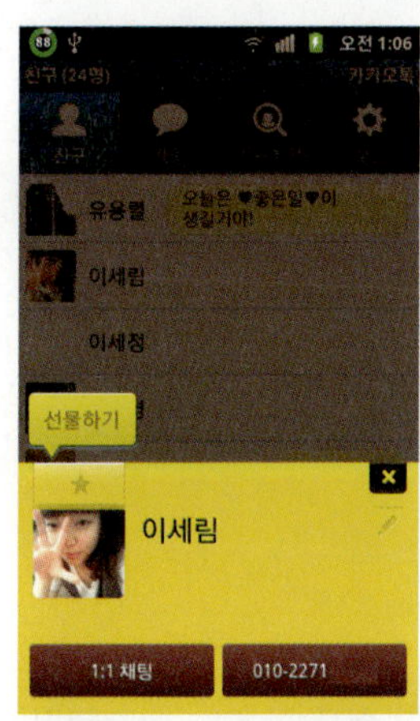

01 [카카오톡] 아이콘을 터치하여 실행되면 내 폰의 전화번호부에 등록되어 있는 사람들 중 아이폰이나 안드로이드 폰을 사용하면서 카카오톡을 설치한 사람들이 자동으로 친구 목록에 등록되어 나타납니다. 친구 목록을 터치하면 1:1 채팅을 위한 버튼이 나타납니다.

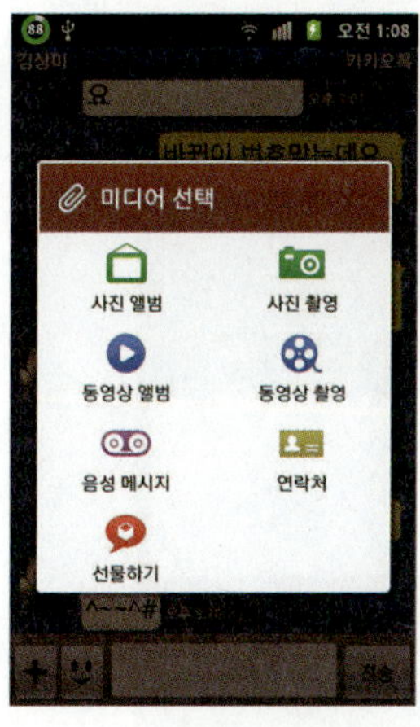

02 상단의 [채팅] 탭을 터치하면 이전까지 채팅했던 목록이 나타납니다. 터치하면 해당 채팅방이 열리면서 그동안의 대화 내용을 다시 볼 수 있습니다. 채팅방 하단에는 문자 입력란이 있으며 그 좌측의 [+] 버튼을 터치하면 사진이나 동영상, 연락처를 보낼 수 있는 메뉴가 뜹니다. 원하는 것을 선택해 파일을 전송할 수 있습니다.

03 채팅방에 들어온 상태에서 기기의 [메뉴] 버튼을 누르고 [나가기]를 터치하면 현재 대화방의 대화내용이 삭제되고 채팅 목록에서도 삭제된다는 메시지가 나타납니다. 채팅방을 그대로 유지한 채로 다른 곳으로 이동하려면 기기의 [뒤로 가기] 버튼을 누르면 됩니다.

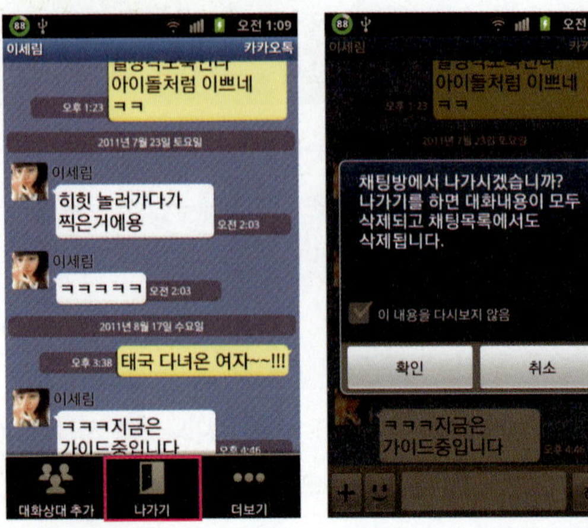

내 전화번호 목록에는 없으나 내 전화번호를 저장하고 있는 사람은 친구 추천 목록에 나타나게 됩니다. 이름을 보고 친구로 등록하면 됩니다.

04 [설정] 탭에서는 내 프로필 관리 및 배경화면, 알림음 등을 설정할 수 있습니다. [내 프로필]을 터치하면 내 이름을 지정할 수 있으며 친구 목록에서 상대방에게 보일 상태 메시지도 작성할 수 있습니다. 전화 번호 좌측의 사각형 부분을 터치하면 사진을 선택해 지정할 수 있습니다.

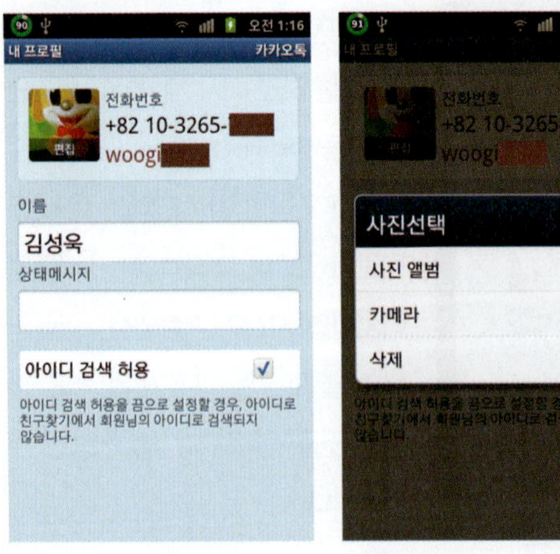

무료 문자는 물론 무료 통화까지 가능한 마이피플

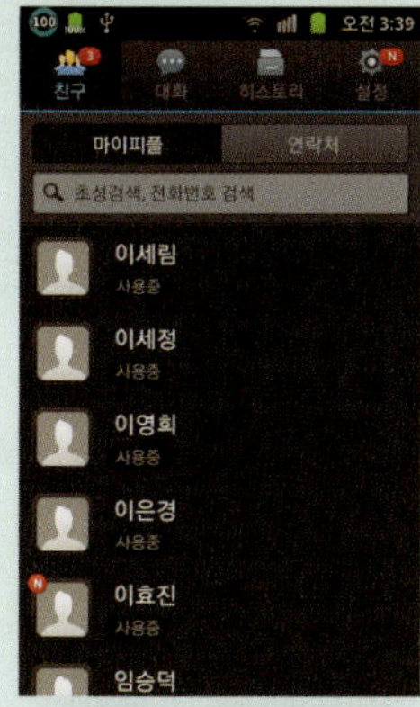

포털 사이트 '다음'에서 제공하는 '마이피플'은 카카오톡과 같은 대화 기능을 물론, 전화 통화도 무료로 이용할 수 있습니다. 물론, '마이피플'이 설치된 사용자끼리 가능하며 요금제에 따라 3G 환경에서는 제한이 있지만 Wi-Fi 환경이라면 자유롭게 통화할 수 있습니다.

준비된 선곡으로 후회없이 노래 부르기

'노래방책' 어플은 곡목으로 노래방 곡 번호를 손쉽게 찾아줍니다. 원하는 노래를 즐겨 찾기에 등록해놓을 수 있으므로 언제든지 부르고 싶은 노래가 생각날 때 저장해놓으면 노래방에서 무엇을 부를지 망설일 필요가 없습니다.

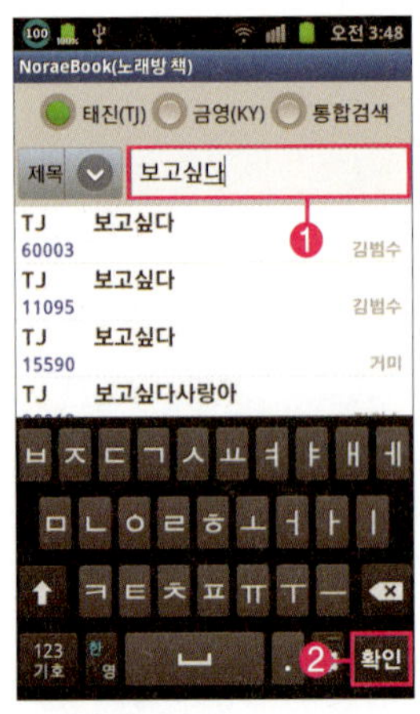

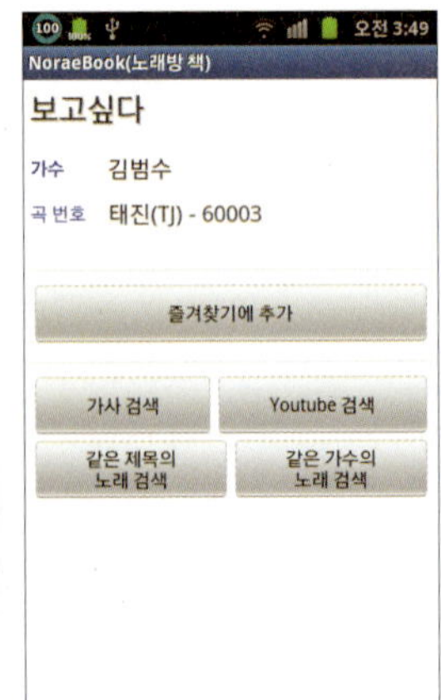

01 어플이 실행되면 아래에서 [검색] 탭을 터치하고 찾고자 하는 노래 제목을 입력한 다음, [확인]을 터치합니다. 원하는 노래가 번호와 함께 목록에 나타납니다. 목록을 터치하면 해당 노래를 즐겨 찾기에 추가하거나 가사 검색할 수 있는 버튼들이 나타납니다.

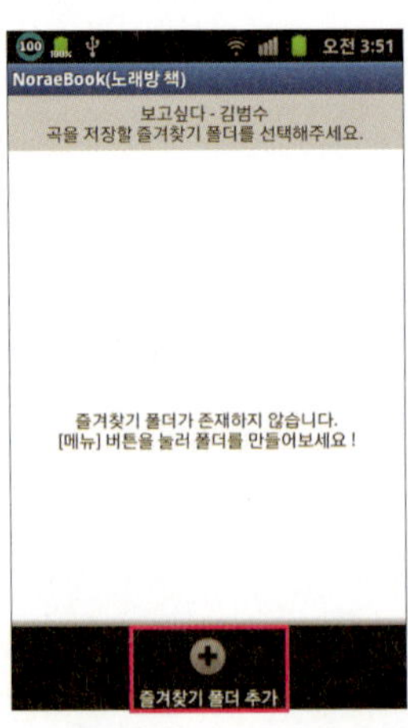

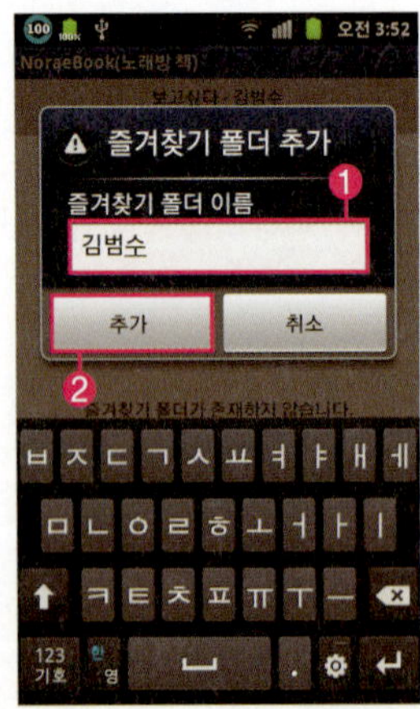

02 [즐겨찾기 추가] 버튼을 터치하면 폴더가 존재하지 않는다는 메시지가 나타납니다. 메뉴 버튼을 누르고 [즐겨찾기 폴더 추가]를 선택한 다음, 폴더 이름을 입력한 후 [추가]를 터치합니다.

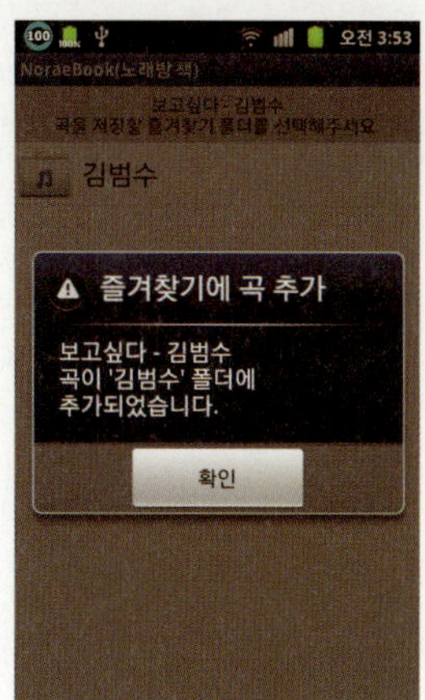

03 추가된 폴더 이름이 나타나면 다시한번 터치해 줍니다. 곡이 추가 되었다는 메시지가 나타납니다. 이 렇게 추가된 곡은 [즐겨찾기] 탭을 터치해 언제든 손쉽게 곡 정보를 살 펴볼 수 있습니다.

04 [인기곡] 탭을 터치하면 장르별 인기곡과 최신곡 목록이 나타 나므로 선곡에 도움을 받을 수 있습니다.